中华古籍保护计划

·成果·

古籍编目

姚伯岳 等 编著

国家古籍保护中心
古籍保护系列培训教材

国家图书馆出版社

图书在版编目（CIP）数据

古籍编目/姚伯岳等编著. —北京:国家图书馆出版社,2024.10
（国家古籍保护中心古籍保护系列培训教材）
ISBN 978 - 7 - 5013 - 7089 - 4

Ⅰ.①古… Ⅱ.①姚… Ⅲ.①古籍—图书编目
Ⅳ.①G255.1

中国版本图书馆 CIP 数据核字（2020）第 224687 号

书　　名　古籍编目
　　　　　GUJI BIANMU
著　　者　姚伯岳等 编著
责任编辑　张　颀　高　爽
助理编辑　何逸竹
封面设计　项梦怡

出版发行　国家图书馆出版社（北京市西城区文津街 7 号　100034）
　　　　　（原书目文献出版社　北京图书馆出版社）
　　　　　010 - 66114536　63802249　nlcpress@ nlc. cn（邮购）
网　　址　http://www. nlcpress. com
排　　版　京荷（北京）科技有限公司
印　　装　河北鲁汇荣彩印刷有限公司
版次印次　2024 年 10 月第 1 版　2024 年 10 月第 1 次印刷

开　　本　710mm×1000mm　1/16
印　　张　22.75
字　　数　284 千字
书　　号　ISBN 978 - 7 - 5013 - 7089 - 4
定　　价　118.00 元

国家古籍保护中心古籍保护系列培训教材
编纂委员会

主　任

张志清

编　委

杨玉良　李致忠　刘家真　杜伟生

姚伯岳　林　明　杨光辉　陈红彦

王红蕾　王　沛　龙　伟　庄秀芬

编　辑

杨照坤　范雪琳

总　序

我国拥有卷帙浩繁的文献典籍。这些文献典籍承载了中华民族的历史记忆和思想智慧，是中华优秀传统文化的重要组成部分。保护好、传承好、利用好这些珍贵典籍，是我们每一代人都应肩负的历史使命，需要有源源不断的古籍保护专业人才参与其中。

2007 年"中华古籍保护计划"启动以来，坚持"保护为主、抢救第一、合理利用、加强管理"的工作方针，在古籍普查、数字化、修复保护、人才培养、整理研究、传播推广等领域取得一系列重要成果。目前，国务院已批准公布了六批《国家珍贵古籍名录》和全国古籍重点保护单位，13026 部珍贵古籍和 203 家单位入选。

"加强古籍修复、鉴定、普查等培训工作，培养一批具有较高水平的古籍保护专业人员"是"中华古籍保护计划"的主要内容之一。为此，国家古籍保护中心从建立之初就不断加大古籍保护人才培养力度，探索拓宽人才培养渠道。经过多年实践，建立了培训基地、高等院校、传习所相结合的"三位一体"人才培养模式。截至目前，全国共培训在职学员超过 3 万人次，覆盖 2000 余家古籍收藏单位，陆续建立了 12 家国家级古籍修复中心、12 家国家古籍保护人才培训基地、1 家国家级古籍修复技艺传习中心，并附设 47 家国家级古籍修复技艺传习所，古籍修复人员从不足百人发展至超过千人；国家古籍保护中心先后与中山大学、复旦大学、中国社会科学院大学、天津师范大学等联合培养古籍保护专业硕士 300 余人，全国 30 余所院校开设了古籍保护修复相关专业。2023 年，"首届古籍保护人才发展论坛"成功举办，进一步开拓了古籍保护人才培养新局面。

古籍保护是一项不能间断的事业，需要一代代人接力坚守。虽然古籍保护人才严重匮乏的情况经过多年努力已得到显著改善，但是发展壮大古籍保护人才队伍，接续性培养古籍保护人才，形成科学合理可持续的人才梯队，仍是今后相当长一段时间内的重点工作。

习近平总书记在党的二十大报告中强调，要"深入实施人才强国战略"。中共中央办公厅、国务院办公厅印发《关于推进新时代古籍工作的意见》、全国古籍整理出版规划领导小组出台《2021—2035年国家古籍工作规划》，明确提出要"推进古籍学科专业建设，强化人才队伍建设"，"打造一支素质优良的古籍人才队伍"，为新时代古籍保护人才培养工作指明了发展方向，并提出了具体要求。为贯彻相关文件精神，完善古籍保护人才培养体系，推进古籍保护学科建设，建立人才培养长效机制，国家古籍保护中心在广泛征求意见的基础上，组织开展"国家古籍保护中心古籍保护系列培训教材"编纂工作，旨在出版一套具有专业指导性和行业规范性的教材，为古籍保护相关专业学生和从业人员提供学习资料，让学习者更快掌握古籍编目、古籍修复、古籍保护科技等方面的专业知识。在编写这套教材时，作者们着重结合图书馆古籍工作管理、普查、数字化等方面的标准规范和实践案例，以帮助学习者更好地了解古籍保护工作的整体情况，为今后能高质量完成古籍保护工作做好知识储备。

教材的编纂团队由全国各地的古籍保护专家、学者和从业者组成，他们具有深厚的理论素养和丰富的实践经验，为教材的质量提供了有力保障。同时，国家古籍保护中心针对这套教材专门成立编纂委员会，由国家图书馆常务副馆长、国家古籍保护中心副主任张志清担任主任，国家图书馆（国家古籍保护中心）、中山大学、复旦大学、武汉大学、天津师范大学等单位的资深专家任委员，对教材内容严格把关、深度指导，力争使本套教材成为符合古籍保护学科和行业工作需要的指导性教材。

我们希望通过本套教材的出版，为古籍保护在职培训与学历教育提供专业读本，培养更多具备专业知识和实践技能的古籍保护专门人才。同时，我们也真诚地希望广大读者在使用本套教材的过程中，提出宝贵意见，使之成为更加科学、更具指导意义的教学用书，以期更好地适应古籍保护学科建设与人才发展的需要。

"国家古籍保护中心古籍保护系列培训教材"
编纂委员会
二〇二三年八月

目　录

表目录

绪　论

导论：

　　"绪论"重点阐述狭义古籍和广义古籍之分、古籍编目的特性、古籍编目人员应该具备的知识和素养,意在让读者明了古籍编目的对象,知道古籍编目是一项什么样的工作,需要自己做哪些方面的知识准备,是对古籍编目人员的入门教育。难点在于全面理解"古籍"概念的涵义,认识到古籍编目的重要性和复杂性,做好相关的知识储备,迅速进入古籍编目的工作氛围。建议课时为3学时。

　　古籍编目是对传世古籍所进行的鉴定、著录、标引、加工及目录组织等一系列工作,是揭示古籍的内容和形式、使无序的古籍变为有序的过程。古籍编目,可以揭示、反映、宣传传世古籍,使利用者能够迅速、准确地查找到其所需要的资料。古籍编目是古籍保护的核心内容和基础工作,是古籍典藏、阅览、展示、数字化及影印出版等工作的前提条件。要妥善保藏和有效利用古籍,首要工作就是编目。

　　古籍目前大多存藏在图书馆、博物馆等收藏机构,此外寺庙、私人的收藏量也不小。本书所讲的古籍编目主要针对图书馆的古籍收藏,其他古籍收藏机构和个人也可参照图书馆的做法对其所藏古籍进行编目整理。

　　为什么主要针对图书馆的古籍收藏来讲古籍编目呢?原因有四:

　　第一,图书馆是收藏古籍最重要的机构,目前我国绝大多数古籍都收藏在各类图书馆中。

　　第二,图书馆管理古籍的方法最为科学规范。图书馆是专门收藏和利用图书的地方,有着系统、完善的图书管理制度和方法,对古籍的管理也同样如此。

第三,图书馆有着最为集中的古籍编目人员,他们的古籍编目经验和方法完全可以供其他收藏机构和个人利用或借鉴。

第四,图书馆是开展国际交流合作的重要基地,也是古籍编目研究的最主要基地。图书馆的古籍编目理论、技术和方法是最先进的,可以带动古籍编目的各项研究向前推进。

虽然如此,鉴于古籍编目并不局限于图书馆,所以本书不以《图书馆古籍编目》命名,以表明其具有超出图书馆范围的普适性。

一、古籍编目的对象和范围

古籍编目的对象当然应该是古籍,但古籍的概念有狭义与广义之分。即使是狭义的古籍概念,也在发生着变化。而古籍编目的对象和范围则更为复杂。

（一）"古籍"一词的起源

李明杰在其编著的《简明古籍整理教程》中,对"古籍"一词的词源有过考究:"'古籍'一词最早见于南北朝时期的文献记载,如南朝刘宋时期谢灵运《鞠歌行》有'览古籍,信伊人'之语。北齐魏收《魏书·陈奇传》载:'奇冗散数年,高允与奇雠温古籍。'《魏书·礼志二》又载:'(王澄等)辄访引古籍,窃有未安。'"①比较谢灵运(385—433)和魏收(507—572)的生卒年,《谢康乐集》成书应更早。由此看来,似乎是南朝谢灵运较早使用了"古籍"一词。

---

① 李明杰《简明古籍整理教程》,武汉大学出版社 2018 年,第 1 页。《鞠歌行》收在谢灵运的《谢康乐集》卷三乐府杂诗中。《陈奇传》在《魏书》卷八十四列传儒林第七十二中。《魏书·礼志二》在《魏书》卷一百八之二志第十一中。

但方广锠在《关于汉文佛教古籍国家定级标准的几个问题》①一文中说:"古籍"一词最早似见载于西晋张华撰《皇后哀文》②。则早在西晋年间,就有了"古籍"的说法。

(二)古籍的定义

1987 年首次发布的国家标准《古籍著录规则》(GB 3792.7—1987),给古籍下的定义是:"中国古代书籍的简称,主要指书写或印刷于 1911 年以前、反映中国古代文化、具有古典装订形式的书籍。"

2006 年发布的文化行业标准《古籍定级标准》(WH/T 20—2006),对古籍定义是:"中国古代书籍的简称,主要指书写或印刷于 1912 年以前具有中国古典装帧形式的书籍。"这个定义去掉了"反映中国古代文化"的内容。

2008 年修订的国家标准《古籍著录规则》(GB/T 3792.7—2008),将古籍的定义改为:"主要指 1911 年以前(含 1911 年)在中国书写或印刷的书籍。"去掉了"具有中国古典装订形式"这个限制。

以上是狭义的古籍定义。

2014 年发布的国家标准《汉文古籍特藏藏品定级 第 1 部分:古籍》(GB/T 31076.1—2014),将古籍定义为:"中国古代书籍的简称。主要指书写、印制于 1912 年以前又具有中国古典装帧形式的书籍。"较之前者基本没有变化,但其下有小字注:"本部分古籍指简帛古籍、敦煌遗书、佛教古籍、碑帖拓片及古地图等特殊类型藏品之外的习见的普通形制的古籍。"《汉文古籍特藏藏品定级》原拟分为 6 个部分:第 1 部分古籍,第 2 部分简帛古籍,第 3 部分敦煌遗书,第 4 部分佛教

---

① 方广锠《关于汉文佛教古籍国家定级标准的几个问题》,《西南民族大学学报》(人文社科版),2015 年第 8 期,第 61—65 页。

② 欧阳询《艺文类聚》卷十五,见《景印文渊阁四库全书》第 888 册,台湾商务印书馆 1983 年。

古籍,第 5 部分碑帖拓本,第 6 部分古地图。可见业界已清楚意识到古籍应有狭义、广义之分,广义的古籍须细分为不同的种类,并分别制定相应的定级标准。

除汉文古籍外,少数民族文字古籍也有新的定义。2018 年发布的国家标准《中国少数民族文字古籍定级》(GB/T 36748—2018)对中国少数民族文字古籍的时代下限划为 1912 年以前(不含 1912 年),但其下又有一个注,"因少数民族文字古籍与汉文古籍在产生、发展、流传过程中客观存在的差异和复杂性,本标准将符合:a)以少数民族文字抄写、印制,b)以传统方式著述、装帧,c)具有重要历史、学术、艺术价值及传承意义三个条件的各少数民族文字古籍时代下限延伸至 1949 年(含 1949 年)"。

2007 年,"中华古籍保护计划"正式启动。截至 2020 年 11 月,国务院先后公布六批《国家珍贵古籍名录》,13026 部古籍入选。从第二批起开始收录舆图、碑帖拓本和存藏于中国的外文珍贵古籍,从第四批起又增选甲骨。

由此看来,广义的古籍特点有四:

第一,载体多样。甲骨、简策、帛书甚至雕版印刷的版片等都在古籍保护的范围之内。

第二,形制丰富。未装订成册的古代拓片、舆图、奏折、书信、契约、文书等,只要其产生在 1912 年以前,都属于古籍的范畴。

第三,文种多样,类型各异。少数民族文字的古籍、西文古籍产生的时代下限应该随各地区、各民族的不同情况略作变通。对于西文古籍时间断限的下限,目前我国没有统一的标准和界定,各图书馆往往是根据馆藏的实际情况以及工作需要而定,或者以西方现代史的开端为其下限之年,如 1870 年、1900 年、1914 年等;1800 年以前的西文古籍则可定为西文善本古籍①。

第四,覆盖地域广阔。包括了世界各国特别是日本、朝鲜、越南等地抄写、刻印的各类古籍。

(三)"类似古籍"问题

实际上,各图书馆所藏的许多所谓"古籍",也包含了1912年以后书写印刷的线装书。这是因为古代的版片在民国时期乃至现代仍在继续使用、刷印,还有许多书甚至仍完全沿用传统印刷方法刻印,如《求恕斋丛书》《玉海堂影宋元本丛书》等。民国时期也出版了许多反映中国传统文化的线装图书,如《四部丛刊》《四库全书珍本初集》等;现代的一些图书也有用线装形式出版的,如泥活字本《毛泽东诗词六十七首》等。这些图书由于其装订形式或内容价值的特殊性,往往也都送交古籍书库保存。可见,古籍书库里典藏的并不一定都是古籍。图书馆习惯于将古籍书库称之为线装书库,就是基于这个原因。

这些书并不是严格意义上的古籍,但除了古籍书库之外又无处存放,而且很难与真正的古籍区分开来。对于这些书,各图书馆一般也采用与古籍完全一样的编目方法,所以古籍编目还必须考虑到这些"类似古籍"的编目问题。

现实中,这些"类似古籍"的图书往往是与古籍混合排架,在内容、形式上也不具备很强的特殊性,没有必要另建数据库,也没有必要变换著录格式。在数据的检索和浏览时,只要通过出版地或出版年代的检索点,就可以很方便地将有关的书目记录检索出来。图书馆古籍编目的对象范围,肯定要大于严格意义上的古籍范围,这是很正常的现象。不能过分拘泥于古籍的定义而影响对"类似古籍"的典藏和整理利用,增添不必要的麻烦。

---

① 王雨卉《浅谈非善本西文古籍的开发整理》,《图书馆工作与研究》2011年第4期,第51—53页。

（四）图书馆古籍编目的对象范围极为广泛

图书馆古籍编目不同于学术性专题目录，它的首要目的在于揭示馆藏。而馆藏目录必须全面完整地反映馆藏。也就是说，馆藏有什么，就得编什么。馆藏古籍常常类型丰富、情况复杂，图书馆普通图书的编目人员一般不能胜任其编目任务，只能交由古籍编目人员来完成。所以古籍编目员不能只会对狭义的古籍进行编目，而必须能够应对各类型古文献亦即广义古籍的编目工作，这就对古籍编目人员的各方面素质提出了极高的要求。

二、古籍的现存状况

根据 2007 年以来开展的古籍普查统计，我国现有中文古籍收藏机构约 2800 多家，已普查古籍达 270 余万部。实际上还有大量的收藏机构和私人收藏尚未在普查之列，据专家估算，中国存世古籍应在 5000 万册以上，海外收藏的中文古籍也有上千万册。

目前在我国，古籍主要收藏在各类公立图书馆、博物馆中，其中公共图书馆收藏古籍数量最多，如国家图书馆，各省、市、县图书馆。此外就是教育系统的图书馆，高校图书馆，特别是综合性高校、师范类高校的图书馆，都有数量不小的古籍收藏；一些中学图书馆也藏有古籍，如北京师范大学附属实验中学、北京市第二十四中学、北京市第三十五中学、上海复旦大学附属中学、天津耀华中学、陕西三原南郊中学等。博物馆收藏古籍的规模和数量也不可小觑。一些出版机构，如商务印书馆、中华书局、上海古籍出版社等，也都收藏有数量不等的古籍。

少数民族文字古籍的现存数量也很可观。西藏自治区约有 2000 家寺庙收藏有一定规模的藏文古籍，周边的四川、青海、甘肃、云南等省份也有数量可观的藏文古籍收藏。此外，我国北方许多省份有大量蒙古文、满文古籍的收藏;西南各省份也有大量彝文、傣文、东巴文、水文、布依文等少数民族文字古籍收藏,这些古籍亟待搜集、整理。

三、古籍编目工作的特性

古籍编目看似是一个很简单的工作,却有自身的复杂性和独特性,大致可以归纳为表达规范性、学术研究性、成果多样性、任务长期性四种特性。

(一)表达规范性

古籍编目是一项规范性很强的工作,涉及的事项众多,常常需要很深入的研究,但其成果的表达方式却要求统一规范,不能任意发挥。

与现代普通图书编目一样,古籍编目也必须遵循一定的著录规则。而且由于古籍的情况更加复杂多样,就更需要强调著录的规范性。卡片时代的古籍编目,要在一张小小的卡片上,按照规定的格式和事项著录考证的结果。计算机编目的时代,采用机器可读目录(Machine Readable Catalog, MARC)格式编目时,要熟记各个著录字段、子字段,明白在何处客观反映,何处规范著录;采用都柏林核心(Dublin Core, DC)元数据格式编目时,要熟悉数据库系统的用法和要求,熟记著录规则的各项要求。

古籍编目除了必须依据著录规则和编目标准进行外,还应该使用专业、规范、简明的著录语言和名词术语,不能使用个性化的语言,也不提倡加入个人观点。即使是"附注项"这种允许自由行文的著录事项,也要求陈述客观、表达专业、文字简洁,避免推测和议论。古籍编目也有其美学标准,一条好的书目记录从专业角度去审查,就会"看上去很美"。

至于古籍分类标引、主题标引,就更需依据具体的分类法、主题词表进行,不能率性而为。总之,古籍编目工作必须遵守规则,要把规则吃透,牢记于心,才能使编目工作顺利、有序进行。

长期以来,各个图书馆古籍编目都是根据本馆拟订或其他馆拟订的著录规则和分类法,基本处于各自为政的状态。1987年我国正式发布了国家标准《古籍著录规则》(GB 3792.7—1987),2008年又发布了修订版(GB/T 3792.7—2008)。2021年发布的《信息与文献　资源描述》(GB/T 3792—2021)将古籍著录包含其中,古籍编目逐渐走上规范化、标准化的道路。随着计算机网络和数字图书馆技术的发展,相应的古籍元数据规范和古籍编目系统不断出现,古籍编目人员不仅要适应形势的发展,做出相应的调整,还应该开展相关的研究,推动古籍编目事业不断向前发展,争取走在世界的前列。

(二)学术研究性

古籍编目工作是古籍收藏机构的一项日常工作,但具有很强的学术研究性。

古籍编目在工作性质上似乎与一般的图书编目没有什么不同,但图书馆一般的编目员并不能胜任这项工作。这是因为现代出版的图书,书上通常都有版权页甚至图书在版编目(CIP)数据来反映书名、著者、出版年、出版地、出版机构等信息,基本上提供了编目所需的各项著录要素,编目员只需掌握一定的著录法,按照规范著录相关信息即可。但古籍编目不同,古籍是不同历史时期形成的产物,文字内容、载体材料和书写材料都与现代图书不同,而且有写本、刻本、活字本、铅印本、石印本等各种类型,有线装、包背装、经折装、卷轴装等各种装帧形式,内容涉及古代经、史、子、集四部等各学科领域,更不像现代图书有"图书在版编目(CIP)数据"这样位置固定、信息完备的各项著录要素的明确标示。因此,古籍编目员不仅需要掌握一般的编目专业技能,还应该具备文字学、音韵学、版本学、目录学、图书史等多方面的专业知识,才能对编目对象展开分析,并从中提炼出所需要的编目信息,以完成对一部古籍的著录和编目。

此外,古籍的情况千差万别,古籍编目员面对的每一部古籍都有其特殊性,待编目古籍的书名、作者、出版情况等都处于尚不明了的状态,而且由于历史的原因,上述各项都可能存在缺失、复杂、混乱的情况,常常需要认真地考察、鉴定,而考察、鉴定就是研究。古籍的编目与鉴定是密不可分的关系,编目的过程就是鉴定的过程,著录就是记录鉴定的结果。可以说,每一部古籍的编目,都是对编目人员的一次挑战。所以,古籍编目人员需要具备深厚的历史文化底蕴和较高的学术研究素养,非如此不能胜任古籍编目工作。

古籍编目虽然很强调规范性,但由于古籍的千差万别,著录规则和相关各类标准不可能全部予以明确规定,而且各种规则和标准也存在不一致的情况,需要编目人员在参照规则或标准的基础上灵活处理。例如,书名的选取,责任者名、字、号的适用,出版年代的著录方法,出版地的甄别,出版者的选择,馆藏索书号的标识等,都需要统一认识后规范选择,绝非一个简单划一的规定所能解决。古籍编目人员应该有开放的学术态度,创新的精神,不因循守旧,不故步自封,做有心之人,在实践中不断总结编目文献的表象特征和编目经验,随时将各种需要增添删改的规定记录下来,并提供尽可能丰富多样的案例,作为修订编目规则的参考和依据,以便及时归纳修订编目规则;也可以撰写文章,将自己在编目中遇到的各种问题及相关思考书面化,形成科研成果。

编目工作本身就是对编目员最有益的经验累积。由于编目对象的复杂性和多样性,古籍编目人员几乎每天都会碰到新情况、新问题,这就极大地避免了古籍编目工作的重复性和枯燥性,使得古籍编目成为一项具有很强灵活性和创造性的工作,也让古籍编目人员始终以浓厚的兴趣去对待每一个古籍实体,发现其特点和价值,使每一次编目实践都成为有意义的学术训练。通过大量个案解决的经验积累,可以培养出古籍编目人员宏观掌控的融通能力,而这种能力将会让古籍编目人员更好地处理编目中遇到的疑难问题。

综上所述,古籍编目工作因编目对象信息显示的非直接性,使得编目工作的首要任务就是对文献展开分析,乃至进行一番学术考证。一条编目记录中寥寥数字的结论背后,可能包含了一系列缜密复杂的调查推证,其繁复程度,常常值得撰写出一篇专深的学术论文。这正是古籍编目的学术研究特性之所在。

(三)成果多样性

古籍编目的成果视需要而定。中国古代一般都是书本式目录,可以是手抄、手录,也可以是刻版印刷。受西方影响,我国近现代图书馆普遍采用卡片式目录,使用目录柜保存和查检。当代又普遍使用电子目录,利用计算机及网络以书目数据库的形式进行编目和检索。

古籍编目工作是有层级的,不能要求一蹴而就,要根据收藏机构和个人的具体情况,来选择编目的方式和目录的类型。

对于完全没有编制过目录的古籍收藏机构和个人,最紧要的是编出一个清单式的目录,哪怕只有书名、册数和典藏号寥寥几项,哪怕用最简单的"流水号"做典藏号,都是可以的。馆藏古籍目录最基本的功能,就是在读者和古籍之间架起一座桥梁,使读者通过目录找到其所需的文献,即使这座桥是极其简陋的独木桥,也聊胜于无。而古籍收藏机构或个人也需要摸清家底,有一个财产清单。"中华古籍保护计划"中的古籍普查登记从开始的162个著录事项,后来简化到只要求著录13项内容,最后甚至可以只著录6项,就是出于这种考虑。

当然,正规的编目是必需的。古籍收藏机构和个人需要按照合适的编目流程,根据标准的编目规则进行规范的古籍编目。过去编制卡片目录,现在采用 CNMARC 格式或 DC 元数据格式在相关编目系统上进行古籍编目,都是正规的编目方法。

正规的编目方法也有简编和详编之分。简编之法是为了快速完成古籍编目任务,而详编则是为了充实编目成果的内容,提高编目成果的质量。例如,著录行款版式、题跋题识、藏章印记等,可通过文字的描述,将古籍实物的各种情况如同书影般呈现出来。这种文字描述是仅提供书影所不能代替的,因为它需要对古籍实物各方面的特征进行仔细辨识释读。例如,对手写字体和藏印文字的辨识,是一般读者力所不逮的;对行款版式等特征的专业描述,也为读者学习提供了标准的表述方式。更详细的编目可能还要求对古籍进行文物价值的定级,对用纸、用墨等写印材料进行专业的分析和描述,对古籍破损状况和修复的情况进行记录。可以说,古籍编目的详细程度是无止境的。

正因为人们希望得到更加较为详细的信息,所以在规范的著录之外,往往还有"提要项"的设置。如果一条书目记录是以品种为单位进行著录,那么提要项可以著录古籍的内容、成书过程、著者生平以及版本源流等;如果是以藏本为单位进行著录,那就要著录一个藏本从内容到形式等各方面的具体特征。

有的古籍书目通篇以提要的形式著录,这些提要有学者将之分为叙录体提要、辑录体提要、传录体提要三种。实际上,自清代以来,还存在着一种版本提要,是以藏本为单位所撰写的一种提要,侧重对该版本具体情况的著录,现代则多称之为"书录"或"书志"。版本提要是最小单位的古籍著录,也是最具学术价值的古籍记录,是古籍编目成果最高级的表现形式。

除上述形式之外,编撰书影图录、撰写论文、出版专著等,都可以是古籍编目的成果体现方式。

(四)任务长期性

古籍编目并非一蹴而就、一劳永逸,需要持之以恒的关注,对编目数据不断进行修正和完善。所以,古籍编目不是一项临时性的工作,而是一项长期的任务。由于不同古籍的情况复杂多样,在有限的编目时间内做不到对每一部具体古籍都认识清楚、著录准确,编目记录不可能在一次编目中达到绝对的正确,错误是在所难免的。对于一个古籍收藏机构而言,随着编目工作的持续深入,可供比较的版本越来越多,编目人员对各个藏本的认识也会越来越全面和深入,所以不断修正和完善原来的书目记录是十分必要的。在数字化时代的古籍编目中,修正和完善原有的古籍书目记录更应该是一项经常性的工作。

在基本目录编制完成后,还应该不断修改完善已有的记录;简目编完了,可以再编详目;详目编完了,还可以写善本书志;善本书志写完了,也可以为普通古籍写书志,还可以写专题性的古籍书志。古籍收藏机构需要有了解本机构藏书的人,古籍藏本也需要被社会所认知,其价值应该被发现、被发掘。对古籍的认识和研究是无穷尽的,所以古籍编目的任务也是无穷尽的。凡稍有规模的古籍收藏机构,都应该设置古籍编目的专门岗位。

四、从事古籍编目工作应该具备的职业素养

从事古籍编目工作的人员,需要具备良好的道德品质、广博深厚的知识储备、熟练的专业技能,又需要有较大的灵活性、开放性以及不断拓展的学术创新精神。

（一）良好的职业道德

1. 敬惜字纸

古籍是古代社会的文化遗产，具有社会价值、经济价值、文物价值等多重价值，应对其持有敬谨爱惜的态度。中国历来有"敬惜字纸"的传统，对于古籍，更应予以珍惜。对于古籍中夹带的纸片、手札、印品等物品，都必须根据情况，予以妥善保存，不能随意丢弃或私藏。

2. 爱护古籍

作为经常接触古籍的古籍编目人员，在工作中，要轻拿、轻放、轻翻，确保不损伤、污染古籍，也不要在古籍上留下个人痕迹。

3. 不生贪念

古籍编目人员对待古籍要心态端正，平静自持，看淡古籍的经济价值，不为私利所动。在编目整理中，不裁切古籍纸叶，据为己有；不能以任何理由将古籍私自带出馆外；更不能偷盗古籍，甚至倒买倒卖，触犯法律。

（二）广博深厚的知识储备

古籍编目要求编目人员具备多方面的综合素养，掌握古代汉语、文献学、版本学、目录学、中国历史、文化史等多方面的学科知识，且需在长期的编目工作实践中不断积累经验，这些绝不是短期简单的技术培训就可以达到的。

1. 古代汉语知识

古籍行文大部分是文言文，而且使用的是繁体字。不认识繁体字，不能读懂文言文，不能正确地断句，就不能正确理解古籍的内容，就无法进行古籍的编目工作。有的版印年月等信息就写在前序或后跋中，编目人员需要去阅读，在其中找到自己需要的信息。如果编目人员古文功底好的话，看起来就会顺畅很多，也能快速准确地找到所需的信息。

古籍著录需用繁体字,能否正确使用繁体字,直接关系到著录的准确性。许多现在的简体字在繁体字中是两个不同的字,含义也不相同,如表0-1所举。

表0-1　部分汉字简繁体对应

简体字	对应的繁体字及其用法	
复	復:回復,恢復	複:複製,複雜
征	征:出征,征討	徵:徵求,徵召,徵驗
适	适:洪适(kuò)	適:適合,葉適,胡適
获	獲:獲取,獲得	穫:收穫,穫薪
于	于:于谦,于歸	於:己所不欲,勿施於人;於戲
余	余:余将老,余兄	餘:剩餘,積餘齋
后	后:皇后,皇天后土	後:先後,後集

所以,在使用繁体字著录时,必须准确了解繁体字的确切含义,不能用平常习惯用的简体字随意对应不同的繁体字。

2. 文字学知识

古籍不都是用宋体或楷体书写的,其中也有篆书、隶书、草书等字体,甚至异体字、俗字、别字等都经常出现。有的古籍几乎整部书都是用异体字书写刻印,如《花笑庼丛谈》;古籍中的牌记,相当普遍地使用篆书;古籍上钤盖的藏章印记,更是大多采用篆书,有的还使用金文甚至是甲骨文。如果没有一定的文字学知识,编目人员很难阅读和理解某些古籍。

例如,一个看似很普通的"梅"字,其异体字就有好几个,如槑、楳、棶等,篆书中也有相应的各种不同写法,见图0-1。

图 0-1 "梅"字的不同篆书写法

3.中国历史和文化史知识

从事古籍编目工作,要具备起码的中国通史、中国文学史、中国文化史知识,如历朝各代乃至帝王年号的名称、古代人名字号知识、古代职官制度、古代历法知识、古代地理沿革、古代避讳制度等。如果没有这些知识概念,编目人员就无法按照著录规则的要求进行准确的著录,更不要说开展鉴定研究了。

例如:

官制:皇清诰授光禄大夫经筵日讲起居注官太傅武英殿大学士管理工部事务翰林院掌院学士入直南书房上书房总师傅军机大臣赐谥文正入祀贤良祠显考俪笙府君行述;

避讳字:敬、玄、弘、校、宁;

人名知识:姓氏、名、字、号;

地理:武林(杭州)、白下(南京)、金台(北京);

年月日各种说法:屠维(己)、赤奋若(丑)、仲春(二月)、壮月(八月)、朔(初一)、吉日(初一)、穀旦(吉日)。

4. 中国书史知识

古籍编目的对象主要是古代图书,当然要知道中国图书的历史。例如,古书的用纸、用墨,古书的装帧形式,古书的书写刻印方法,历朝历代、各个地区古书的出版情况等。如果不具备这些书史知识,编目人员拿到一部古书后,就会不知所措,无法开展有效的鉴定和著录工作。

5. 版本学知识

出版项和版本项的著录是古籍编目的重要内容,古籍的定级也是古籍著录的主要事项之一。出版项中的出版年与印刷年、出版地与印刷地、出版者与印刷者,以及版本项中的版本类别,都是版本学的要素;而古籍的定级更是主要依据其版本价值。从事古籍编目工作,编目人员必须了解并掌握版本学的基本知识与鉴定技能,了解不同版本类别的特点,正确使用版本鉴定的各种方法,明确古书版本优劣和价值大小的判定标准。

(三)需要掌握的专业技能

1. 工具书查找能力

古籍编目时要利用各种工具书,有时为解决一个问题甚至需要几种工具书配合使用。古籍工作中常用的工具书,主要有字典与辞典类、政书、年表、书目索引、联合目录、提要目录和专业类工具书等。每种工具书解决的问题不一样,编目人员要做好古籍编目工作,需要掌握每种工具书的功用,做到比较精准的查找。查字要查字典,如《古汉语常用字字典》《中华字海》等;查找名词要查词典,如《辞源》《辞海》《汉语大词典》等;查找文化知识,要查各种知识性词典,如《中国人名大辞典》《中国地名大辞典》《中国官制大辞典》《中国岁时节令辞典》等;查找各种古籍书名及其版本,要查《中国古籍总目》《中国古籍善本书目》《四库全书总目》《(增订)四库全书简明目录标注》

《贩书偶记》《贩书偶记续编》《中国丛书综录》等;进行年号纪年与公元纪年、回历纪年对比,要查《中国历史纪年表》《二十史朔闰表》等。有些工具书有其特殊的编排方法,就要熟悉其编排体例,掌握其特殊的检索方法,如四角号码、中国字庋撷法等。

2. 电子信息检索能力

计算机网络技术的快速发展,网络的海量信息和快捷搜索,也为编目工作提供了极大的便利。网络环境下,编目人员可以根据自己的需要随时上网查找相关问题。比如查字、词,可以到"汉典"等网站上查;查篆体字,可以到"书法字典"等网站上查;查找人名、地名,可以到"百度"网站和一些数据库上查;查找书目记录,可以登录国家图书馆及其他国内各大图书馆的网站,参考借鉴各种古籍书目数据,还可以查看一些书目数据库如"学苑汲古——高校古文献资源库"等所附带的古籍书影,通过这些数据和书影,进一步验证、核查自己的版本鉴定和著录工作,提高著录质量,加快编目进度。

3. 文献编目技能

正规的古籍编目,一般都应用特殊的编目格式,例如 MARC 格式、DC 元数据格式等。古籍编目员要根据需要掌握这些文献编目格式的用法,熟悉古籍著录规则,能根据所要求的分类法、主题法进行古籍的分类标引、主题标引等操作。

总之,古籍编目是一项涉及多门学科、多种知识、多样技能的复杂工作,它所需要的知识既广博,又专深,必须经过专门的系统的培养训练才能胜任;还需要有良好的道德品质,强烈的责任心,耐心、细致、求真的工作态度,才能把工作真正做好。

编目人员在古籍编目的实践中会不断遇到各种需要解决的问题,从事这项工作的时间越久,就会越发感到知识的匮乏和欠缺,感觉需要学习的东西太多,这也是古籍编目人员不断进取、努力钻研的动力所在。古籍编目人员要在实际工作中不断地探索，把学到的知识综合运用起来，在解决问题的过程中不断提高自己的业务水平。

五、古籍编目的学术研究

古籍编目工作需要研究的问题很多。这些研究关系到古籍编目工作能否长期顺利进行，为古籍保护工作提供基础的保证；关系到编目理念和方法能否不断更新、适应形势的发展，能否走在国际同行的前列；关系到古籍编目人才能否得到持续有效的培养，以满足实际工作的需要。

（一）思想理论研究

古籍编目的学术研究涉及古籍编目思想理论、古籍编目史等。古籍编目人员应梳理和总结编目活动的发展历程和实践经验，提炼其原理和规律，在此基础上探讨古籍编目工作所蕴含的学术思想与理论，为确定古籍编目的学科地位和研究范围提供科学的依据。

（二）数据格式研究

古籍编目人员不能墨守成规、闭门造车，要分析已有的各类型数据格式，对其进行比较评价；要开展国际编目格式前沿研究，借以推动古籍编目系统的设计、开发与创新，为设计适合中国国情而又能与国际接轨的古籍编目格式服务。

（三）著录方法研究

古籍著录与定级是古籍编目实践的基础工作。古籍编目人员要进行古籍著录方法研究、古籍定级研究、特种古籍文献鉴定与著录研究，并在实际工作中不断提升古籍编目质量，优化古籍著录和定级方法，探索特种古籍文献著录的特点和规律，使古籍著录规则不断得到修正和完善。

（四）标引方法研究

标引方法研究包括古籍分类法研究、古籍主题法研究、古籍标引方法与新技术运用研究等。分类法和主题法是目前图书情报机构广泛使用的两种标引方法,对其分别开展研究是为了探讨二者在古籍编目领域各自的适用范围与程度,并探讨古籍不同标引方法与技术创新的适配度,为制定可作为标准规范且具有可扩展性和前瞻性的古籍分类法和古籍主题词表服务。

（五）目录组织研究

目录组织是传统目录学研究的重点,但是为现代的古籍编目所忽视。卡片目录时代普通图书常用的书名目录、著者目录、分类目录、主题目录等,其目录组织方法都比较明确,也同样适用于古籍目录组织。但书目数据库中的古籍目录应如何组织,有何特点? 目前对这些问题的关注和研究不够,需要有创新性的研究成果。

（六）各种类型古籍的编目研究

古籍有广义、狭义之分。广义的古籍包括甲骨、简策、帛书、拓片、舆图、奏折、书信、契约、文书、少数民族文字古籍、西文古籍等不同类型文献,而每种古籍都有其特点,对其编目时所用的编目格式、著录方法、参考书和工具书都有所不同,需要予以专门的研究,才能做好不同类型古籍的编目工作。

六、古籍编目的人才培养

培养古籍编目人才是关系到古籍编目工作传薪续火的大事。对其开展研究,为我国的古籍编目事业提供专业人员现状的调研结果,为相关人才培养的数量规模和发展方向提供正确的参考意见,探索古籍编目人才培养的有效方法和模式,是非常有必要的。

（一）古籍编目人才培养面临的问题

1. 古籍编目工作人员日趋减少,后继乏人

目前中国古籍的编目人员严重不足,高水平的古籍编目人才更是少之又少。老一辈古籍编目员逐渐凋零,新的人员接续不上。

古籍编目的学术研究也低迷不振,成果稀少;古籍编目在古籍保护中的重要地位没有被世人认知,我国的古籍编目工作前景堪忧。

2. 古籍编目人才培养不能满足现实需要

在"中华古籍保护计划"的实施过程中,国家古籍保护中心及各省市古籍保护中心举办了大量的古籍保护培训班,其中有不少是以古籍编目为专题的,应该说对贯彻落实古籍普查登记工作发挥了很好的作用。但古籍编目人才的培养不是一朝一夕的事情,古籍编目人员需要具备文字学、文化史、古籍版本学等方面的知识,还要具备文献编目的素质,了解国内外各种编目方法最新进展,掌握编目规则、编目技术、主题标引、分类标引等各种知识技能,没有高等院校专门系统的教学,很难培养出这样的复合型人才。

国家古籍保护中心已经意识到古籍保护人才培养的长期性和规范性,自2014年起,在全国多个高等院校扶持建立了古籍保护专业硕士的培养机制,现已经毕业了几届学生,取得了一定的效果。但目前看来,这几所高校的古籍保护教学中,古籍编目的教学内容所占分量明显不足,很难培养出足够的有从事古籍编目工作意愿和真正具有古籍编目素养的学生,不能扭转古籍编目人才匮乏的局面,以至于目前我国古籍编目领域仍面临着人才断档的危险。

（二）古籍编目人才培养的路径

1. 高等院校应该重视古籍编目相关教学内容的设置

古籍编目人员的培养寄希望于高等院校的相关专业。过去在图书馆学系多设有目录学教研室和"图书馆古籍编目"课程,该系学生

所学的课程使得他们很容易适应古籍编目的工作,故而成为古籍编目人员的重要来源。但随着高等院校的专业方向调整,原来的图书馆学系大多都转向现代信息技术与传播方向,毕业学生不再能够适应图书馆的古籍编目工作。因此图书馆古籍编目人才的招聘方向只好转向古典文献学专业和历史文献学专业的毕业生。但这两个专业的学生一般都缺乏图书馆学专业的训练,在编目技术方法方面存在一定的欠缺。现在一些高等院校开始设立古籍保护研究院,并讲授古籍编目课程,这一动向有利于古籍编目人才的培养。

2.古籍收藏机构应该与高校合作培养古籍编目方向的硕士研究生

古籍编目人员需要长期的实践后,才能真正胜任这项工作并进行独立的操作,培养一个合格的古籍编目人员很不容易。因此,古籍收藏机构的管理层要预先规划,从编目团队的整体建设出发,保障老、中、青各代古籍编目人员的衔接。要珍惜经验丰富的编目人员,并及时吸纳对古籍真正有兴趣的年轻人加入编目团队,以老带新,使古籍编目学脉不断延续,有效传承。

具体说来,收藏古籍资源丰富、编目量大的高等院校图书馆,应利用其地处校园的优势,与有关院系专业合作,共同培养古籍编目方向的硕士研究生,为图书馆古籍编目界源源不断地输送合格的编目人才。古籍收藏丰富的各公共图书馆也应与相关高校合作,有计划地培养古籍编目研究方向的研究生。

总之,图书馆界应主动作为,通过正规的学位教育和日常严格的业务训练,培养合格的、能够满足需要的古籍编目人才,而不能像以往那样,坐等高等院校相关专业输送现成的人才。

(三)古籍编目的教学方法

古籍编目是一种需要广博的文史知识、文献知识和图书馆学知识及业务技能的工作,如不经专业的培训,不能轻易胜任。通过古籍编目课程的教学,使同学们了解掌握有关的知识,初步具备从事古籍编目的能力,这就是古籍编目课程的教学目的。

由于古籍编目需要掌握多方面的知识和技能,所以在学习此课之前,应该安排中国图书史、版本学、文献检索、文献管理等课程的学习,使学员做好相应的知识技能储备。在教学中也应安排一定学时的编目实践,以便学生能够实际接触真正的古籍,获得直观真切的感受,这对于学生正确认识古籍、理解古籍编目工作的难度和意义是非常重要的。

思考与练习：

1. 什么是古籍？古籍的广义和狭义之间有什么区别？什么是"类似古籍"？

2. 古籍编目的特性是什么？谈谈你的想法。

3. 从事古籍编目工作需要具备哪些职业素养？

4. 古籍编目的研究包括哪些方面？

5. 古籍编目成果的表现形式有哪些？

6. 我国当前的古籍编目工作存在哪些问题？你认为其中最急需解决的是什么？

7. 谈谈你对古籍编目人才培养的认识和看法。

延伸阅读：

1. 王世伟. 图书馆古籍整理工作[M]. 北京:北京图书馆出版社,2000.

2. 杜泽逊. 文献学概要[M]. 修订本. 北京:中华书局,2008.

3. 李明杰. 简明古籍整理教程[M]. 武汉:武汉大学出版社,2018.

4. 刘瑞华. 试论图书馆古籍编目的意义[J]. 图书馆学刊,1989(4):47.

5. 雷梦水. 再谈古籍编目之难[J]. 古籍整理研究学刊,1985(3):46.

6. 邓维维. 古籍工作的基本功及其培养[J]. 图书馆学刊,2014(7):18 - 20.

7. 张志清,李华伟,王鹭嘉,等. 普查·总目·书志——"中华古籍保护计划"的古籍编目实践[J]. 古籍保护研究,2020(1):1 - 12.

8. 杨芬. 北京大学图书馆未编古籍整理历程(1952—2015)[J]. 河南科技学院学报,2017(3):41 - 49.

9. 胡良. 从古籍工具书的编纂看古籍编目问题[J]. 大理学院学报,2008(3):55 - 58.

10. 周会会. 论图书馆古籍编目人员的素养[J]. 科技情报开发与经济,2010(17):23 - 25.

11. 王国强. 图书馆古籍整理人才培养问题的思考[J]. 山东图书馆学刊,2011(5):11 - 13,24.

12. 陈莉,韩锡铎. 试论图书馆古籍工作的任务和人才培养[J]. 图书馆论坛,2005(5):56 - 58,125.

13. 韩思奇. 网络环境下古籍编目人员的文化素质建设[J]. 兰台内外,2020(29):

82 - 84.

14. 罗丽丽. 从古籍编目看提高古籍工作人员素质的必要性[J]. 图书馆,2002
    (4):82 - 83.

15. 徐淑秋,郭晓丹. 从古籍普查工作看编目人员的素质建设[J]. 图书馆学刊,
    2013(12):24 - 26.

16. 沈津. 鉴往知来 作育英才——谈古籍版本鉴定人才的培养[J]. 古籍保护研
    究,2020(2):142 - 160.

17. 石梅. 安徽省古籍编目人员队伍现状的调查与分析[J]. 内蒙古科技与经济,
    2012(15):127 - 128,131.

第一章　古籍编目概说

导论：

　　本章首先讲述古籍编目的整个流程，让读者了解古籍编目的工作内容。之后对古籍编目的一些基本问题进行阐述，其中的著录单位问题、著录原则问题，都是学界争议的焦点，于编目成果、编目质量关系极大。最后对古籍书目数据库建设的介绍和讨论，是对世界范围内当代古籍编目成果的展示，同时也就古籍书目数据库建设中的一些问题给读者留下了思考的空间。建议课时为 6 学时。

第一节　古籍编目的内容和流程

　　古籍编目的内容主要包括检书、著录、标引、给号、加工、扫描、移交等环节，具体的工作流程还要更复杂一些。

一、检书、配书

　　在编目前，首先要对需编目的古籍进行认真检视。未编目古籍经过多次搬迁，常常放置混乱，没有次序；加之古籍大多为线装形式，多册多函现象非常普遍，其卷帙多少、是否完整，必须查验之后才能知晓。如果贸然对册、函数不全的古籍进行编目，可能会犯两个错误：一是由于其提供的信息不完整，可能导致鉴定错误或著录内容不够完整、准确；二是由于古籍编目和加工紧密相连，对册、函数不全的古籍完成编目和加工后，如又发现该书的其他册函，必然要修改原有数据，也会导致登录号的混乱和新制作函套的废弃,造成人工和材料的浪费。

因此,古籍编目一般应先挑册数、函数完整的书进行编目,对于册数、函数不全的古籍暂且分类存放,待配齐后再编目。

如果确实是无法配齐的残书,编目时也应采取先头后尾的办法,即先编有首册的残书,再编缺失首册的残书,以保证编目数据的准确性。

在具体操作上,可以采用先小后大、先易后难的原则,先挑选小部头的或比较容易著录的未编古籍进行编目,再集中力量为大部头的或较难著录的古籍编目。这样做的好处是可以减少配书的工作量,在挑选单册、单函品种或小部头古籍的过程中,还可同时做一些将大部头书集中放置的工作,为后面对大部头古籍的编目创造条件。有的古籍编目员将这种做法戏称为"水落石出法"。

二、著录

(一)查重

查重是古籍著录的第一道工序。对一部书进行著录时,应先在编目系统里查检,查找本馆是否已有收藏和著录。如果已有著录,要检查原有记录是否有著录不全、重复著录等问题。

如果没有查到该书记录,则此次编目属于原始编目,要为该书做一条新的记录。

如果查到已有该书记录,则需要到书库中与已编目之书予以比对,看是否为同一版本。如果确系同一版本,则直接套录;如果系同一版本的不同印本且有较大差异,则需将新编目古籍的刷印及其他情况予以著录。

(二)著录

著录是对一部古籍的简明揭示,是编目工作的主要环节。著录古籍时,编目工作人员必须明确需要揭示哪些事项。

书名是一部古籍最显著的标志,作用非常重要。古籍的书名著录还要包括卷数,因为同名的书非常多,一种书不同版本的数量也十分可观,而卷数是区分同名之书是否同书或属于同书不同版本系统的最显著标志。

作者是古籍内容的创作者,由于古籍作者处于数千年的历史长河的不同时段中,所以著录古籍作者还应该标明其所处的朝代。又由于古籍的体例繁复,所以还需明确其著作的方式,如编、撰、注等。

古籍有的是手写的,有的是印刷的,可统称之为抄刻,也可称之为出版。无论怎样称呼,其制作年代、地点、责任者以及制作方式,都应该尽可能予以揭示。

除上述这些事项外,古籍作为实物,还应该著录其载体形态如数量、装帧、版式行款等。且由于古籍流传时间久远,在流传过程中常常会留下世人的藏章印记、批校题跋等,这些也需要予以忠实地反映。

在不能确定年代以及出版项时,可查看数据库中与该古籍相同或相近版本的著录,参考或适当套用其中正确且相符的信息。

三、标引

(一)分类标引

古籍编目是将许多古籍的书目记录用某种方法编排在一起,供读者检索使用。分类是组织古籍书目记录最常用的方式,分类标引则是根据某种分类法对一部具体古籍进行类目的划分。

在古籍分类中,四部分类法作为基础的古籍分类法占据主要地位。四部分类法目前还没有一个标准版本,凡依据四部分类法进行古籍分类的,都是由各馆自编或自选的。在国家标准《中国机读书目格式》(GB/T 33286—2016)和它的前身 2004 年版《新版中国机读目录格式使用手册》中,根据国际图联最新版 UNIMARC 中 140 字段(古籍一般性数据)加入了 193 字段(中国古籍———一般性数据),其中"书籍代码——内容类型"元素列出"春秋""四书"等 80 多个四部类名及其代码,可用于所编古籍内容的分类标引。但这个列表只是对四部类目的罗列,没有分类说明,没有分类技术,从古籍分类角度来看,并不能算是一个完整的古籍分类法。

(二)主题标引

主题标引就是提炼出文献主题的语词,并通过字顺途径,达到组织和检索文献的目的。其中的语词可以是受控语言,也可以是自然语言。古籍编目的主题标引就是为所编目的古籍给出相应的主题词。随着古籍编目的数字化和规范化,主题标引将逐渐成为古籍编目必不可少的环节。

四、给号

古籍编目时,为了便于之后的藏书入库排架,必须在书上作出标记,以便库房管理员根据这些标记进行古籍的排架。这种标记就是索书号,也叫排架号。索书号,顾名思义就是提取藏书所需要的代号,也是最主要的典藏号。每种书的索书号必须唯一、有序,其作用是指出一部古籍在架上的确切位置,是目录组织、藏书排架、出纳和清点的依据。

索书号的类型多种多样,如采用固定排架法,就是架次号;采用流水号排架法,就是流水号;采用分类排架,则需要在分类号之外再加书次号,才能组成一个完整的索书号。

有些收藏单位古籍藏书来源丰富多样,为了保存某些专藏的系统性,往往沿用原来的排架号码(索书号),或单独编号上架,而本馆原藏书则保持原有排架号。这就造成一个收藏单位内的古籍藏书索书号种类多种多样。

为了与普通图书相区分,古籍索书号常常要附加前缀。前缀可以是大写的英文字母,也可以是汉字或其他符号。

索书号的几种组合方式:

(一)单纯阿拉伯数字

单纯阿拉伯数字索书号分为两种:一种是流水号式索书号,一种是直接根据登录号排架。

• 流水号式索书号。古籍编目时所给的索书号,经常采用流水号法。之后古籍入藏排架时,也就按照这种流水号式索书号进行排列。国家图书馆古籍善本索书号部分就是由单纯数字组成的,如:明万历十四年(1586)北京国子监刻《十三经注疏》本《周易兼义》九卷略例注一卷,其索书号为"00001"。

• 登录号式索书号。就是将古籍直接按照登录号顺序排列上架,一书的登录号既是财产号,也是索书号,可以作为取书、归架的依据。上海图书馆采用的就是这种排架法。

(二)字母/符号加阿拉伯数字

由拼音字母或符号与阿拉伯数字组合形成索书号,是比较常见的做法。

北京大学图书馆在卡片目录时代,普通古籍线装书是以"X"为前缀,后面加阿拉伯数字的皮高品《中国十进分类法》分类号及书次号,组成索书号;善本古籍索书号是以"善"字下方的"口"字为前缀,后面加阿拉伯数字的皮高品《中国十进分类法》分类号及书次号,组成索书号。

天津图书馆则使用字母加数字流水号的方法,即 S 代表善本、P 代表普本,T 代表特藏,B 代表宝卷,F 代表方志。索书号 S1,即为善本第一部;索书号 P21788,则为普本第 21788 部。根据字母判断书库位置,根据数字判断某部图书在某个书库的具体位置,便于取阅、清点等。

南京图书馆古籍索书号采用字母前缀加数字的方式,古籍文献的索书号为"GJ/阿拉伯数字",民国时期文献索书号为"MS/阿拉伯数字"。但2012年收购的过云楼藏书,索书号则在GJ后增加一个"顾"字,样式为"GJ/顾/阿拉伯数字"。对于数字化的馆藏古籍,索书号则在原来的前缀"GJ"后增加"EB"两个字母,样式为"GJ/EB/阿拉伯数字",表明其为数字化古籍,可在馆内阅览室查阅数字图像。通过增加索书号信息,建立古籍原本与古籍数字资源的关联。

(三)汉字前缀加阿拉伯数字

以首都图书馆为例,首二字为前缀:首字分甲、乙、丙、丁、戊、己、庚等天干7字,代表图书的来源:"甲"意为北京孔德学校旧藏,"乙"意为法文图书馆旧藏,"己"意为吴晓铃赠书等;第二字以一、二、三、四、五代表分类,分别代表经、史、子、集、丛5部。如"甲一/200",意思是北京孔德学校旧藏经部第200号图书,"200"这个阿拉伯数字是流水号。如果前缀带小括号,说明是善本。如索书号为"(己五)/101",意思是吴晓铃赠书丛部第101号,该书为善本。

(四)分类号加书次号、补助号

现代正规的索书号体系,一般是采用分类号加书次号的方式组成。根据不同的分类法,每条类目有对应的分类号,如《中国十进分类法》《中国图书馆分类法》《中国科学院图书馆图书分类法》等近现代分类法均是如此。采用分类方法对馆藏古籍进行排架的各馆,应依据其所使用的分类法先给出古籍的分类号,再给出书次号,书次号之后常常还要附加补助号,如品种号、演绎号、版本号、复本号、册函号等,才能组成一个独一无二的完整的索书号。

古籍书次号多采用著者号,而著者号一般都采用四角号码法给号。

同一责任者同类书的不同品种,著者号后要加品种号;

某人为某部书所作的注释、校点、评议等,著者号后要加演绎号;

同一责任者同种书的不同版本,著者号后要加版本号;

同一版本的不同复本,要加复本号;

同一复本的不同函次,要加册函号。

同类书排列可采用分类种次号、分类著者号、分类书名号、分类登录号法等多种方法。

● 分类种次号。这种方法的索书号由分类号(类目名称)、种次号、复本号或其他符号所组成,同一书的复本、译注、阐述、研究等著作,在种次号后面再加上其他符号。

● 分类著者号。这种方法的索书号由分类号和著者号组成,此外,再用其他符号表示同一著者同一著作的不同版本、同一版本的复本等。同一著者的书在这一类就集中在一处。

● 分类书名号。这种方法的索书号由分类号、书名号、版本号、复本号组成。排架时,把书先按分类顺序排列,再按书名顺序组成的书名号排列。

● 分类登录号。先按分类号排序,再按登录号排列。

(五)固定排架号

固定排架号是固定排架法的产物,是将古籍按到馆先后顺序(或分编整理顺序)放在书架的固定位置上,书在这个固定位置不变。给固定位置一个标记作为索书号,这个标记就是固定排架号,依此来排列藏书。通常是以架号、层号、列号组成。如索书号 $14\frac{3}{8}$,就是指第 14 架第 3 层第 8 部书。也有只标识架号、层号的,如 25/2,表示在第 25 个书架的第 2 层放置的书。固定排架法在藏书不多且比较完整的情况下比较适用,其缺点是不方便调整改变古籍在书架上的位置;而且只标识架号、层号的方法会出现一号多书的问题。

五、加工

古籍加工,是指与古籍典藏、保护、利用相关的外在信息的处理,包括入藏登记、钤盖印章、制作题签、制作装具等工作。

(一)古籍登录

古籍登录,就是记录古籍的书名、版本、价钱、来源、登录号等。一般而言,每个图书馆对于所藏古籍均有单独的登录账本。历史悠久的图书馆,其馆藏线装书常常汇总在图书馆统一的"图书登记总账"中,与各类平装书合在一起,未有单独的登记。也有图书馆在后期整理编目时,整理出古籍线装书登记账,如北京大学图书馆自1981年起采用专门的登录账本后,至今将古籍登录作为古籍编目业务工作之一。

藏书登录系统有总括登录和个别登录两种形式。

1. 总括登录

总括登录又称"总登录"或"总登记",是按批量单元进行整体登录。须登记每批出版物的验收凭证、总册数、总金额、各类别、各类型、种册数与金额分类统计。

2. 个别登录

个别登录又称"分登记""分登录"或"个别财产登记",是按出版物书的种册单元进行具体登录,每册给一个号码,称为登录号或个别登记号,或称为财产号。个别登录的作用在于反映总括登录中每批出版物具体内容、来源及去向,作为查账与补购的凭据;反映每种出版物入藏时的信息,作为清点依据;每本出版物的个别登记号也是入藏、排检书序的依据。

个别登录的文本称为"个别图书财产登记簿",有账本式、活页式、卡片式,一般都能装订成册,便于长期保存查考。个别登记账簿主要登记项目有：登记日期、个别登记号、书名、著者、版本、书价、来源及总括登记号等。登记出版物的统计单位与出版印刷单位和流通单位保持一致，分别采用种、册、盒、片、夹、卷、套、份等。

登录号由纯阿拉伯数字组成，可根据馆藏需要给予固定位数。常见为七位数，以"0000001"为起始，以册（件）为单位逐册（件）流水排序登记，也有以一函或一部书为单位给登录号的。一册一号符合财产登记的规范。

传统做法，登录号需要反映在古籍实物上。登录号钤盖的位置，一般位于书的内封面，或卷端页，或一册书的末叶，或者后书衣。一般一册书有1—2处钤盖登录号。

一般使用号码机打印登录号。在使用号码机时，需要注意：一是财产登记账簿上号码与图书号码一致，准确无误。二是油墨不要污染书叶。为了避免用号码机打码时污损古籍纸叶，在普遍采用函套的北方地区，一般会将登录号等信息另纸写印，粘贴在函套上，这应该是更好的选择。

（二）钤盖印章

1. 印章的种类及大小

古籍编目后，需要及时钤盖藏书章。馆藏章，根据用途不同，大致可分为收藏章和捐赠章。

• 收藏章，用来标记藏书单位名称的印章。例如，"北平孔德学校之章""北京图书馆藏书印""天津市人民图书馆藏书之章""太原市图书馆藏书印""天津市南开区图书馆藏书章"等。有朱文方印、长方印、椭圆印等；亦有蓝色印章，多为业务机构使用的椭圆形印。

• 捐赠章，藏书如系某人或某机构捐赠，则应制作并钤盖表明捐赠者名称及捐赠行为的印章。例如，天津图书馆藏任振采捐赠方志，书上钤有"天津市人民图书馆藏任氏天春园捐赠图书之章"朱文长方印。

印章的尺寸、大小不一,一般以印文简洁,且印章小而精者为佳。

2. 印章钤盖的位置和要求

收藏章一般钤在每册首叶,也可同时在每函书的书顶钤盖馆藏条形蓝色印章。收藏章常见于书衣(书皮),卷端、序、目录的第一叶,也有钤盖在护叶处、卷末(每册卷末,亦可在一部书的末尾)。

在卷端钤盖收藏章时,需要注意几个问题:

• 应钤于空白、无字处,尽量不要遮挡古籍文字。

• 钤盖顺序一般是由下而上,由右至左。

• 钤盖位置适中,印文清晰。

3. 钤盖印章注意事项

• 钤盖前检查印章印文是否清晰。

• 在正式钤盖前,需要在其他纸张上试盖印章,观察字迹清晰程度以及印章方向等。

• 钤盖时用力要均匀,不要扭动印章,以免造成重影、变形等。

• 钤盖后要待印泥晾干后方可合闭书叶,或用宣纸遮盖印章,避免印油污染书叶。

(三)制作题签

古籍题签可分两种,一种是为取书方便的索书题签;一种是为揭示书名及内容的书名题签。

1. 索书题签

索书题签一般是指为便于提取图书,将索书号、书名、卷数、册函数、朝代、分类等检索信息,打印或书写在纸签上,粘贴或插在书册、函套之中,亦称为"贴签""浮签""门帘""悬签""索书签"等。

索书题签的制作方法根据馆藏古籍的典藏方式而定。大多数图书馆的古籍是平放在书架上,书签以横写为宜;但如果函套是插套竖放,则书签应竖写。

- 题签尺寸:馆藏古籍如果是平放的,题签的宽度约为书宽的二分之一以上,长度为书高的三分之二左右,以便在插入书中后不易掉落;但如果书签是粘贴在函套上,则不必太长,只要留够粘贴的面积即可。馆藏古籍如果是装在函套中竖放,则书签应粘贴在函套的背脊上,长度不要超过函套长度的三分之二;宽度应小于函套的宽度,为美观起见,最好两边留出一定的空隙。

- 题签内容:一般包括索书号(分类号/登录号)、书名、卷数、册函数、朝代、分类等信息。

- 题签材质:函套上的题签通常使用白色宣纸,为便于打印起见,可选择质地稍微厚、硬一些的宣纸。

- 题签位置要求:题签可分为粘贴式、插入式两种。粘贴式题签,即将书名题签贴于函套之上。平放函套一般将题签空白处粘贴在函套内侧正中,有文字部分露在外侧;竖放函套题签粘贴于函套背脊靠上方,题签下方留出的空间要大于上方留出的空间,题签粘贴应该端正、平整、美观。插入式题签,即将题签直接插于函套、书籍中,可随时取下,便于更换。没有函套的古籍,一定要用插入式,以免伤害古籍。

索书题签可打印,亦可书写。一般采用楷书字体。索书号、书名、册函数信息必须准确无误。书写字体一定要清晰、工整,宜用正楷字体。

2. 书名题签

题名签一般粘贴在每册书封面的左上角位置,通常为一条长方形的签条,上书书名、卷次、题署人姓名等信息。这种书名题签条,一般为印刷出版时自带的原书旧签。原书签条丢失,或原签条破损严重,或修复后书册多寡发生变化,则需新制签条。新制长条签,一般贴于书衣左侧,即距离天头和左侧书口较近的地方。另有一种长方形纸条,粘贴于每册书的中上位置,书写书名、卷次、卷名、篇目等信息。

(四)制作装具

古籍完成初步加工后,需要放入专门库房,进行长期存放与管理。装具是指定存放古籍所用的书套、袋、帙、夹板、盒、箱、架、柜等的总称。

1. 书套

就一部古籍而言,书套是其最小装具,亦是古籍传统的保护装具,也称"函套""内装具"。通常使用纸板和织物制作,纸板厚2—3毫米,外包织物材质有锦、绫、棉布等。函套在结构设计上有四合套、六合套、插套等多种形式。制作函套之前,要先测量书的尺寸,以便书盒尺寸与所装书籍吻合。

函套制作流程主要有裁纸板、纸板连接定位粘连、包挂布面、上祥、上别子、放置、压平、晾干等。

(1)四合套

四合套通常由 5 块纸板组成。从右至左依次为 1—5 号板。2 号板为右侧护板,3 号板为封底板,4 号板为左侧护板,5 号板为芯板,书套合起来的时候,从左侧包裹书籍,压在封面的板的下面。

5 块板的尺寸计算方法,四合套各个部位的尺寸及计算公式如表1-1 所示。

表1-1　四合套各部位尺寸计算表

纸板序号	长度计算方法	宽度计算方法
1	书长 + 1 毫米	书宽 + 板厚×2 + 1 毫米
2	书长 + 1 毫米	书厚 + 板厚×3
3	书长 + 1 毫米	书宽 + 板厚×2
4	书长 + 1 毫米	书厚 + 板厚×2
5	书长 + 1 毫米	书宽 + 板厚

（2）六合套

六合函套除普通形式的六合套外，还有具有图案的云套、月牙套、万字套等特殊形制。六合套要包裹书籍的6个面，比四合套多4块板，需用9块纸板制成。

六合套9块板尺寸及计算公式如表1-2所示。

表1-2 六合套各部位尺寸计算表

纸板序号	长度计算方法	宽度计算方面	纸板数量
1	书长＋板厚×2＋1毫米	书宽＋板厚×2＋2毫米	1
2	书长＋板厚×2＋1毫米	书厚＋板厚×4	1
3	书长＋板厚×2＋1毫米	书宽＋板厚×2＋1毫米	1
4	书长＋板厚×2＋1毫米	书厚＋板厚×3	1
5	书长＋板厚×2＋1毫米	书宽＋板厚＋1毫米	1
6	书宽＋板厚×2＋1毫米	书厚＋板厚	2
7	书宽＋1毫米	（书长＋板厚×2－1毫米）÷2	2

六合套5号和两块7号板可用一块板制成，制板时可选用云头、万字、山字、月牙等图案，即为云套、万字套、山字套、月牙套。

（3）插套

插套由外套和书夹两部分组成，有两种制作方法。第一种方法采用8块板制作；第二种方法使用6块板制成。

（4）夹板

夹板大多为穿带式夹板，每副两块，分置书本上下，以布带穿扎扣紧。布带长短可根据书本厚度调节。木夹板采用硬质木料制作，一般厚度只有二三毫米，有作坊生产通用夹板供应书店，出版机构也会自制夹板。

清人孙从添在其所撰的《藏书纪要》一书中说："书套不用为佳，

用套必蛀。"此论适用于南方,却不适用于北方:因南方湿润,北方干燥。现在又有一种说法,谓书套中的化学物质会侵蚀古书的纸叶,故古籍不能新做书套,而且原有书套也应悉数撤去。其实这个问题应该根据不同地区制定不同的方法。在我国北方地区,空气中灰尘较大,凡是有书套的古籍,保存得都相对较好,且较为完整;而没有书套的古籍,不是满纸灰尘,污损书叶,就是残缺不全,散失严重,而人们惯常担忧的书套生虫现象却很少发生,所谓的化学物质侵蚀纸叶现象也罕有发现。由此看来,仅以北方而言,以有书套为佳,不但不应将原有的书套撤去,相反还应为没有书套的古籍继续新做书套。而在南方潮湿地区,如果有恒温恒湿的保管条件,再加以相应的药物处理,也是可以保留书套的。如果典藏环境不好或保管条件不完善,则应该将原来的草纸板书套撤去,改用无酸纸板书套包装或木夹板保存。

书套在保存、流传过程中,会出现破损的现象。在制作新书套或更换新的装具时,需要注意原装具文献信息的保护与保存。主要原因有:一是旧书套上可能附有古籍版本信息,如题签上有印制堂号等;二是旧书套上可能附有本函书籍函次、册次、卷次等信息,或附有另纸标明本函古籍的卷次、函次等信息;三是旧书套上可能附有藏家留下来的信息,如在书套题签上钤盖的古籍收藏者的藏书印等。对于这些历史信息,可以将之剪切下来,粘贴在新的书套内面上;或剪贴在宣纸上,再粘贴在书套内面,随书妥善保存。特种装具、外装具等如具有明显文物属性,应以修缮为主。

2. 特种装具和外装具

(1)特种装具

特种装具是根据古籍特藏文献保存需求而设计的专用装具。例如,盛装卷轴装帧形式的轴套可以很好地保护诸如舆图之类的卷轴装帧形式的文献。

（2）外装具

书盒、书匣、书箱、书架、书柜等称为"外装具"。外装具最突出的作用是可以充分利用书库空间，实现立体分层存放古籍。同时，外装具还具有防光、防尘、防水功能。另外，当库房温湿度变化过大时，木制的书箱、书柜、书橱还具有吸收和释放湿气的功能，这样可降低湿度骤然变化对古籍产生的负面影响，从而起到保护古籍的作用。

随着古籍保护技术的发展，古籍外装具逐渐由传统的木质、金属制家具，发展为具备恒温、恒湿等多重保护功能的装具设备，在书库内为古籍保存提供更安全的存放环境。

六、数字化

古籍数字化，就是从利用和保护古籍的目的出发，采用计算机和网络技术，以扫描或拍照的方式，将古籍文献中的语言文字、图形符号转化为计算机识别的数字符号，保存、解释并传播古籍文献资源，实现古籍知识发掘和管理的一项系统工作。

古籍数字化加工包括三个层面：第一个层面是指书目数字化；第二个层面是指载体的数字化；第三个层面是指针对数字化古籍资源进行数字化的整理。

古籍编目与加工过程中，主要是要完成第一、二两个层面的数字化工作。

为了更好地开展古籍原生性保护，应对古籍进行全文数字化建设。古籍的全文图像，需要与古籍书目数据建立关联，以便通过书目数据浏览古籍的全文图像。但这项工作实际上是古籍编目之外的环节了。

（一）扫描古籍书影

在一部古籍著录完成之后，在原有书目数据库基础上添加书影图像,是完善书目数据库建设的一项基本工作。书影图像可为古籍版本研究提供便利,主要是用来揭示古籍版本特征,或用于版本鉴定、编制图录等。

扫描古籍书影时应满足以下要求:

• 书影应包括正文卷端、牌记、内封、序跋、钤印、批校题跋、特色书叶等能体现版本信息的部分。

• 书影必须完整反映古籍书叶的面貌,不能略去天头地脚。

• 要保证书影的质量,书叶要平整,光线要均匀,图像要清晰,色彩要真实。

(二)扫描古籍全书

古籍全书扫描,是古籍整理与保护进入数字化时代的基本工作。"全书"应包括书衣、护叶、空白叶等所有组成图书的部分;对于粘贴、夹杂在书中的书签、信件、手稿等,也应逐册、逐叶、逐件的扫描。随着古籍文物定级工作的开展,还应对古籍的外观、装具等外在形态进行立体拍摄,最大限度地采集古籍所蕴含的信息。

1. 外观及装具的整体记录

外观及装具的整体记录包括平面扫描所无法呈现的各种信息。一是拍摄装具整体,包括函套、夹板、木匣、布帙,以及题名书签、门帘、其他文字信息等信息源;二是打开装具,进一步拍摄装具展开的形制及侧面图案、花纹等;三是书籍天头、地脚、书口、书根处的具体情况,如书根题字、包背、包角等信息。

2. 书籍本身逐叶扫描

书籍本身逐叶扫描包括书衣前后、护叶、万年红衬叶等。全书扫描过程根据不同的扫描设备,可以选择半叶扫描或对叶扫描,全幅扫描或部分扫描。对于书品尺寸较小、A4/A3 幅面以内的古籍,建议采用平板扫描仪,这样图像更为平整。对于书品在 A3 以上、体积较大、较重、翻转困难的古籍,建议采用拍照式扫描仪。对于开本在 A2 及以上的古籍,若没有可扫描超大幅面的全幅扫描仪器,建议按照一定的顺序,进行局部扫描,后期再进行图像拼接,以形成完整的图像。

(三)古籍图像加工

古籍图像的加工包括图像旋转、倾斜校正、色彩校正、拼接、裁切、命名、质检、备份、存储、保存等,根据古籍数字化加工需求及不同的用途,按照一定标准进行加工处理。古籍数字化加工有一个基本原则,即一次数字化加工多途径使用原则。这是为避免多次、反复扫描,对古籍原本造成损坏。

(四)古籍数字资源与古籍元数据建立关联的方式

古籍扫描图像加工完成之后需进行存储,并上传至编目系统,与相应的书目数据进行挂接,通常有以下两种做法。

一是在古籍元数据中将古籍数字资源用图标样式表示,图标为超链接,点击后即可打开古籍数字资源。

二是古籍元数据增加专用字段,与古籍数字资源信息库建立关联。专用字段如所属数据库名称、数字资源编号、缩微胶片号、缩微胶卷号等。

也有只是在元数据中标明是否完成数字化,但未做相应链接。例如,南京图书馆在索书号上增加字母前缀"EB",表示已经完成数字化扫描,可以阅读的电子资源。

七、移交

在上述所有工序完成之后,编目完成的古籍应批量送交古籍书库,编目人员与书库管理人员进行手续完备的交接,由书库管理人员将新编目的古籍上架,根据相关政策提供给读者使用。新编目的古籍书目数据最好在古籍上架后再对外开放,以免读者过早提出阅览需求而导致工作被动。

第二节　古籍编目的一些基本问题

一、繁体字著录问题

古籍应该采用繁体字著录。因为古籍是用繁体字书写或印刷的,著录时最好能反映这一点。如果规定用简体字著录,有些字简体字库中没有,实际著录时还得用繁体字。同时,在古籍编目时还应使用规范的繁体字。这是因为古籍中的异体字、破体字太多,很不规范,如果一味强调照录原字,会给编目工作造成太多困难,实际上也无此必要。使用规范的繁体字可以参考《通用规范汉字表》①,该表共收录汉字 8105 个。

在用繁体字著录的同时,还要考虑满足读者用简体字检索的需求,这需要在数据库建设时就考虑到繁简体的转换问题,做到繁简体的统一检索。

二、名称术语的规范问题

名称术语的规范统一很重要,版本类别的规范更应放在首位。现实中,同一种版本类别,常常有多种不同的说法和写法。如刻本,又叫刊本、雕本、椠本等;影刻本,又叫覆刻本、仿刻本、翻刻本等;抄本,过去常写作钞本;上版稿本,又叫做写样待刊本;誊清稿本,后世有人误称之为清稿本;活字本,又叫做聚珍本、摆印本、活版、捡子版;铅印本,又叫做排印本;晒印本,又叫做晒蓝本、蓝晒本;等等。

---

① 国务院关于公布《通用规范汉字表》的通知(国发〔2013〕23 号). http://www.gov.cn/zwgk/2013－08/19/content_2469793.htm

古籍著录一般要求用繁体字著录,但对一些异体字还是需要规范,如装订方式中的"綫裝"和"綫裝"、"卷軸裝"和"捲軸裝"等不同的写法,就应该有所取舍。

在卡片目录时代,这些差异是允许存在的,因为无关检索。但在数据库中,这些名称就应该尽可能规范划一,以保证检索结果的查全率和查准率。

有的古籍检索系统为一些检索途径预设了下拉菜单;有的古籍检索系统设置了版本类别、出版年代、出版地等检索点的浏览功能。这就需要在著录时,必须遵循一个统一的著录规则,采用众所公认的名称术语。但事实上,许多名词术语的使用并不规范,这就需要去做人为的规定。

三、数字著录的规范问题

数字的著录方法,看似一个小问题,但如果不予规范,会在古籍编目工作中造成很多混乱,也会给相关事项的统计造成困难。

以往古籍编目,数字著录一般都是用中文数字,如一、二、三、四、五、六、七、八、九、十等,十以上的数字有时也用廿、卅、卌等。但对数目的表述很不统一,五花八门,令人无所适从。例如:

28:可写成二十八、廿八、廿八、二八;

259:可写成二百五十九、两百五十九、二五九;

128:可写成一百二十八、百二十八、百廿八、百二八、一二八;

1000:可写成一千、一○○○;

100308:可写成一万零三百零八、万三零八、一○○三○八。

相较可知,阿拉伯数字简便、直观、规范、统一,也便于统计和节省空间;而中文的数字表达方法不直观,不容易规范统一,不便于统计,也不利于节省有限的存储空间。

古籍的著录中,可能出现数字的地方主要有:卷回数、出版年代、册函数、行款版式以及一些附注说明。实践证明,在古籍的计算机编目中,数字的著录,除一些特殊规定和附注说明中的引用原文之外,一般应使用阿拉伯数字。

以卷数为例,《汉语文古籍机读目录格式使用手册》和国家标准《古籍著录规则》(GB/T 3792.7—2008)将其归为"其他题名信息",文化行业标准《古籍元数据规范》(WH/T 66—2014)将其归为"题名说明文字"。其实卷数并不是书名的一部分,没有必要采用客观反映原则。从著录法角度来看,卷数采用阿拉伯数字是无可厚非的,唯一的缺点是在文字竖排时使用阿拉伯数字稍有不便。今后,繁体竖排的排版方式日益少见,数字化的古籍书目记录更是一律采用横排形式,从长远观点来看,卷数完全可以采用阿拉伯数字著录。

册函数、行款、版式也以采用阿拉伯数字为好。例如:3 册(1 函);半叶 8 行,行 17 字;版框尺寸:19cm×12.2cm。

出版年代的年号纪年,因为最多只有两位数,中文数字的不同写法较少,同时为与国家标准《出版物上数字用法的规定》(GB/T 15835—2011)保持一致,故应采用中文数字的写法,如清康熙六十一年[1722]。

四、古籍的著录单位问题

古籍的著录单位,是古籍编目需要面对的首要问题。而这就涉及对著录对象的层级划分。

1998 年国际图联发布的《书目记录功能需求》(*Functional Requirements for Bibliographic Records*, FRBR),将书目记录的著录对象分为 4 个层级:第一级是作品(work),即一种特有的智慧和艺术的创作,抽象的实体;第二级是内容表达(expression),即通过数字、音乐、声音、图像、动作或这些形式的组合对智慧或艺术作品的实现;第三级是载体表现(manifestation),即通过物理介质实体化内容表达的实体;第四级是单件(item),即载体表现的实例或个体。

鲍国强为顺应中国的编目传统,改用著作、品种、版本、复本 4 个名称作为 work、expression、manifestation、item 的中文对应称谓,他说:"FRBR 提出了文献相关实体的基本属性。如著作具有题名、形式、日期、预期的利用者和背景等基本属性;品种具有题名、形式、日期、语言、内容提要、背景和使用限制等基本属性;版本具有某版题名、某版责任说明、版次、版本类型、出版地/发行地、出版者/发行者、出版/发行日期、载体形态等基本属性;复本具有复本索书号、复本来源、批校题跋、展览历史、复本现状和处置历史(被伪造或修复)等基本属性。这是 FRBR 定义了不同层次文献目录的揭示范围。书目的层次不同,其揭示的范围和重点也不一样。"①

著作、品种、版本、复本 4 个层级基本可以概括古籍的著录层级,但并非无可挑剔。例如,古籍刻本中存在的版刻级别和版印级别,编目时就不能不予以考虑。

(一)纸本目录的古籍著录单位

在卡片目录中,古籍的著录单位通常是针对不同对象而采取不同的方法,是不确定的。

以抄本为例。抄本是手工抄成的,每一个抄本的抄写人、抄写地、抄写时间、抄写字体、抄写方法、纸张材料乃至抄写的底本,都可能有所差异甚至是根本不同。所以只能将同一种书的每一个抄本都视为同一种书的不同版本。

刻本的情况与抄本不同。类似于现代图书,古籍刻本的制作首先

---

① 鲍国强《文献编目新理念对古籍数字化的影响》,《数字图书馆论坛》2006 年第 12 期,第 18—23 页。

也是制版。使用不同书版刻印的本子,人们就称之为不同的版本。古籍的同一种书常常有各种不同的刻本,而刻本还有复本的问题,即同一副书版一次可以刷印出很多复本,这些复本的文字内容和外形基本是相同的。这就是说,古籍刻本首先存在着一个版刻级的复本级别。

书版可以长期保存,可以在一个很长的历史时期内多次印刷。由于书版在长期保存过程中会出现破损、断烂等情况,因此每一次刷印时,常常需要对书版进行一些修补、剜改、增添内容的工作;此外,每一次刷印所用的纸张、印墨和装帧情况也会各有不同。诸种因素都会导致同一刻本的不同印本在内容和形式方面产生差异。古籍刻本,以及近代的古籍石印本、铅印本都存在这种同版的不同印次情况,古籍同一部书的这一个复本级别称之为版印级。

在图书馆古籍编目中,如果仅著录到版刻一级,就会抹杀一书同一书版不同印本各自的特点,达不到准确揭示著录对象的目的。因此,过去图书馆的古籍卡片目录或书本式目录,大多都将版本和出版情况著录到版印一级。至于同一版印的不同复本,第一个复本的情况一般是在附注项中反映,其他复本的具体情况则在同一条款目中用业务注记的方式予以反映。例如,卡片目录就是在卡片背面记录其不同复本各自的登录号、不同的册函数及残缺情况等。

(二)计算机编目中的古籍著录单位

计算机编目对著录单位的规定比较复杂,大致分为两种情况:

1. 以版本为著录单位、同一种书的相同版本采取记录合并的原则

在机读目录(MARC)系统中,以 OCLC 为主导的国际联机编目为了防止书名相同的重复记录太多,而实行相同版本记录合并的原则。同书同版的记录理论上只应该有一条,各图书馆所藏的相同版本只需要在复本附注中加上本馆的馆藏信息即可。各馆所藏中国古籍的书目记录也执行这一原则。

这种做法的优点是最大限度减少重复记录的数量,有利于书目记录的检索和利用。但由于古籍版本的复杂性,认定同一版本的工作其实并不容易,编目时常常需要大费周折。且这种方法不利于充分展现各个复本的个体面貌,具有很大局限性。还有一点,就是不利于链接相关的书影图像或电子版全文。总之,记录合并原则不太满足古籍数字化工作。

2. 以每一馆藏复本为著录单位的原则

古籍书目记录的数字化只是古籍数字化的第一步,该条记录还应该链接该部古籍的数字化图像,甚至数字化全文文本。这就要求每条古籍书目记录的图像链接对象最好是唯一的,就是实际扫描的那个古籍复本。即使是图书馆藏的普通古籍,编目时的著录单位也应该是每一部具体的古籍复本。

古籍善本的情况更是如此。由于善本的传世数量比普通古籍要少得多,并且由于流传时间相对久远和人们的异常重视,每一部古籍善本都可能有不同于他本的版本特点,如有某藏家的藏章印记,有某名人的批校题跋,有独特的装帧形式,有不同的残存卷数等。这些都是重要的版本特征,有很高的版本价值和学术价值,应该予以揭示。清代以来的私家藏书目录,大都是以单个的本子为基本著录单位。因为不这样做,就无法精确体现和揭示每一个具体本子的版本特点和价值。

非 MARC 格式的古籍计算机编目,一般应以每部书每一种具体形态的藏本为著录单位,且无论其为善本还是普通古籍。

这种做法虽然在检索时似乎增加了相同古籍版本的记录数量,降低了查准率,但实际上完全可以用组配检索和二次检索等方法来弥补这一不足。在实际工作中,用一条记录来解决全部问题的做法既不现实,也不符合古籍数字化的要求。

（三）完整本问题

2008 年《古籍著录规则》（GB/T 3792.7—2008）与 1987 年《古籍著录规则》（GB/T 3792.7—1987）相比有一个重要的变化，就是：根据 ISBD（A）已实施的"完整本著录原则"及其以版本为著录单位的立目标准，将载体形态项和附注项分为完整本和复本两部分。其中，古籍完整本特征是指一种古籍制作完成时已经具有的内容和形式特征，古籍复本特征是指一部古籍在流传和典藏过程中新产生的内容和形式特征。

"完整本著录原则"其实是建立在以版本为著录单位制作书目记录的基础上的。也就是说，相同版本的不同复本应该著录在一条记录中，一部书的完整版本特征应著录在基本著录字段，复本情况则集中著录在附注项的复本情况著录字段。具体来说，就是题名与责任说明项、版本项、出版发行项、载体形态项、丛编项这几个事项须著录古籍的完整本信息，复本的载体形态信息只能著录在附注项的所编复本附注中。

实际上，古籍编目人员通常拿到的都是一部书的某个复本，在经历过较长时间的流传后，很多文献都不能保持自身的原始面貌。在馆藏古籍面貌千差万别的情况下，要求按完整本的要求去著录并不现实。在实际工作中，古籍复本的认定很不容易，硬性规定将不同复本信息合并在同一条记录有很大的难度。目前我国古籍编目的主要任务是完成各馆所藏古籍的编目，古籍的联合编目工作还没有充分展开；且古籍记录的合并需求并不迫切，在这种情况下没有必要强调完整本的著录。

2021 年颁布的《信息与文献　资源描述》（GB/T 3792—2021）规定："对于古籍，不仅是不同的版本，而且不同发行批次、不同印次和每个不同的复本，都可以单独做一条描述记录。"对于古籍的著录单位不再做硬性的规定，这实际上是放弃了"完整本著录原则"，体现了较大的灵活性,是一种实事求是的做法。

五、古籍编目的著录原则问题

（一）规范著录原则

自 19 世纪末现代意义上的图书馆在中国产生,一直到 1987 年发布《古籍著录规则》(GB 3792.7—1987),这一时期都是中国图书馆古籍编目史上的手工操作时代。编目的成果以卡片式目录或书本式目录的形式呈现。受编目成果形式及其相应检索方式的影响,这一时期中国图书馆的古籍著录一直是以规范著录为原则。古籍题名的著录,虽然明确以卷端所题为主要依据,但对题名中认定属于冠词①的内容,要用括号括起来,排卡片式书名目录时,冠词不参与排片。古籍著者的著录,虽然也是主要以卷端所题为主要依据,但却是以规范的姓名来著录,以便在著者目录中将同一著者的著作排列在一起。版本项以及其他事项的著录,也是以规范著录为原则。

（二）客观反映原则

从 20 世纪 60 年代开始,MARC 格式在全世界逐渐得到推广应用,文献编目进入了计算机编目时代。

受当时计算机技术的限制,MARC 格式实际上是把一条记录分为定长字段部分、实质部分和检索点部分三块著录内容,分别为后台书目数据的管理、前台读者的浏览和检索服务。由于为所著录文献的题名、责任者乃至出版地、出版者设置了专门的检索点,这就使得题名、责任者以及出版地、出版者的客观反映成为可能。

到 20 世纪 80 年代末,建立在计算机编目基础之上、主张客观反映原则的《英美编目条例(第二版)》(AACRⅡ)开始对中国图书馆的古籍

---

① 对于"冠词"的专门论述详见本书 126 页。

编目产生影响,图书馆古籍编目界的一些权威人士开始接受并推广应用古籍著录的客观反映原则。其具体做法就是,使用 CNMARC 格式进行古籍的编目时,在 2 字段和 3 字段这些实质著录部分,主要采用客观反映的原则,照录古籍卷端所题的书名与责任者;在 5 字段、6 字段、7 字段等检索点部分,再著录古籍规范的书名和责任者。这种著录方法既保留了古籍原本书名与责任者的题名方式,同时也照顾了读者长期以来形成的查找古籍规范书名和作者规范姓名的检索习惯。

由于种种原因,中国图书馆界利用 MARC 格式进行古籍的计算机编目未能得到普遍推广,所以古籍的客观反映原则未能深入人心,传统的著录方法一直保留并继续发挥着很大的作用。

(三)规范著录原则与客观反映原则的选择

实际上,直到 20 世纪 90 年代的最后几年,中国图书馆界古籍的计算机编目工作才真正被提上了日程,但这时情况已发生了变化。

首先,这时计算机的普及程度迅速提高,人们对古籍的计算机检索的迫切性也大大加强。这就不允许图书馆界再根据原书进行慢条斯理的原始编目。国家图书馆首先采用了根据卡片目录进行古籍回溯编目的做法,随后,北京大学图书馆等古籍收藏丰富的一些大型图书馆也跟着采用了这一做法。应该说,这是快速实现图书馆藏古籍书目数据数字化最便捷的做法。可是这样一来,即使采用的格式仍然是 MARC 格式,但古籍书名特别是责任说明的著录就可能不是客观反映了,因为据原书编目是采用客观反映原则最起码的要求。

其次,这一时期计算机网络技术得到了飞速的发展,新的与计算机网络环境相适应的元数据格式开始大行其道。而传统的 MARC 格式在中国图书馆的古籍编目工作中,还没有广泛推广就开始显得落伍了。新的元数据格式,如 DC 元数据格式,较之 MARC 格式不仅在著录界面上显得直观和友好,而且还以其更为先进的检索技术和检索方式,将著录内容直接用于检索,省略了 MARC 格式的检索点部分,使古籍的著录更加快速和简洁。这是古籍计算机编目的进步,但也使得在 MARC 格式下适用的古籍客观反映原则失去了实施的基础。因为实施客观反映原则的前提,是同时另有一个进行规范著录的检索点部分。如果将独立的检索点取消,仅留下按客观反映原则著录的内容,其后果就是难以实施有效的各项检索,甚至会导致读者对著录内容的认读发生困难。所以,适应新的网络环境和技术的古籍元数据格式反而又不适合采用客观反映原则了。

今后,古籍计算机编目的发展方向,究竟是朝着继续使用 MARC 格式,还是转而使用各种新的古籍元数据格式,目前形势还不很明朗。具体地说,古籍的联机编目由于要求著录系统的广泛适用性和著录数据的一致性,更可能采用 MARC 格式,同时要满足客观反映原则;而各馆的馆藏目录数据库的建设为了充分利用前人已有的编目成果,快速完成古籍的计算机回溯编目,无论使用 MARC 格式还是 DC 元数据格式,更多会采用规范著录的方法。在使用 MARC 格式的前提下,古籍的客观反映原则可能还会得到一定范围的应用和发展。但总的看来,随着新的各种元数据格式的产生和推广,规范著录的适用面和实施范围可能会更大一些。

第三节　图书馆古籍书目数据库的建设

一、古籍书目数据库的目录组织

随着计算机的广泛应用和互联网技术的发展,古籍馆藏目录数字化日益完善,传统卡片式目录逐渐被淘汰;书本式目录虽然数量不减,但其使用范围变小,使用频率减少。古籍书目数据库日益成为馆藏古籍目录的主要表现形式。

古籍书目数据库主要有单机型和网络型两种形式。

单机型主要采用 Excel 表格形式,原始版本可以编排为分类目录,或书名目录、著者目录、排架目录等,也可以根据 Excel 表格的排序功能对不同著录事项重新进行排序,从而随机变成各种类型目录。

网络型古籍书目数据库一般可根据检索式对检出结果按书名字顺排序,也可以按典藏号排序。实际上,在简单检索中,有多少检索途径,就有多少种目录;在高级复杂检索中,由于进行灵活多样的组配检索,所谓"目录类型"已经无从谈起。网络型古籍书目数据库检索结果的排序完全由机器自动处理,只要在数据库设计时规定好排序方式即可。例如,规定显示检索结果所有记录按书名字顺排序,相同书名记录则按出版年代排序,对于数据库来说是很容易实现的。

二、古籍书目数据库建设的现状

(一)"中文善本书国际联合编目"国际合作项目

机读目录的产生,改变了图书馆文献编目工作,也同样推动了中文古籍编目事业的变革。20 世纪 80 年代末,美国的研究图书馆组织(The Research Libraries Group,RLG)筹划以机读目录形式开展全球范围内的中文古籍编目,并提出具体计划,以期使用 MARC 格式将清代嘉庆以前的所有中文古籍编目,并形成中文古籍国际联合目录。为实现这个目标,该组织邀同世界各地的中文古籍编目专家成立了国际顾问委员会,并以美国哥伦比亚大学和普林斯顿大学东亚图书馆为试点,实质性地推进中文古籍善本的国际机读目录联合编目工作。1988 年,北京大学图书馆与中国科学院图书馆共派出 5 名编目人员到美国参与此项目,进行为期 6 个月的项目试验。此后天津图书馆、辽宁省图书馆、复旦大学图书馆、湖北省图书馆、中国人民大学图书馆等图书馆陆续加入该项目。1991 年,项目以"中文善本书国际联合编目"为名正式启动,编目数据录入 RLIN 数据库,普林斯顿大学东亚系为项目提供办公场所,并在后来接管了项目的行政管理。2000 年,中文善本书国际联合目录项目制定并发表了中英文本的《中文善本书编目规则》(*Cataloging Guidelines for Chinese Rare Books*,CHRB),对项目的编目原则和方法做出了规定和解释。到 2005 年底,该项目完成了北美地区除美国国会图书馆之外 30 多个藏书机构收藏的中国古籍善本书的计算机联合编目,共收录书目记录 3 万多条。该项目是中文古籍编目史上的一次成功实验,也为此后中文古籍机读编目的进展积累了经验、奠定了基础。

2006 年,美国研究图书馆组织宣布与联机计算机图书馆中心(Online Computer Library Center, OCLC)合并,并将全部数据转入 OCLC 的 WorldCat 数据库。此后几年,"中文善本书国际联合编目"项目将其记录中约 75% 的古籍正文首页纸质书影进行了数字化扫描,并与数据库中的对应记录相链接。

2009 年 9 月,"中文善本书国际联合编目"项目中心由美国普林斯顿大学转移至中国国家图书馆,初步建成新数据库"中华古籍善本联合书目"系统①,但实际上只开放了美国哥伦比亚大学图书馆和普林斯顿大学东亚图书馆等少数几个馆所藏中国古籍善本的书目数据和部分书影,数量只有几千条,规模有限。

(二)台湾地区"中央图书馆"的"中文古籍联合目录"

台湾地区"中央图书馆"主持建设的"中文古籍联合目录"②,发

---

① "中华古籍善本国际联合书目系统"网址:http://read. nlc. cn/allSearch/searchList? searchType = 62&showType = 1&pageNo = 1

② "中文古籍联合目录"网址:https://rbook. ncl. edu. tw/NCLSearch/Search/Index/2

端于 1998 年,范围涉及东亚、北美、欧洲等地重要的中国古籍收藏机构。截至 2022 年底,该项目已有 90 所合作单位,数据库收录古籍书目记录已达 84 万条,美国芝加哥大学图书馆、哈佛燕京图书馆等都已向其提交了馆藏古籍书目数据。除中国国家图书馆外,大陆地区各图书馆提交的书目数据大多是象征性的少量试验数据,因此数据总量看起来不少,但对于中国大陆的古籍收藏机构来说,并不具备实用价值。目前"中文古籍联合目录"已被整合到该馆的"古籍与特藏文献资源"①中。

(三)CALIS 古籍联合目录数据库

高校图书馆是我国公共图书馆系统之外,收藏中国古籍数量最大的图书馆系统。高校图书馆处在学校教学、科研服务的第一线,古籍的收藏和利用为其重要的工作内容。因此,如何尽快实现馆藏古籍书目信息的数字化和网络化、实现古文献资源的共建共享,是许多高校图书馆在网络化时代面临的迫切任务。2004 年,由北京大学图书馆牵头、以 30 多个高校图书馆为成员馆主体的 CALIS(中国高等教育文献保障系统 China Academic Library and Information System)古籍联合目录数据库建成,目前已积累了 3 万多条古籍记录。

(四)"学苑汲古——高校古文献资源库"

"学苑汲古——高校古文献资源库"②是一个汇集高校古文献资源的数字图书馆。最初是作为 CALIS 二期专题特色库的一个子项目,于 2004 年 6 月正式批准立项,由北京大学图书馆牵头,联合南京大学、北京师范大学和四川大学共 4 所大学图书馆的古籍部共同建

---

① "古籍与特藏文献资源"网址:https://rbook. ncl. edu. tw/NCLSearch/Search/Index/0

② "学苑汲古——高校古文献资源库"网址:http://rbsc. calis. edu. cn:8086/aopac/jsp/indexXyjg. jsp

设,到 2006 年 6 月项目验收时,已取得丰硕成果。

2010 年 9 月 20 日,"高校古文献资源库"二期建设作为 CALIS 三期重点项目开始启动。到 2012 年 4 月项目验收时,项目成员馆总数扩大为 24 个,收录元数据总量达 63.5 万条,书影 24 万幅,全文图像和电子书 8.35 万册。在此之后,又有中国海洋大学图书馆、美国华盛顿大学东亚图书馆、哈佛大学哈佛燕京图书馆、加拿大不列颠哥伦比亚大学亚洲图书馆、天津师范大学图书馆、沈阳师范大学图书馆、山西大学图书馆陆续加入,成员馆达到 31 个。该数据库收录的数字资源也在不断增加,古籍元数据达到 67 万余条,书影 30 多万幅,成为世界上规模最大的中国古籍书目数据库之一。

(五)全国古籍普查平台

我国图书馆界自 2000 年以后,逐年召开古籍工作年会,并将古籍书目资源数据库的建设和图书馆古籍联机联合编目的开展列为重要的议题。国家图书馆在基本完成本馆古籍计算机回溯编目的基础上,也一直在做着全国图书馆系统古籍计算机联合编目的准备工作。

2007 年 2 月,我国启动"中华古籍保护计划",以更好地了解我国现存古籍的保护状况,加强对古籍的保护和管理。作为实施"中华古籍保护计划"的基础性工作,全国古籍普查成为首要任务。为了完成古籍普查任务,建立中华古籍综合信息数据库,形成中华古籍联合目录,国家古籍保护中心建立了"全国古籍普查平台"①,作为全国古籍普查工作的工作平台和发布平台。该平台分为业务处理系统、发布系统两大部分。业务处理系统为各古籍收藏单位提供古籍普查的工作平台,而发布系统作为古籍普查成果的展示方式之一,将国家古籍保护中心审核通过的普查数据发布,便于公众检索和浏览。

---

① "全国古籍普查平台"网址:http://gjpc. ynlib. cn:8080/nlcab/user! login. action

业务处理系统的使用者为我国境内的各公共图书馆、高等院校图书馆、科研单位图书馆、文博单位图书馆(藏书楼)、宗教单位图书馆(藏经阁)及个人或私人收藏机构。业务处理系统的普查对象为汉文古籍、简帛、敦煌及西域遗书、碑帖拓本、少数民族文字古籍及其收藏者。古籍的登记内容包括题名、著者、版本、分类、版式、装帧、装具、序跋、刻工、批校题跋、钤印、附件、文献来源、修复历史、丛书子目、定级、定损、相关书影等信息,古籍收藏单位的登记内容包括书库、阅览室、员工、藏品、编目、库房图片等信息。

古籍普查工作采用"分级负责,逐级提交"的方式进行。古籍普查单位分三级:省级、市县级古籍收藏单位,省古籍保护中心,国家古籍保护中心。各省古籍保护中心在本地服务器上安装普查平台,该省所辖的所有古籍收藏单位均可登录省中心服务器开展普查工作。下级单位向上级单位提交普查数据,并对未通过上级审核的数据进行修改,直至通过审核。上级单位负责审核下级单位提交的数据,若通过审核,则将其提交上级单位或发布,若未通过审核,则将其返回给下级单位修改。国家古籍保护中心负责最终审核、汇总和发布数据。

(六)全国古籍普查登记基本数据库

全国古籍普查登记工作是"中华古籍保护计划"的首要任务,中心任务是通过每部古籍的身份证——"古籍普查登记编号"和相关信息,建立古籍总台账,全面了解全国古籍的存藏情况。2011年12月19日,文化部下发《关于加快推进全国古籍普查登记工作的通知》,要求遵循简明扼要、客观著录原则,按照《全国古籍普查登记手册》要求,利用"全国古籍普查登记平台",登记每部古籍的基本项目,包括索书号、题名卷数、著者(含著作方式)、版本、册数、存缺卷数等内容。该平台系统将为每一部古籍自动生成唯一标识号——"古籍普查登记编号",从而形成《全国古籍普查登记目录》,并组织出版。

为集中反映全国古籍普查登记工作的成果,2014 年 10 月 10 日,国家古籍保护中心正式开通了"全国古籍普查登记基本数据库"①。数据库发布的内容主要包括普查编号、索书号、题名、著者、版本、册数、馆藏单位等信息。系统支持用户按照题名、著者、版本、收藏单位、普查编号、索书号等字段进行简单检索(单一字段检索)或高级检索(组合字段检索),支持繁简共检,检索结果可按照普查编号和题名排序,同时可按照单位导航。截至 2020 年 11 月 30 日,该数据库累计发布 264 家单位古籍普查数据 825362 条 7973050 册。

国内外古籍联合编目数据库的建设,虽然目标都很接近,但采用的方法和手段却各有不同。如美国采用的是 USMARC 格式;中国大陆采用的是 CNMARC 格式,有的还采用在 DC 元数据基础上扩展的古籍元数据格式,台湾地区采用的是 CMARC 格式。在工作方法上,美国是由各馆寄送纸质工作单和书影,善本书联合编目办公室负责审核校对,最后各馆的每一部善本都在数据库中自成一条书目记录。中国 CALIS 古籍联合目录的工作方法是在统一客户端上多馆在线联机编目,各馆相同版本的古籍合为一条记录,但必须同时在网上传送该部古籍的书影,以便其他馆审核查重。中国高校古文献资源库的做法则是,由各馆在互联网平台上分别向一个数据库系统提交本馆的古籍书目记录,但各馆的记录并不合并,由系统进行统一的排序并提供对外服务。

由于国家、地区、系统不同而形成的多个中心,加上彼此采用的著录格式和方法的多种多样,给中文古籍书目数据库的共建、共享造成了困难。要想让各方面改变各自现行的做法,遵循一个统一的格式、使用一个统一的系统,来创建一个统一的中文古籍书目数据库,

---

① "全国古籍普查登记基本数据库"网址:http://gjpc. nlc. cn/xlswork-bench/publish

无疑是不现实的。比较可行的做法是：各国、各地区、各系统在沿用各自做法的同时，通过遵从某种协议，使系统可支持对外界发布统一格式的古籍书目数据。这个格式的著录事项应是最基本的、通用的、为古籍界所认可的，并可实现与各种著录格式的转换。通过这种新的思维方式和技术方法，最终实现全球范围的中国古籍书目数据资源库的共建、共享。

三、常用的国内外古籍书目数据库

（一）国内常用的古籍书目数据库

1. 中国国家图书馆联机公共目录查询系统①

这个书目数据库虽然针对的是中国国家图书馆所有馆藏，其馆藏善本古籍文献、普通古籍（含新线装）、地方志、家谱文献以及少数民族文字等古籍都可以通过这个途径进行检索，还可以使用其中的"多库检索"功能对各个专库进行检索。

2. 上海图书馆古籍书目数据库②

该数据库不仅收录上海图书馆收藏的刻本、活字本、抄本、稿本、校本、民国时期出版的石印本、影印本、珂罗版印本等，还包括普通古籍阅览室开架陈列的影印本，共计 129660 条。其中普通古籍 87938 条，丛编子目 28357 条，善本古籍 13365 条（其中开架陈列的影印古籍 10678 条）。该数据库书目主要依据的是上海图书馆历史文献中心目录厅公开使用的卡片目录。

---

① "中国国家图书馆联机公共目录查询系统"网址：http://opac. nlc. cn/F/ B2LYQVUJ H7V1LX1Q879MVTBI6FSA3XR8QTFMLLTCE1I6DSNA8G – 84640？func = file&file_name = login-session

② "上海图书馆古籍书目数据库"网址：http://search. library. sh. cn/guji/

3. 中文古籍联合目录及循证平台①

该数据库是上海图书馆数字人文平台的一个试验型项目,收录有1400余家机构的古籍馆藏目录,其中上海图书馆的古籍馆藏、澳门大学图书馆的中文古籍馆藏、美国加州大学伯克利分校东亚图书馆的中文善本馆藏、哈佛燕京图书馆的中文善本馆藏可在线访问部分扫描影像全文。此外,数据库还收录了部分古代官修目录、史志目录、藏书楼目录、私家目录和版本目录等。该数据库尝试使用分布式云平台技术和关联语义技术,实现各馆现存古籍馆藏的联合查询及规范控制,为学者提供学术研究的便利工具。

4. 中国历代典籍总目②

该数据库是一个大型古籍文献目录知识服务系统,由国家图书馆和北京大学联合研制推出,以中国历代史志、官修书目和馆藏目录为基础,以知见、私藏和《国家珍贵古籍名录》为补充,从30余种书目文献中,整理收录了240余万条书目信息。该系统在全面汇总中国历代书目基础上,参照国际图联FRBR标准重构书目数据,按知识特点多维度分析书目,挖掘海量书目数据背后隐藏的知识,为用户提供相关信息。该系统现为商业数据库,只能在购买了该数据库的单位网站查阅使用。

5. 秘籍琳琅——北京大学数字图书馆古文献资源库③

2000年,由CALIS提供技术支持,北京大学图书馆于2000年9月开始建设该数据库,到2003年底初步建成,面向国内外广大读者提供服务,内容包括北京大学图书馆藏全部古籍和拓片的书目信息,以

---

① "中文古籍联合目录及循证平台"网址:https://gj.library.sh.cn/index
② "中国历代典籍总目"网址:https://www.wenxianxue.cn/daohang/188.html
③ "秘籍琳琅——北京大学数字图书馆古文献资源库"网址:http://rbdl.calis.edu.cn/aopac/index.jsp

及相应的古籍书影和拓片全文图像。

6. 台北故宫博物院善本古籍资源库①

台北故宫博物院所藏善本古籍,除了承继自清宫旧藏之外,也包括杨守敬于清末在日本搜购的观海堂藏书,以及 1985 年由台湾地区教育主管部门拨交其保管的北平图书馆善本古籍和一部分近年接受外界捐赠及陆续收购的古籍。该数据库采用"部—册—图"的架构,每部做详细著录,并配书影;每部书的每册也都有一个号,皆做详细著录。该数据库虽名为资源库,实际上仍是一个书目数据库。该数据库设有"读者回馈"功能,可听取读者意见,将编目中的错误及时纠正。此外,该数据库还有一个特点,就是"题名""著者""四部类目"皆有浏览链接。例如,点击"四部类目",该类之书就皆能显示。

7. 香港中文大学图书馆中国古籍库②

香港中文大学图书馆收藏善本 1100 多种、古籍 6000 种。该馆中国古籍库收录古籍 6200 多册,全文图像数量已近百万,数量仍在不断增长。该数据库的元数据元素有:题名;拼音题名;所属丛书;撰著者;出版者/刻印者;出版年;版本(公元);版本;册数;版框高广;行格;版式;装订;收藏印记;序跋题校者;四库分类;附注;索书号;藏馆;资料来源;等等。

8. 中华古籍书目数据库③

该数据库是中华书局打造的商业性古籍书目数据库,将自古至今已整理的各类古籍书目资源进行数字碎片化处理,在确保数据来源准确、权威的前提下,统一呈现,实现一站式检索的平台。资源类

---

① "故宫博物院善本古籍资源库"网址:http://npmhost. npm. gov. tw/tts/npmmeta/RB/RB. html

② "香港中文大学图书馆中国古籍库"网址:http://chrb. lib. cuhk. edu. hk/Index. aspx

③ 中华古籍书目数据库网址:http://bib. ancientbooks. cn/docGuji/

型包括古典目录、史志目录、私家目录、馆藏编目、海外藏目、古籍整理本目录、其他目录等。截至 2021 年底，已收录书目信息 885654 条。所有数据保留了原书正文的全部内容，包括提要、注释、子目、图片乃至专名线、书名线等信息，并在显示上做了差异化处理。该数据库提供便捷的数据处理功能，包括全文检索、高级检索，并提供多种逻辑条件的复合查询；支持搜索结果多视图显示（列表视图、提要视图），用户可根据需要自行切换；支持数据的复制、粘贴及批量导出。

（二）日本古籍书目数据库

日本最重要的汉籍书目数据库是日本京都大学的"全國漢籍デ一タベース"（日本所藏中文古籍数据库）①。该库收录了日本 67 所公私收藏机构所藏中文古籍书目记录 80 余万条，在该数据库中，检索之后可显示：所检之书的四部分类；书名卷数；书的版本情况，包括版刻年、刊刻者等；书的册数。

此外，还有"东京大学综合图书馆汉籍目录"②、"广岛大学图书馆斯波文库汉籍目录"③、"日本天理大学附属天理图书馆藏书检索系统"④。

（三）韩国古籍书目数据库

1. 奎章阁原文检索系统⑤

首尔大学的奎章阁始建于 1776 年，由朝鲜王朝第 22 位君主正祖

---

① "全國漢籍データベース"（日本所藏中文古籍数据库）网址：http://www. kanji. zinbun. kyoto-ac. jp/kanseki/

② "东京大学综合图书馆汉籍目录"网址：http://kanseki. dl. itc. u-tokyo. ac. jp/kanseki/source/index. html

③ "广岛大学图书馆斯波文库汉籍目录"网址：http://www. lib. hiroshima-u. ac. jp/siba/

④ "日本天理大学附属天理图书馆藏书检索系统"网址：http://www. tcl. gr. jp/opac/opac_search. html

⑤ "奎章阁原文检索系统"网址：https://kyudb. snu. ac. kr/main. do

创立,作为昔日王室的学术机构,如今已成为韩国第一大古文献图书馆。为了振兴国内外韩国学研究和对所藏资料进行科学的保存与管理,2006 年 2 月奎章阁与韩国文化研究所合并成立了"奎章阁韩国学研究院"。奎章阁韩国学研究院拥有包括古籍 17.5 万余册、古文书 5 万余件、书版 1.8 万余件等在内的共计 30 万余件古文献资源。目前在"奎章阁原文检索系统"中,可检索到 45031 份古文献的书目记录及部分书影。

2. 韩国古文献综合目录(KORCIS)①

"韩国古文献综合目录"(Korean Old and Rare Collection Information System,KORCIS)是一个提供目录、解题、原文等韩国古文献的综合性的检索系统。该系统前身是由韩国国立中央图书馆牵头开发的"韩国古典综合目录系统",2005 年在韩国信息通信部指定下开始提供服务。2021 年经过系统改造和升级,于 2022 年 1 月 11 日更名为"韩国古文献综合目录",提供国内 83 个机构和国外 49 个机构的书目数据库 48 万件资源和原文数据库 6 万余件资源的服务。

3. 韩国学综合信息服务(RINKS)②

"韩国学综合信息服务"(Research Information Network of Korean Studies,RINKS)是由韩国学中央研究院建置,以提供韩国学和韩国文化相关文献的一站式检索系统。该系统包含 5 大模块,即多媒体、原文图像、出版资料、古文献和事件,其中"古文献"模块包含藏书阁图书解题 6212 件、韩国古文书资料馆 72772 件、韩国学数字档案 483764 件、韩国学资料中心数据 91294 件、韩国学振兴事业成果门户网站数据 50970 件。

---

① "韩国古文献综合目录"(KORCIS)网址:https://www.nl.go.kr/korcis/index.do

② "韩国学综合信息服务"(RINKS)网址:http://rinks.aks.ac.kr/

（四）北美地区（美国）古籍书目数据库

OCLC 是世界上最大的公用目录，与其图书馆成员共同合作生产并且维持网上联合目录 WorldCat[①] 的运作。WorldCat 包含全世界公共图书馆和私人图书馆的大量记录。北美地区各图书馆所藏的中文古籍书目记录大部分可以在 WorldCat 上检索到。公开的 WorldCat 记录可以通过 Google 或者雅虎检索来取得，只要有简单的范围检索或是输入网址就可以找到。

此外，美国许多图书馆都收藏有中国古籍如：加州大学伯克利分校东亚图书馆[②]、普林斯顿大学东亚图书馆[③]、芝加哥大学图书馆[④]、美国犹他州家谱图书馆（Family History Library）[⑤]、美国国会图书馆[⑥]。在这些图书馆的馆藏目录中都可以查询该馆所藏中国古籍的书目信息。

（五）欧洲地区古籍书目数据库

1. 英国中文古籍联合目录（UK union catalogue of Chinese books）[⑦]

英国国家图书馆与剑桥、牛津等知名大学、研究所的网上联合目录，可提供所藏中国古籍的检索服务。

2. 荷兰莱顿大学图书馆馆藏目录[⑧]

荷兰莱顿大学乃欧洲汉学研究重镇。荷兰东印度公司曾占据过中国台湾一个时期，故该馆收藏台湾史研究资料颇丰。

---

① "WorldCat"网址：http://www.worldcat.org/
② 加州大学伯克利分校东亚图书馆网址：http://lib.berkeley.edu
③ 普林斯顿大学东亚图书馆网址：http://eastasianlib.princeton.edu
④ 芝加哥大学图书馆网址：http://libcat.uchicago.edu
⑤ 美国犹他州家谱图书馆网址：https://www.familysearch.org/search/catalog
⑥ 美国国会图书馆网址：https://www.loc.gov/
⑦ "英国中文古籍联合目录"网址：http://www.bodley.ox.ac.uk/rslpchin
⑧ 荷兰莱顿大学图书馆网址：http://athena.leidenuniv.nl/ub/bc/

四、古籍书目数据库建设的几个问题

（一）卡片目录向机读目录转化的方式问题

目前，各图书馆实现古籍数字化面临的首要任务就是古籍书目数据的数字化，原有的古籍书目数据基础一般都是卡片式目录或书本式目录。要将这些纸质的古籍目录迅速转化为机读目录，最快捷的方法就是建立简编古籍书目数据库，直接将原有的古籍卡片目录上的内容事项按照一定的格式转录到计算机中，MARC 格式要简化，主题标引可暂时不做，卡片外的内容暂不著录，卡片中的著录错误除十分明显的之外，一般不予纠正，待计算机回溯编目任务完成并开始对外服务后，再重新核对原书，补充、完善已有的古籍数字化书目记录。

总之，古籍计算机回溯编目的第一阶段，应当是充分利用已有的编目成果，如卡片式目录和书本式目录，想方设法将之尽快转换为数字化形式，早日满足读者希望利用电脑从网上检索古籍的迫切需要。

图书馆古籍目录首先应该强调的是它的实用性，其次才是学术性，它是指引读者找到原书的桥梁。书名、卷数、作者、版本这些最基本的著录事项就可以满足读者的一般需求。一个著录事项虽不够详细但能够完整反映馆藏的古籍书目数据库，远比一个著录事项十分完备但反映馆藏却很不完备的古籍书目数据库更受读者的欢迎。

根据现有卡片或书本式目录进行的馆藏古籍计算机回溯编目，虽然书目数据的质量不如原始编目高，但它可以最方便快捷地完成各图书馆所藏古籍的计算机回溯编目工作，使之迅速服务于广大读者。这种做法，也有利于早日摸清全国各图书馆藏古籍的家底，并尽快实现国际范围中国古籍书目数据资源的共建共享。

（二）卡片目录的废弃与保留问题

卡片目录有直观性强、可以长久保存等优点。普通图书由于数量在不断迅速地增长，在编制计算机目录之后，卡片目录继续保存的意义似乎不是很大。但古籍由于在数量上一般不会轻易增加，已有的卡片目录已成一个完整的体系，加之一部分读者仍然习惯于利用卡片目录，故有必要在实现计算机化之后，在一定时期继续保存和开放原有的卡片目录。此外，作为公务目录的卡片目录正面和背面常常有相关的业务注记，这些信息不一定会完全反映在计算机目录上，有时还有查找卡片目录的必要。卡片目录是一个时代的产物，不能从实体上将之完全毁掉，应该适当保留，作为历史的见证。

（三）古籍书目数据应单独建库还是与馆藏其他文献合库问题

为了使馆藏全部文献成为一个整体，便于读者检索利用，一般图书馆都要求古籍书目数据与其他馆藏书目数据合为一库，这种做法有其合理性，应该予以实行。但古籍有其特殊性，特别是古籍数字化后，应将相应的书目记录由专门的数据库管理，用单独的平台对外发布，以方便读者的使用。

思考与练习：

1. 简述古籍编目的内容和流程。

2. 请列举索书号的几种组合方式。

3. 古籍加工包括哪些具体内容？

4. 请列举几种古籍装具，并简要介绍其制作方法与特点。

5. 对古籍书影的一般要求是什么？

6. 简述古籍编目的一些基本问题，并谈谈你的认识。

7. 古籍书目数字化后，原来的卡片目录还应该保留吗？

8. 请谈谈古籍书目数字化后单独建立数据库的优长。

9. 谈谈你对古籍著录单位的认识。

10. 怎样理解古籍编目的著录原则问题？

11. 列举你利用过的一些古籍书目数据库，并分析其优劣。

12. 请选择一部你感兴趣的古籍，利用本章所列出的数据库，找出这部古籍的不同版本并进行简单的分析。

延伸阅读：

1. 北京大学图书馆学系,武汉大学图书馆学系. 图书馆古籍编目[M]. 北京：中华书局,1985.

2. 廖延唐,曹之. 图书馆古籍整理[M]. 武汉：《湖北高校图书馆》杂志社,1986.

3. 姚伯岳. 中国图书版本学[M]. 新1版. 桂林：广西师范大学出版社,2022.

4. 中国古籍总目编纂委员会. 中国古籍总目[M]. 北京：中华书局,2012.

5. 孙庆增. 藏书纪要[M]. 上海：古典文学出版社,1957.

6. 王世伟. 图书馆古籍整理工作[M]. 北京：北京图书馆出版社,2000.

7. 龙伟. 图书馆古籍数字化资源加工标准规范[M]. 北京：国家图书馆出版社,2023.

8. 杨秀齐. 四角检字法在互联网时代古籍检索中的优势[J]. 报刊荟萃,2017(7)：129.

9. 陈红彦,张平. 中国古籍装具[M]. 北京：国家图书馆出版社,2012.

10. 龙堃,周崇润,田周玲,等. 关于国家标准《古籍函套技术要求》的说明[J]. 图书馆界,2018(6):10-12.

11. 柴斌峰.装具对古籍保存状况的影响——以山西博物院馆藏古籍善本的现状调查为例[J].文物鉴定与鉴赏,2020(13):116-117.

12. 刘炳梅,侯欣瑜.古籍常用装具的选择和函套制作[J].文津学志,2019(1):378-389.

13. 易晓辉.浅析木质装具对古籍文献的影响因素及改进措施[J].古籍保护研究,2021(1):114-125.

14. 张璐,李彦平.山西省图书馆碑拓藏品装具设计研究[J].美术文献,2022(7):120-122.

15. 潘星耀.浅谈古籍数字化扫描工作需注意的问题[J].新世纪图书馆,2016(12):60-62.

16. 陈力.数字人文视域下的古籍数字化与古典知识库建设问题[J].中国图书馆学报,2022(2):36-46.

17. 张敏.国内高校图书馆古籍书目数据库建设述评[J].四川图书馆学报,2011(6):82-84.

18. 陈微.古籍书目数据库规范化亟须解决的几个问题[J].福建广播电视大学学报,2008(5):61-62,71.

19. 陈玉红.古籍书目数据的特点与回溯建库的准备[J].图书馆学研究,2002(8):48-50.

20. 李淑芬,郑振鹏.古籍书目数据库建设中若干问题的探讨[J].图书馆学刊,2005(4):87-88.

21. 刘刚.浅谈古籍书目数据库建设的若干问题[J].北京图书馆馆刊,1996(1):80-84.

22. 李婧.古籍书目对数据库著录体例的启示[J].四川图书馆学报,2012(5):94-96.

23. 樊虹燕,应飞.古籍书目数据库建设面临的问题及解决措施[J].文物鉴定与鉴赏,2019(14):96-97.

24. 李荣慧.古籍书目数据库建设面临的问题及对策[J].图书与情报,2000(1):

45 - 48,56.

25. 李致忠. 关于古籍联合目录数据库的构建[J]. 中国图书馆学报,2000(5):
    36 - 39.

26. 李致忠. 略谈建立中国古籍书目数据库[J]. 北京图书馆馆刊,1992(1):
    56 - 60.

27. 毛建军. 古籍书目数据库的标准与评价研究[J]. 图书馆理论与实践,2009
    (6):30 - 33.

28. 章忠平. 古籍书目数据库标准化建设的多维思考[J]. 图书馆学刊,2009(2):
    76 - 79.

29. 周琳洁. 我国古籍书目数据库建设标准规范探讨[J]. 图书馆建设,2010(2):
    47 - 50.

30. 王玉娇,李宁,陈若愚. XML 数据库管理系统在古籍编目管理中的应用[J]. 北
    京信息科技大学学报(自然科学版),2017(3):18 - 24.

31. 包菊香. 国家古籍保护中心古籍书目数据库建设实践与思考[J]. 古籍保护研
    究,2021(1):14 - 23.

32. 谢琴芳. 汉语文古籍文献书目数据库建设管见[J]. 大学图书馆学报,2003
    (6):49 - 53.

33. 姚伯岳. "北京大学数字图书馆古文献资源库"的建设[J]. 数字图书馆论坛,
    2006(12):12 - 17.

34. 姚伯岳. "高校古文献资源库"的建设与发展[J]. 古籍保护研究,2018(1):
    206 - 215.

35. 姚伯岳. "高校古文献资源库"检索功能综述[J]. 中国索引,2009(3):42 - 46.

36. 王燕. CALIS 汉语文古籍联机编目系统[J]. 大学图书馆学报,2007(6):
    48 - 51.

37. 喻爽爽,谢琴芳. 汉语文古籍文献目录资源的共建共享——CALIS 古籍联合
    目录系统[J]. 大学图书馆学报,2005(3):23 - 26.

38. 马兴华. 怎样做好古籍编目工作[J]. 河北科技图苑,1998(1):43 - 44.

39. 姚伯岳. 我国图书馆古籍编目工作存在的问题及建议[J]. 图书情报工作,

2020(10):28 – 34.

40. 程广荣. 在古籍编目工作中的几点思考[J]. 牡丹江教育学院学报,2004(1):
112 – 119.

41. 韩锡铎. 图书馆古籍编目亟待解决的问题[J]. 图书馆论坛,2003(6):
143 – 145.

42. 章良. 古籍编目工作中若干问题的探讨[J]. 农业图书情报学刊,2010(6):
125 – 128.

43. 张显慧. 图书馆古籍编目工作若干问题探讨[J]. 河南图书馆学刊,2015(7):
55 – 56.

44. 王波,王艳. 古籍编目规范化若干问题探讨[J]. 图书馆建设,2009(7):
19 – 20.

45. 芦继雯. 浅谈古籍文献编目的若干问题——以浙江图书馆为例[J]. 科技情报
开发与经济,2014(16):45 – 47.

46. 郑晓霞. 浅议目前图书馆古籍编目工作的几个问题[J]. 晋图学刊,2015(4):
63 – 66.

47. 郑晓霞. 新版线装书籍编目中的几个问题[J]. 图书馆研究,2013(5):54 – 56.

48. 王洪翀. 古籍计算机编目管理的思考[J]. 黑龙江省社会主义学院学报,2015
(1):62 – 64.

49. 王雪迎,杨慧. 计算机古籍编目初探[J]. 清华大学学报(哲学社会科学版),
1999(2):87 – 91,96.

50. 姚伯岳. 论图书馆馆藏古籍的计算机回溯编目[J]. 数字图书馆论坛,2007
(2):43 – 48.

51. 姚伯岳. 中国图书馆古籍计算机回溯编目的问题与思考[C]//北京大学信息
管理系. 王重民先生百年诞辰纪念文集. 北京:北京图书馆出版社,2003:
322 – 331.

52. 鲍国强. 论古籍著录的客观反映原则[J]. 图书馆学刊,1988(1):16 – 19.

53. 鲍国强. 古籍编目中的完整本复本问题与著录规则的修订[J]. 国家图书馆学
刊,2005(2):28 – 30.

54. 张磊.浅议《古籍普查登记目录》中的客观著录与规范控制[C]//中国图书馆学会.中国图书馆学会年会论文集(2015 年卷).北京:国家图书馆出版社,2015:278 – 283.

55. 王伟丽.古籍普查与古籍目录数据库的再建设——以安徽地区各古籍收藏单位为例[J].内蒙古科技与经济,2020(3):134 – 135,137.

56. 洪琰,王沛.全国古籍普查登记工作实践与思考[J].国家图书馆学刊,2014(5):12 – 17.

57. 洪琰.全国古籍普查登记工作收尾及发展方向[J].古籍保护研究,2020(2):37 – 41.

58. 莫俊.古籍普查研究综论[J].图书馆学刊,2015(4):129 – 134.

59. 郑春汛,赵伯兴.古籍联合目录编目运作模式研究[J].图书馆建设,2008(9):43 – 46.

60. 曹淑文.美国"中文善本书编目项目"介绍[J].图书馆学刊,1992(6):42 – 43.

61. 周余姣,李国庆.古籍书目编纂之探索——以《中华古籍总目》为例[J].古籍保护研究,2020(1):13 – 20.

62. 李理,姚小燕."国际视野下的图书馆古籍编目"高级研修班综述[J].古籍保护研究,2020(2):42 – 48.

第二章 古籍编目格式

导论：

　　本章重点介绍中国机读目录格式（CNMARC）和 DC 元数据格式，因为这是目前中国古籍计算机编目所采用的两种主要编目格式。读者需要进一步掌握汉语文古籍机读目录格式的内容和使用方法、DC 元数据格式在古籍编目中的应用方法，做到能够在这两种编目格式系统上自如地进行古籍编目工作。读者还需了解 FRBR 的原理方法，明了 RDA 的发展情况，清楚认识 BIBFRAME 的应用意义，在对国际文献编目情况基本了解的前提下，对中国古籍编目的未来走向进行深入的思考。建议课时为 9 学时。

　　古籍编目格式是古籍编目的实现形式，古籍编目过程所发现与揭示的各类信息，均需通过编目格式予以编排呈现。编目格式需遵循一定规范与规则，以符合学术研究规律，并为读者检索需求提供有关古籍的各项信息。编目格式的合理程度也直接决定了古籍编目的质量与效率，故而业界对古籍编目格式的探索与追求从未停止。

　　古籍目录的表现形式，总体上可分为两种类型，一是纸质古籍目录，一是电子古籍目录。纸质古籍目录最常见的表现形式有卡片式与书本式两种。传统的纸质古籍目录长期居于主体地位，但在计算机技术发展的大背景之下，机读目录出现并迅速成为包括古籍编目在内的图书馆编目的主要格式，彻底改变了传统的古籍编目流程与形式，促使古籍编目工作者主动谋求古籍编目格式的变革与创新。包括 DC 元数据、RDA、BIBFRAME 在内的各种新格式、新理念不断走入我国古籍编目界的视野,与古籍编目、普查统计以及各类型古籍数据库建设结合,为相关领域的突破提供了新思路,刺激着古籍编目工作向着为用户提供更便捷、更准确、更高效、更个性化的古籍检索服务不断前进。

第一节　卡片式目录

馆藏古籍经过著录之后,需将已著录的各种不同的款目,按照一定的方法排列起来,组织成各种不同的目录。目录的组织排列与古籍的著录一样,具有同等重要的意义。目录组织既要符合读者借阅需要,又要利于各项业务工作的开展。

古籍目录的传统组织形式主要有两种:一为卡片式目录;一为书本式目录。现代的古籍书目数据库表现形式虽然不同,但在原理上与传统的目录组织基本是相同的。

一、卡片式目录概述

进入 20 世纪,近代意义上的图书馆逐渐取代了私人性与封闭性的传统藏书楼,肇源于西方的卡片式目录也随之被引进中国,为国内各图书馆普遍采用,成为图书馆编目的主要工具。可以说,20 世纪的图书馆编目工作是卡片式目录时代,古籍编目也不外如是。

卡片式目录是指将反映文献内容和形式特征的著录项目记载在纸质卡片之上,然后将卡片按一定次序和原则排列起来所形成的目录体系。使用纸质卡片编制目录的实践源起于西方,于 19 世纪后期渐趋普及,成为图书馆著录书籍信息的最重要形式。在此之前,西方的图书馆目录多为书本式目录,但随着藏书量和读者信息需求的增加,书本式目录形式笨重、不易检索、更新较慢的缺陷渐趋明显,甚至影响到了图书馆的工作效率。图书馆实际工作的需要促使一种更便捷的检索工具应运而生。1820 年,位于英国伦敦的电报工程师协会图书馆开创性地向读者提供了卡片目录,用以检索馆藏图书。此后,这种便捷高效的新形式受到越来越多的读者和图书馆工作人员的欢迎,逐渐得到广泛使用①。

早期各个藏书单位的目录卡片大小各异,随着卡片目录的普及,其缺乏统一规格的问题给读者使用和业界交流造成了很大的不便。因此,1877 年美国图书馆协会协作委员会经协商后明文规定,标准卡片的规格为 7.5 厘米×12.5 厘米(3 英寸×5 英寸),这一规格的目录卡片也因此被称为国际标准目录卡片。但由于种种原因,这一标准规格在各藏书单位的具体操作层面并未得到充分的践行,各单位往往各行其是,卡片目录的标准化推广进程依然进展缓慢。直至 1901 年,美国国会图书馆正式开始按照标准规格出版发行印刷目录卡片,使其很快在美国图书馆界得到推广和普及,且逐渐被世界各国图书馆广泛采用。后来这种标准卡片格式成为国际通用的目录卡片标准规格。

在计算机时代到来之前,图书馆编目的理论与实践革新主要落实于卡片目录的编纂工作中。1876 年,美国图书馆学家查尔斯·卡特(Charles Cutter)提出图书馆目录应从著者、书名、主题角度揭示馆藏。1908 年,美国图书馆协会与英国图书馆协会合作编订《著者、书名款目编目规则》,首次明确了以著者为主要款目标目的原则。1967 年,《英美编目条例》第一版(AACR1)出版;11 年后,《英美编目条例》第二版(AACR2)出版,为全世界图书馆的文献编目提供了重要参考与指导,确定了文献著录标准化原则、不同类型文献统一著录单元、

---

① 刘建明、王泰玄等《宣传舆论学大辞典》,经济日报出版社 1993 年,第 3 页。

著者原则等编目原则。可以说,现代图书馆编目的发展史在很长一段时间内是以卡片式目录为主要表现形式的。就我国而言,全国文献工作标准化技术委员会书目著录分委员会编制的《文献著录总则》《普通图书著录规则》《连续出版物著录规则》《非书资料著录规则》等规则,均以卡片式目录为实践对象。在漫长的发展过程中,卡片式目录在制作工艺上也从起初的手工抄写,进化到手刻蜡纸印刷、机械打印机机打蜡纸印刷、复制印刷,直至今天还有计算机打印的卡片式目录出现。在内容上,卡片式目录也从最初区分详简的基本款目和辅助款目,发展到不再区分详简的通用款目,即所谓单元卡。

（一）卡片式目录的类型

1. 书名目录

书名目录是以图书书名为检索标志的目录体系。卡片的编目依据更为客观,是直接按书名的字顺排列,读者可直接从已知的书名来查找所需文献。利用书名目录检索,必须了解书名目录的排检体系。排检方法有部首法、四角号码法、笔画笔形法、汉语拼音法等,中文书名目录最常用的为笔画笔形法和汉语拼音法。

2. 著者目录

著者目录是以作者姓名为检索标志的目录体系。卡片是按著者名称的字顺排列。这种目录更利于读者根据作者展开专门研究,对于藏书量闳富的大型图书馆更为实用。著者目录的字顺排列规则与书名目录的字顺排列规则相同。书名目录与著者目录都是已知文献相关信息前提下使用的检索工具,因两者都使用字顺排列,所以又统称字顺目录。

3. 分类目录

分类目录是以图书分类编码检索标志的目录体系。卡片按分类号的顺序排列。分类目录以文献内容为主要依据,从知识体系入手揭示图书馆藏书。中文常用的图书分类法主要有《中国图书馆分类法》(简称《中图法》)、《中国科学院图书馆图书分类法》(简称《科图法》)、《中国人民大学图书馆图书分类法》(简称《人大法》)以及古籍编目普遍使用的四部分类法。西文的图书分类法主要有《杜威十进分类法》(简称《杜威法》)和《美国国会图书馆图书分类法》(简称《国会法》)。目前国内外使用的分类目录卡片大多依照以上一种分类体系予以排号编制。

分类目录卡片在具体使用时分为指导片与目录片两部分,指导片用以指引读者查找某种分类体系的类号与类目,目录片则用以著录文献信息。

4. 主题目录

主题目录是以图书内容的主题为检索标志的目录体系。主题目录的基本构成单位是主题词,这种目录比较符合研究人员的检索习惯,尤其适用于不限定明确检索对象的读者,可按自己要研究的内容主题找到一大批相关的文献。

(二)卡片式目录的著录内容与格式

就图书编目工作而言,20 世纪图书馆目录的最大革新是从书本式目录向卡片目录的转变。19 世纪末,美国图书馆界已普遍使用卡片目录,且以美国国会图书馆目录为圭臬,形成比较一致的编目规则①。

进入 21 世纪,由于计算机技术的快速发展和普及,为保证著录与存储效率,卡片式目录逐渐被电子目录所取代,不再作为图书馆的主要编目与检索工具存在。但在很多大型图书馆仍会保留卡片目录形式,用以满足一些惯于使用卡片目录的读者的使用需求。

在著录内容与格式上,一般来说,卡片式目录为六段标识符号

---

① 王蕾《图书馆、出版与教育:哈佛燕京学社在华中国研究史(1928—1951)》,广西师范大学出版社 2018 年,第 344 页。

式,即把 10 个著录项目分为 6 个著录段落,前 4 项为第 1 段,第 5、6 项为第 2 段,后 4 项各为一段。每个段落单独起行,回行时均向前突出一个字。同一个段落内,除第一个项目外,各个项目前都冠以一定的标识符号。以南开大学图书馆藏《信古阁小丛书》为例:

081.18

4429 - 1

  信古閣小叢書:8 種/黄任恒輯.—鉛印本.—南海:
黄任恒,民國 21 - 23 年[1932 - 1934]
  .— 2 册(1 函);25cm
綫裝
本書後附"校勘表"。
  Ⅰ.信古閣小叢書 Ⅱ.黄任恒 Ⅲ.叢書 Ⅳ.081.18

子目:

周易黄氏注:1 卷/(晉)黄穎撰;(清)馬國翰輯.—民國 21 年[1932]
兩漢書舊本考:1 卷/(清)范公詒撰;黄任恒校補.—民國 21 年[1932]
毛本梁書校議:1 卷/(清)陳澧撰;黄任恒錄.—民國 21 年[1932]
南海山水人物古跡記:1 卷/(元)吳萊撰;黄任恒校.—民國 23 年[1934]
新會修志條例:1 卷/(清)黄培方撰;黄任恒校.—民國 23 年[1934]
肇慶修志章程:1 卷/(清)陳澧撰;黄任恒校.—民國 23 年[1934]
海東金石存考:1 卷/(清)劉喜海撰;黄任恒校.—民國 23 年[1934]
海盦金石言:1 卷/(清)范公詒撰;黄任恒校.— 民國 23 年[1934]

  卡片目录一般包括以下著录项目:索书号、题名、责任者、版本项、出版发行项、稽核项、提要项、附注项。古籍编目因其特殊性,往往会对这些著录项目的详略、存缺予以调整。卡片式目录在著录古籍信息方面曾经发挥过重要作用,但其也存在明显弊端:一是著录各行其是,使审校人员无从着手;二是收藏、编目、排卡环节太多,重复劳动甚至返工现象严重;三是无法满足复杂多样、近乎古怪的检索要求①。

二、古籍卡片式目录的组织方法

古籍卡片目录的传统组织方法,基本上可以分为分类目录组织法、字顺目录组织法两种。

（一）分类目录组织法

分类目录是按所采用的某一分类体系,概括地指出各书所属的门类,把古籍著录的款目组织起来,使代表性质相关的款目排列在一起。目录分类方法有传统的四部分类法、十进分类法、《中图法》等各种分类方法,按代表类目的分类号、分类顺序的先后顺序排列。

分类目录内一个类目或一个分类号,只代表一类性质的书,而不代表一本具体的书。相同性质的书,它们所属的类目或分类号是相同的,相同性质的书不止一种时,款目卡片的排列方法也有不同。可以根据馆藏实际情况确定一种方法,然后严格遵循,保持不变,不发生前后矛盾或混乱的现象。采用新分类体系排列时,同类书的排列方法主要有:

● 按著者名称排列。同著者的书再按书名排。著者名称、书名可按字顺排,也可按汉语拼音或四角号码排列。

● 按著者时代排列。同时代的著者再按姓名字顺或生卒年排列。

● 按书名顺序排列。书名顺序可以按笔画笔形排,也可按汉语

---

① 郭立暄《古籍善本的 CNMARC 试论》,上海图书馆历史文献中心《历史文献的开发与利用论文选集》,上海书店出版社 2000 年,第 114 页。

拼音或四角号码排列。

● 按到馆或分编先后顺序排列。可以在每一类下面,一种书给一个顺序号;或直接按到馆先后的财产登记号即大流水号顺序排列。

● 其他排列法。如按出版时代排列,按出版地区排列,等等。这种情况针对某些专题书目比较可行,如地方志,按地区排列更便于研究。

(二)字顺目录组织法

字顺目录是将款目的标目按所采用的检字法排列先后次序组织起来的目录。古籍字顺目录又可分为书名目录、著者目录和主题目录。

1. 书名目录排列法

书名目录是按各馆所采用的检字法来组织卡片的书名标目。排列时,应严格遵照检字法的规定。其具体的组织方法如下:

● 将各书名标目按书名第一个字,依所采用的检字法排成先后顺序。第一字相同,再比第二字、第三字,依此类推。

● 书名完全相同时,按著者名称顺序排。

● 同一书的不同版本,按出版时代顺序排。

● 书名前有"新镌""评点""绣像""御纂""钦定"等冠词,可不计算,用括弧括起来,按后面的第一字排。

书名第一字相同,按第二字笔画笔顺排。书名第二字相同,按第三字笔画笔顺排,第三字相同,再按第四字笔画笔顺排,依此类推。

2. 著者目录排列法

著者目录是按所采用的检字法依著者字顺排列目录。著者字顺目录的组织原则和方法与书名字顺目录基本相同。其具体方法如下:

● 将各种著者标目的著者名称,依首字字顺排列起来,首字相同,按第二个字排,第二个字相同,按第三个字排。

● 同一著者的书,按书名顺序排列。

● 同一著者同一书的不同版本,按出版时代排列。

● 著者名称相同,而并非一个人时,按书名顺序排,或者按著者时代排。

● 外国著者,用统一的中文译名排列。

3. 主题目录排列法

主题目录的排列最为简单,先按主题标目的首字排,首字相同按第二字排,依此类推即可。

(三)汉字检字法

汉字的检字法种类很多,是字顺目录卡片的排列依据。常用的有三种方法,即笔画笔形法、号码法、拼音法。

1. 笔画笔形法

按首字的笔画多少为顺序,笔画少的字在前,多的字在后;笔画相同时,再按笔形排;首笔相同时,按第二笔排;第二笔相同时,再按第三笔排,依此类推。使用这种方法,应该掌握汉字笔画笔形结构的一般规律,注意笔画的准确计算,笔形的起笔顺序以及繁简字的对应。笔形的种类也有多种,一般分点、横、竖、撇、捺五种。笔形的次序也有不同,有以点起笔,有以横起笔,确定采用哪一种后,严格遵循即可。

2. 号码法

将汉字的字形结构,编成数字号码,再依数字大小来排列。如四角号码法,它是将汉字的笔形划分为十组,每组给一个阿拉伯数字,分别从一个字的四角取号,顺序是左上、右上、左下、右下。由 4 个数字组成代码,配以附角。有"四角号码口诀"可以帮助记忆这十组笔形的给号:

横 1、竖 2、3 点捺,

叉 4、插 5、方框 6,

7 角、8 八、9 是小,

点下有横变零头。

79

这种取号方法直观性强,简明易懂,便于学习。但是取角时有偏差,不易规范,同一字的繁简体号码不同,而且多有重号,需有辅助方法相配合。

四角号码检字法原则:

第一条,笔画分为十种,用0到9十个号码来代表。

横、竖、撇、捺这些基本笔画,称为单笔。由二个以上单笔组成的构字单位,称为复笔,如"又""十"等,这样的复笔称为"叉";"丰"这样的笔画称"插";"口""日"这样的笔画称"方框";"月""柳"这样的折角称为"角";一撇一捺构成的"八"、"人",这样的复笔称为"八"。凡能成为复笔的,切勿作单笔。

第二条,每字只取四角的笔形。

第三条,字的上部或下部,只有一笔或一个复笔时,无论在何位置,都作左角,右角号码为0。

第四条,由整个口、门形成的字,下角取内部的笔形,但左右有其他的笔形时,不在此列。

此外,字体写法都按楷书。取笔形、笔画时还有几点需要注意,四角号码较多时,以右下角上方最贴近而露锋芒的一笔作为附角。如该笔已经用过,便将附角作为0。

配合四角号码法使用,配以索引字头笔画检字表、索引字头拼音检字表。

3. 拼音法

按照标目首字的汉语拼音字母先后顺序排列,多音字要按照其所处位置的字义发音。如"重"字,在"C",还是在"ZH";如"仇"在"CH",还是在"Q"。书目数据库拼音排序及检索时候也需要注意多音字的问题。

（四）目录指导片的设置

为了便于读者使用目录提高检索效率,要在目录内设置指导片(简称导片),排列在相应卡片的最前面。导片可以指示笔画、笔形、四角号码、汉语拼音,也可以指示单个字,几个字或词组。

1.笔画笔形指导片的编排方法

可用全开导片标写笔画,排在最前面。用二分之一导片标写同一笔画中的不同笔形,用三分之一导片标写该笔形中的单个字;在同一字所属卡片太多时,还可以用四分之一或五分之一的导片标写两个字或两个以上的字或词。

2.四角号码指导片的编排方法

先用二分之一的导片标写四角号码的四位数字为1000,2000 等,同位数卡片太多时,用四分之一或五分之一的导片细标明 1100、1200、1300 等号码数字。为便于查检,号码后再用"字"做导片。

3.汉语拼音指导片的编排方法

可以直接使用汉语拼音字母制作导片,并按其顺序排列;也可以根据汉语拼音在导片上标注汉字,并按照汉语拼音字母的顺序排列导片。

4.古籍分类目录指导片

分类目录也需编制指导片,以揭示分类目录的结构及其逻辑体系,揭示各类目的内容,以及突出揭示各类中的重要著作。分类目录指导片一般有三种:

● 表示分类目录的结构以及该类书类目名称和类号的一般指导片。

● 表示同类书分组情况的分组指导片。

● 推荐重要著作或著名著者的特殊指导片。

分类目录指导片的编制原则和使用方法与书名字顺目录、著者字顺目录指导片基本上是相同的。

第二节　书本式目录

一、古籍书本式目录

书本式目录是指按照一定规则和格式,将文献的特征记录在空白书册上而形成的合订本目录,呈现形式可以是手写的,也可以是印刷的。书本式目录具有体积小、便于流通利用的优点,是古籍存藏机构编制古籍藏书目录经常采用的方式,也是我国古代最传统的书目形式。

在中国的传统学术体系中,目录学是文献学的重要组成部分之一,它发轫于汉代,历经 2000 年的发展,形成了大量历史文化成果,而这些成果大多以书本式目录的形式呈现。藏书家为自己的藏书编纂书本式目录并予以刊布,也是我国藏书文化传承过程中的一种显著现象。

(一)古籍书本式目录的优缺点

古籍书本式目录可以通过汇总的方式整体展现图书馆存藏古籍的情况,相比于逐条搜索展示,具有其优越性。因此,我国的主要古籍存藏机构均编纂出版有书本式馆藏古籍目录,甚至进而编撰馆藏书志、图录等。如今,仍在不断编纂出版的各类书本式馆藏目录也大多围绕古籍或特种文献展开,可见书本式目录与古籍的契合度和适配度并没有随着时代发展与科技进步而受到根本性影响。相反,随着技术的进步,书本式目录得以更清晰地使用书影等工具补充与辅助其功能,为读者提供更详赡丰富的古籍信息。

相比于卡片式目录乃至机读目录,古籍书本式目录对于内容量的限制较少,编目人员不仅可以于著录过程中充分著录古籍的主要特征,还可以适度扩充与所编书籍相关的信息,并于目录中体现。例如,《南开大学图书馆藏古籍善本书目》①所著录的《唐四家诗》一书,有如下条目:

唐四家诗八卷

（清）汪立名辑

清康熙三十四年(1695)汪立名刻本（清）王鸣盛批校并题识

六册一函　　　　　　　　　　　　　　　（善)831.4/712

　十行十九字,白口,单鱼尾,左右双边。钤"王鸣盛印""凤喈"二印。

王右丞诗集二卷（唐）王维撰

孟襄阳诗集二卷（唐）孟浩然撰

韦苏州诗集二卷（唐）韦应物撰

柳河东诗集二卷（唐）柳宗元撰

附注:该书曾经清代著名考据学家王鸣盛收藏并有其以朱笔批点及所撰题识,抒发了清代史学研究者的独到见解。

该例反映了古籍书本式目录的基本著录项目和著录格式。在著录项目上,一般包括书名卷数、责任者、版本、批校、题记、册函数、书号、行款、版式、钤印、子目等,并使用详略不一、内容不定的附注项对古籍的内容与版本特征予以补充说明与介绍,以此揭示古籍所独有的内容深度和学术性。在格式上,古籍书本式目录没有严格的限制,在清楚明晰著录古籍信息的基本原则上,可以根据版式与内容要求适度予以整合增删,并使用书前凡例等工具予以规范。在基本著录

---

① 南开大学图书馆《南开大学图书馆藏古籍善本书目》,天津古籍出版社2019年,第192页。

项目的基础上,书本目录也可以根据目录类型和编目目标的不同有所调整,如在书本式目录的基础上强化与细化对古籍内容、作者、版本等信息的考证,即可形成馆藏书志或书录。

古籍书本式目录的编纂不仅是对目录传统的延续,也反映了当代古籍存藏机构厘清馆藏的现实需求。由于信息技术的迅猛发展和读者信息需求的提高,它也更多承担着辑合馆藏古籍书目信息、反映馆藏古籍概况的职能,而不再是图书馆日常古籍编目的主要表现形式。

在目录发展的历史上,书本式目录能够以印刷或传抄的方式被复制,因此能够保证一定的传播范围和一定数量的受众。但是由于编排方式相对烦琐复杂,随着公藏单位的出现和传播手段的丰富,书本式目录传播和更新速度较慢的缺点被放大,无法充分满足读者快速准确获取书目信息的需求。因此,在图书馆现代化的进程中,书本式目录逐渐被卡片式目录取代。但是书本式目录尤其是古籍书本式目录并未消亡,而是以出版社批量出版发行的形式,继续为广大读者所使用。

(二)馆藏古籍书本式目录的类型

馆藏古籍书本式目录的类型包括综合目录、善本书目、专题书目、联合目录等。

1. 馆藏古籍综合目录

馆藏古籍综合目录是包含馆藏所有类型古籍的综合性书目。例如,民国时期谭新嘉与韩梯云编《天津直隶图书馆书目》(1912 年)、江苏省立图书馆编《江苏省立国学图书馆图书总目》(1935 年)。

2. 馆藏古籍善本书目

馆藏古籍善本书目是对图书馆收藏古籍精华部分的揭示。以国家图书馆为例,缪荃孙编《清学部图书馆藏善本书目》(1911 年),开创了馆藏古籍善本书目的先河;进入民国时期,夏曾佑继之编《京师图书馆善本简明书目》(1916 年);20 世纪 30 年代,赵万里编《国立北平图书馆善本书目》(1933 年)、赵录焯编《国立北平图书馆善本书目乙编》(1935 年),都是很好的范例。20 世纪末 21 世纪初,在《中国古籍善本书目》编制工作的推动下,各图书馆相继编印出版了本馆所藏善本书目,如《中国科学院图书馆藏中文古籍善本书目》(1994 年)、《北京大学图书馆藏古籍善本书目》(1999 年)《北京师范大学图书馆古籍善本书目》(2002 年)等。

善本书目的编制可依据《中国古籍善本书目》所确定的善本"三性""九条"标准,作为馆藏目录的编制范围。也有一些古籍虽与"三性""九条"标准略有不符,但可以作为特色馆藏列入善本,收入馆藏善本书目。

3. 馆藏古籍专题书目

馆藏古籍专题书目多针对特色馆藏编制,充分揭示馆藏特种文献的数量、特点及价值。各图书馆为了揭示和开发馆藏古籍资源,适应各类读者需求,开展馆藏古籍整理和宣传推广工作,也注意编纂各类专题书目。例如,揭示个人藏书目的《西谛书目》,揭示馆藏中国文学古籍的《首都图书馆藏中国文学古籍参考书目》,揭示古籍特殊版本类型的《天津市人民图书馆藏活字本书目》,揭示馆藏方志的《天一阁藏明代地方志考录》,揭示馆藏地方文献的《湖南省中山图书馆馆藏湖南地方文献资料目录》等。

编制古籍专题目录,首先要确定拟编目录的题目;其次是拟定目录编制计划,包括目录的目的和要求、目录的收录范围、编制的步骤方法等;再次是遴选所收录的古籍并采用合适的著录方法;最后要为该目录书写前言、后记、凡例等,说明各方面情况。如果要正式出版,还要编制相应的各种书后索引。

4.古籍联合目录

联合目录是揭示和反映多馆馆藏的藏书目录,从著录对象划分可分为综合性联合目录、专题性联合目录;从地域范围划分,可分为国际联合目录、全国联合目录、地区联合目录。但实际上任何一部联合目录的编制都要从著录对象和地域范围两个角度同时进行考虑。

古籍联合目录是反映一定地域范围内相关收藏机构古籍收藏情况的有效方法。现有的古籍联合目录类型多种多样。

国际性的联合目录,如《海外中文古籍总目》。

国别性的联合目录,如《韩国所藏中国汉籍总目》,系根据 28 种韩国书目收集整理而成。

全国性联合目录,如《中国古籍善本书目》《中国地方志联合目录》《中国家谱总目》《中国丛书综录》等。

地方性联合目录,如《东北地区古籍线装书联合目录》《内蒙古自治区线装古籍联合目录》《贵州省古籍联合目录》等。

联合目录要注意馆名符号,以便注记藏馆。收藏单位名称可以使用简称,一般多采用馆名名称缩写字母;若联合单位较多,可以使用数字代码,以阿拉伯数字连续编号列成馆号对照表,以便检索。

作为"中华古籍保护计划"重要内容的《全国古籍普查登记目录》,其实就是一部大型古籍联合目录。《全国古籍普查登记目录》旨在摸清家底,揭示馆藏,反映古籍的基本信息。原则上每家申报单位独立成册,如《天津图书馆古籍普查登记目录》《南开大学图书馆古籍普查登记目录》;馆藏量少不能独立成册的,则在本省范围内几家馆目合并成册,如《天津市十九家收藏单位古籍普查登记目录》等。

二、古籍书本式目录的编制方法

书本式目录与卡片式目录在著录内容、组织方法上基本相同,只是形式上有所区别,要求著录内容各项记载的位置整齐、紧凑、清楚分明;各种目录内标目要突出,书名要明显,其他各项要清晰,标目字体应该大于其他事项的字体。

书本式分类目录以类目为标目,类目要表示类系与类别的关系,不同级的类目用不同的字体表示,同列的类应用同一字体。书名可用大号字体,索书号一律印(或写)在左边,自成一栏,或者印(写)在著录的末尾。

书本式字顺目录以检字法所要求的笔画笔形或其他标志作为分节标目。在书名目录内,相同的笔画笔形标目下,依书名逐字排列。对于一书异名、改名的不同版本,可统一在原来的书名之下,并在字顺排列中作参照。著者目录内,在相同的分节标目下,将各种著录依著者名称先后排列。

古籍书本式目录一般包括前言、凡例/编例/说明、目录、正文、索引五个部分的内容。

前言:说明此书目编纂宗旨、馆藏历史源流、典藏情况、整理利用情况等,介绍此书目的编纂情况。

凡例/编例/说明:讲解此书目的体例、编排方式、著录规则、特殊情况说明。

目录:应采用本馆所用古籍分类法,根据情况确定类级。一般大多采用四部分类法,亦有丛部、新学部。一般分部、类、属三级。

正文:按照一定著录规则著录的古籍款目,应有索书号。

索引:书后应有书名索引、著者索引,可按书名、著者字头拼音或笔画排序。

第三节　机读目录格式

一、机读目录

机读目录（MARC）是机器可读目录（Machine-Readable Cataloging）的简称，是利用计算机技术识读和处理的目录，它的原理是用计算机将文献编目内容（数据）以代码形式记载在一定载体上。机读目录是描述文献著录项目的国际标准格式，是网络时代实现计算机处理书目信息及资源共享的基础。

相较于传统的书本式目录与卡片式目录，机读目录充分利用了计算机高速高效的优势。其优点有：①贴合网络时代的环境，能够借助网络实现互联，促进文献资源的共建共享；②便于读者进行多途径检索，提高检全率、检准率；③与传统的目录卡片相比，能够著录更多的文献信息，并具有更强的可扩展性；④目录记录易于修改完善，方便编目员优化更新。

机读目录的创制与开发起源于美国。1966 年 1 月，美国国会图书馆开始实施 MARC 试验计划，吸收了 16 个图书馆参加，制订了 MARCI 格式。1968 年 7 月开始了正式的"MARC 计划"。1969 年，美国在全国发行 MARCII 格式书目磁带，MARCII 格式是在试用 MARCI 格式的基础上进行修订形成的。1971 年，美国国家标准局正式批准 MARC 格式结构为美国国家标准。MARCII 也于 1969 年作为美国国家标准局推荐格式，与美国国家标准局推荐格式一同呈交国际标准化组织。1973 年，国际标准化组织将此格式作为国际标准（ISO 2709—1973）发布。此后，对MARC 格式的修订与改进工作从未停止。

1977 年，国际图书馆协会与机构联合会（IFLA）主持制定了《国

际机读目录格式》(UNIMARC)。到 20 世纪 80 年代末,全世界已有
20 多个国家和地区进行了机读目录的研究和开发,建立了机读目录
系统,生产和发行机读目录产品。

1999 年,美国国会图书馆与加拿大国家图书馆联合编制完成了
MARC21 格式。MARC21 是美国 USMARC 与加拿大 CANMARC 的融
合与延续,是以机读形式表示和传输书目记录和相关信息的标准,是
为适应各类型文献记录在不同系统之间的交换与转化而设计制作的。

二、中国机读目录格式(CNMARC)与古籍编目

MARC 格式是目前适用于书目数据系统的最完善、字段最复杂、
标准最严密的元数据格式,在推动我国古籍书目数据库建设和古籍
文献信息资源共享方面起到了重大作用①。

20 世纪 70 年代,我国开始研制中文语境下的机读目录。1979
年,全国信息与文献标准化技术委员会成立,同时设立了北京地区机
读目录研制小组。1982 年,中国标准总局公布了《文献目录信息交换
用磁带格式》(GB 2901—82)。

CNMARC 是由国家图书馆(原北京图书馆)研制和生产的中国国
家标准机读目录格式,1990 年试验发行,1991 年 1 月正式出版发行。
CNMARC 针对中国出版物(包括图书、连续出版物、地图、乐谱、音像
文献等)研制,是建立中国文献数据库、开展检索服务和国际书目信
息交换的重要数据规范。CNMARC 著录科学详尽,可在很大程度上
减少文献情报机构与人员的大量重复劳动,提高编目的质量和工作
效率。CNMARC 的发行,对我国文献情报工作的标准化和图书馆工
作的自动化起到了积极的推动作用。1995 年 12 月,初版《中国机读

---

① 　李明杰《简明古籍整理教程》,武汉大学出版社 2018 年,第 325 页。

目录格式使用手册》出版,2001 年该手册修订版出版。

　　CNMARC 格式根据 GB/T 2901(ISO 2709),对每一个用于交换的书目记录规定必须遵循的标准记录结构。它实际上是把一条记录分为机器编码区块、著录区块和检索区块三部分著录内容,以分别为后台书目数据的计算机管理、前台读者的浏览和检索服务。其具体操作方法就是:使用 CNMARC 格式进行古籍编目时,在 2 字段和 3 字段的著录区块,主要采用客观反映的原则,照录古籍卷端所题的书名与责任者;在 5 字段、7 字段的检索区块,著录古籍规范的书名和责任者。这种著录方法既保留古籍原本书名与责任者的题名方式,同时也照顾到读者长期以来形成的查找古籍规范书名和作者规范姓名的检索习惯。示例如下:

　　nam0

　　001 PUL:848449

　　010 $b 綫裝

　　100 $a20110630d1903 ekmy0chiy0121 ea

　　101 0$achi

　　102 aCNb 0000

　　193 $azz a a∣∣∣∣ ∣∣∣∣∣∣∣∣

　　200 1$a 兩朝御批資治通鑑 $ALIANG CHAO YU PI ZI ZHI TONG JIAN$e294 卷,敘錄 3 卷 $f(宋)司馬光編集 $g(元)胡三省音註

　　205 $a 刻本

　　210 $a 重慶 $c 廣學書局 $d 清光緒二十九年[1903]

　　215 $a62 冊(7 函)$d27.6cm

　　300 $a 內封背面鐫"時在光緒癸卯仲夏重慶廣學書局校棗"。

　　300 $a 存卷 1—61,211—294

　　317 $a 傅海瀾贈傅涇波藏書

　　327 $a 附:兩朝御批資治通鑑敘錄

517 1$a 御批資治通鑑 $AYU PI ZI ZHI TONG JIAN

605 0$a 資治通鑑 $AZI ZHI TONG JIAN $a 歷史 $ALI SHI$a 古代 $AGU DAI

701 0$a 司馬光 $ASI MA GUANG$f 宋 $4 編集

702 0$a 胡三省 $AHU SAN XING$f 元 $4 音註

920 $a211011$fX$b910.915$c1779.17$z0

1995 年，国家古籍整理出版规划小组开始筹建中国古籍书目数据库，由此开展古籍书目数据库建设的调研工作。1998 年，国家图书馆开始实施"中国数字图书馆工程"，1999 年编制公布《古籍机读目录格式字段表》，引入 CNMARC 格式建设古籍书目数据库。

中国图书馆界自 2000 年以后，逐年召开古籍工作年会，把古籍书目资源数据库的建设和图书馆古籍联合编目的开展列为重要议题。2003 年 12 月，CALIS 正式启动古籍联合编目系统，该系统采用 CNMARC 格式和四部分类法，在中文普通图书编目格式的基础上，根据中文古籍形式和内容方面的特点对著录字段进行适度调整。例如，将 307 字段（载体形态项）更改为行款版式附注项，著录内容为古籍的行款、版框高宽、用纸、字体等；316 字段（在编复本附注项）更为藏本附注项，用以著录古籍独有的特征：钤印、批校、题跋、残存情况等[1]。这种调整保证编目数据格式更为适应古籍的特征，更能充分反映古籍的内容与形式信息。

三、汉语文古籍机读目录格式

2001 年，国家图书馆组织古籍工作人员编制出版了《汉语文古籍机读目录格式使用手册》。该手册选用适合于汉语文古籍的字段和

---

① 雷顺利《CALIS 古籍联机合作编目的特点》，《山东图书馆季刊》2008 年第 1 期，第 54—55 页，61 页。

子字段,并对各个字段进行详细的描述和说明,提出通用格式注释和古籍的主要类型样例,以适应古籍的多样性和复杂性。

《汉语文古籍机读目录格式使用手册》根据国家一系列标准及相关文献的基本原则,总结以往的实践经验,选用了适合于汉语文古籍的字段和子字段,对有关的内容说明和应用实例着力进行了描述。该手册的编写建立在大量的古籍编目实践经验之上,内容包括了古籍机读目录可能使用的所有字段、子字段以及古籍类型;也因为我国古籍的多样化和复杂性,手册中给出了通用格式注释和古籍的主要类型样例。各古籍存藏机构或编目人员可根据本书原则制定更详细的古籍机读目录数据处理细则。

汉语文古籍机读目录格式主要包括以下内容:

● 标识块(0——),包括记录和作品的标识号码,如记录控制号、记录处理时间标识、国际标准书号、源记录标识号等。

● 编码信息块(1——),包括描述作品各方面的定长数据元素,如通用处理数据、作品语种、出版或制作国别和数个编码数据字段(包括形态特征、文献内容涵盖期间、一般性数据、复本特征等)。

● 著录信息块(2——),包括除附注项和标准号以外的全部著录项,如提名与责任说明项、版本说明项、载体形态项、丛编项等。

● 附注块(3——),包括对作品各方面的文字说明(附注)以及提要与文摘,如一般性附注、著录信息的一般性附注、题名与责任说明附注、版本与书目史附注、出版发行附注、载体形态附注、丛编附注等。

● 款目连接块(4——),包括以数字和文字形式对其他记录的标准连接。如作品之间的纵向关系、横向关系以及变更情况的连接,用以体现作品之间的逻辑关系。如丛编、附属丛编、同一载体其他版本、不同载体版本、译为、译自、复制自、复制为、总集、分集、单册、单册分析等。

● 相关题名块(5——),包括作为检索点的本作品的其他题名。

如统一题名、并列正题名、封面题名、卷端题名、逐页题名、其他题名、编目员补充的附加题名等。

• 主题分析块（6--），包括分类与主题标识。如个人名称主题、团体名称主题、家族名称主题、题名主题、学科名称主题、地理名称主题、非控主题词、地区代码、其他分类法分类号、汉语文古籍分类法分类号等。

• 知识责任者块（7--），包括对作品负有责任的个人及团体的名称。如个人名称—等同知识责任、个人名称—次要知识责任、团体名称—等同知识责任、团体名称—次要知识责任、名称—知识责任、记录来源、编目员注释、电子文件地址与检索等。

• 国内使用块（9--），供国内文献情报机构记录馆藏信息。

《汉语文古籍机读目录格式使用手册》还附有《中国机读目录格式字段表》《古籍传统编目项目与 MARC 字段对照表》《世界常用语种代码表》《国内地区代码表》《年代范围代码表》以及数据实例，以便编目人员参照利用。

汉语文古籍机读目录格式在 MARC 的基础上，针对中文古籍的特点，拟定了一个相对统一的著录格式，为编目人员的实际工作提供了参考。但当实际编目时，编目人员却发现其在实践方面仍有缺陷，正如有学者指出的："但是中国古籍的形式特征复杂多样，而 MARC 格式又是一种完全陌生的著录方式，它要求编目人员在详细准确地描述古籍特征的同时，还要考虑到各个字段之间的对应，以及相应字段的连接。在初始阶段往往感到手足无措。而对于某些字段代码的选取，由于著录人员对 MARC 文字的理解不同，选取的代码也不同，更容易存在错误，甚至走入误区。"①这也是对中国古籍开展计算机编

---

① 张磊《再论〈汉语文古籍机读目录格式使用手册〉使用中的问题》，《图书馆工作与研究》2005 年第 3 期，第 27—29 页。

目工作时常常遇到的问题,也是未来古籍编目格式研究与开发急需解决的难题。

第四节　DC 元数据格式

一、DC 元数据格式概说

1994 年,美国联机图书馆中心(Online Computer Library Center, OCLC)在美国俄亥俄州小城都柏林,提出了一套元数据的元素集(metadata element set),用来描述网上的信息,实际上这等于可以描述一切信息。这套元数据被称为"都柏林核心"元数据、DC 元数据,很快在全世界得到了广泛应用。其维护机构为 DCMI:Dublin Core Metadata Initiative。

DC 元数据规范最基本的内容是包含 15 个元素的元数据元素集合,用以描述资源对象的语义信息,已成为 IETF RFC 2413、ISO 15836、CEN/CWA 13874、Z39.85、澳大利亚、丹麦、芬兰、英国等执行的标准。DC 元数据的 15 个核心元素分别为题名(Title)、日期(Date)、创建者(Creator)、主题(Subject)、出版者(Publisher)、类型(Type)、描述(Description)、其他责任者(Contributor)、格式(Format)、来源(Source)、权限(Rights)、标识符(Identifier)、语种(Language)、关联(Relation)、覆盖范围(Coverage)。这 15 个核心元素可以分为三类:内容描述元素,如题名、主题或关键词、描述说明、来源、语种、关联和时空范围;外形描述元素,如日期、资源类型、格式和标识符;知识产权元素,如创建者、出版者、其他责任者和权限。DC 还引进修饰词的概念,如体系修饰词、语种修饰词、子元素修饰词,通过这些修饰词可以充分吸收 MARC 的优点,并融汇分类法与主题法。

DC 有简单 DC 和复杂 DC 之分。简单 DC 指的是 DC 的 15 个核心元素如题名、主题等。与相对复杂的 MARC 格式相比，DC 只有 15 个基本元素，较为简单，而且根据 DC 的可选择原则，可以简化著录项目，只要确保最低限度的 7 个元素（题名、出版者、形式、类型、标记符、日期和主题）就可以完成数据。复杂 DC 是在简单 DC 的基础上加入修饰词，如体系修饰词（SCHEME）、语种修饰词（LANC）、子元素修饰词（Subelement），进一步明确元数据的特性。

为保证 DC 元数据作为描述资源的最小核心元素集的基本特征和基本功能，DC 元数据的设计遵循 7 项基本原则：

（1）内在本质原则（Intrinsicality）

DC 元数据集注重描述对象的内在特性，如知识内容和物理形式，与外在数据相区别。所谓揭示内在本质的数据就是指通过受编信息资源能够发现的知识内容和物理形式[①]。

（2）可扩展性原则（Extensibility）

DC 元数据集指的是其规范可以随着环境的变化和用户的需求而发生改变，进行调整。DC 元数据集的可扩展机制将保证其根据用户不同的要求而增加著录元素，同时使 DC 元数据集可以在时间的推移中不断完善与改进，并确保与原来定义的元素集向后的兼容性。

（3）可选择性原则（Optionality）

此原则指的是 DC 元数据集里所有的元素都是可根据用户的需求进行选择的。基于受编信息资源的不同特征，以及对信息资源揭示程度的程度差异，对用户来说，并不是所有的元素都是有意义和有必要的。在著录题名、出版者、格式等最低限度元素的前提下，遵循可选择性原则可以简化 DC 元数据的著录元素，避免记录过于复杂。

① 段明莲、沈正华《数字时代的图书馆信息资源组织》，北京图书馆出版社 2006 年，第 57—58 页。

（4）可重复性原则（Repeatability）

为了应对多题名、多著者、多主题信息资源的著录问题，DC元数据集中的所有元素都是可以重复使用的。举例来说，在描述一个多位作者的信息资源，可使用多个创建者元素。

（5）可修饰性原则（Modifiability）

DC元数据集中的每个元素都有一个可以自我解释的定义。为满足不同专业领域用户的不同需求，DC元数据集提供了一系列可选择的修饰词来限定著录元素的定义。如果没有限定词，元素就是其基本含义；有限定词时，该元素就用限定词的值来进行修饰。比如"题名"元素就可以用"并列题名"这一修饰词来说明。

（6）向上兼容原则（Dumb-Down）

DC元数据的15个元素既可以单独使用，又可以配合修饰词使用。修饰词可以进一步明确修饰词，系统遇到不熟悉的修饰词时即采用向上兼容原则，或者忽略不计。

（7）语法独立原则（Syntax-Independence）

DC元数据的语法有自身独立性，它可以避免语义捆绑。换而言之，DC元数据描述的信息本身可以独立出现。

DC元数据被认为是"最能达到通常目的的元数据标准"①。MARC与DC元数据是目前在图书情报乃至信息管理界受到广泛认可的数据模式。两者虽都以描述和著录信息为目的，但还是存在明显的区别，MARC设计更为精确、复杂和专业，而DC元数据则更简洁和灵活。

相对MARC格式，DC元数据格式有其明显的优势。首先，网络信息环境具有动态性、分布性、多元性、无序性的特点，DC与计算机网络环境和技术更相适应，能够更为准确、规范地予以描述和组织。

---

① 刘嘉《元数据导论》，华艺出版社2002年，第285页。

其次,DC 元数据格式元素抛弃了大量烦琐的定长字段,著录界面友好,人机互动更为简单直观。再次,DC 元数据格式能够实现著录部分与检索部分的合二而一,使文献的著录更加快速和简洁,检索更便利,同时也促成了规范著录原则的回归。此外,DC 元数据配备有强大高效的图文管理功能,可以方便地实现目录、图像和全文之间的链接和管理。

由于 DC 元数据格式具有简练、易于理解、可扩展、能与其他元数据形式进行桥接等特性,能较好地解决网络资源的发现、控制和管理问题,使之成为较好的网络资源元数据集,并正在逐步发展成为世界公认的标准[①]。2003 年 2 月,国际标准化组织—信息与文献技术委员会—技术互操作分委员会(ISO TC46/SC4)将 DC 元数据标准批准为国际标准 ISO 15836:2003 Information and Documentation—The Dublin Core Metadata Element Set。

中国国家图书馆发布的《中文元数据方案》、科技部发布的《我国数字图书馆标准与规范建设》中的元数据标准和规范,以及各地方图书馆和高校图书馆制定的元数据方案(如广东中山图书馆的《数字式中文全文文献通用格式》和北京大学的《中文元数据标准框架》等),均使用 DC 元数据标准或以 DC 元数据标准为核心集。2002 年,科技部委托国家科技图书文献中心协调,中国科学院文献情报中心、中国科学技术信息研究所、国家图书馆、上海图书馆等 21 家单位,采用 DC 元数据格式,联合进行数字图书馆相关标准规范的研究。

二、DC 元数据格式在古籍编目中的应用

在古籍编目领域,制定古籍元数据标准的意义在于:

---

① 吴建中、吴建明《OCLC——全球在线计算机图书馆中心》,华艺出版社 2002 年,第 156—157 页。

● 它基于先进的网络技术和最通用的 XML 网络传输语言,用户不必安装任何软件,即可实现 Web 界面的联机编目。

● 它是为数字图书馆服务的,它配备有强大的图文管理功能,从而方便地实现目录、图像、全文之间的连接和管理。

● 它抛弃了 MARC 格式中大量烦琐的定长字段,使编目界面变得直观而简洁,无论是专业编目员还是非专业编目员,都可以参与古籍编目工作。

● 除了主题和分类之外,它一般不再另行设置为检索而用的字段,最大限度地将著录与检索结合在一起。

2004 年 5 月,北京大学图书馆正式公布了《古籍描述元数据著录规范》。作为科技部科技基础条件平台工作重大项目《数字图书馆标准与规范建设》的研究成果,《古籍描述元数据著录规则》确立了 17 个元数据核心元素,其中 13 个核心元素与 DC 元数据相对应,此外还有 4 个古文献核心元素,详见表 2 - 1。

表 2 - 1　古籍元数据规范元素列表

元素	元素修饰词	编码体系修饰词	复用标准
核心元素(13 个)			
题名			dc:title
	并列题名		
	版心题名		
	内封题名		
	书衣题名		
	卷端题名		
	其他题名		
主要责任者			dc:creator
	责任者说明		- - -
	责任方式		- - -

元素	元素修饰词	编码体系修饰词	复用标准
其他责任者			dc：contributor
	责任者说明		－ － －
	责任方式		－ － －
日期			dc：date
		年号纪年	－ － －
		公元纪年	－ － －
	出版日期		
	印刷日期		
出版者			dc：publisher
	印刷者		
	出版地		
	印刷地		
附注			dc：description
	缺字附注		
	责任者附注		
	相关资源附注		
	丛编		
	子目		
	附录		
	提要		
相关资源			dc：relation
	丛编		
	子目		
	合刻书名		
	合函书名		
	附录		
	书目文献		
		URI	

续表

元素	元素修饰词	编码体系修饰词	复用标准
主题			dc：subject
		汉语主题词表	
		四库类名	
时空范围			dc：coverage
	地点		dc：coverage.spatial
	时间		dc：coverage.temporal
		公元纪年	———
		年号纪年	———
语种			dc：language
资源类型			dc：type
标识符			dc：identifier
		URI	———
权限			dc：rights
古文献类型核心元素(4个)			
版本类别			mods：edition
	版印说明		
载体形态			
	装订方式		
	数量		
	图表		
	尺寸		
	行款版式		
	附件		
收藏历史			dcterms：provenance
	获得方式		
	题跋印记		
馆藏信息			mods：location
	典藏号		

北京大学数字图书馆古籍元数据的制定完全是遵循着《北京大学数字图书馆中文元数据标准框架方案》的基本原则,即简单性与准确性原则、专指度与通用性原则、互操作性与易转换性原则、可扩充性原则、用户需求原则,同时也充分照顾古籍的特点,考虑了古籍方方面面的情况,并尽可能予以妥善的解决。如表 2 - 1 所示,此规范是在总结中文古籍编目经验的基础上,针对 DC 元数据所做的本土化利用和补充。下面对这 17 个元数据核心元素予以解释。

(1)题名(Title)

著录包括古籍正题名在内的各种题名的有关文字说明,题名包括卷端题名(正题名)、并列题名、版心题名、内封题名、书衣题名即其他题名等。映射 CNMARC 中的 200 字段、510 字段、512 字段、514 字段、515 字段、517 字段中的 $a 和 $A。

(2)主要责任者(Creator)

著录内容为古籍的主要责任者名称、责任方式、责任者说明(包括责任者所处的朝代、身份、国别等)。责任方式包括传统中国古籍常用的撰、修、纂修、注、编、辑、译、书、绘及其他。映射 CNMARC 中 200 字段中的 $f,701 字段、711 字段、721 字段。

(3)其他责任者(Contributor)

著录内容为古籍的其他责任者名称、责任方式,及责任者说明(包括责任者所处的朝代、身份、国别等)。映射 CNMARC 中 200 字段中的 $g,702 字段、712 字段和 721 字段。

(4)日期(Date)

著录内容为古籍版本刻印或者抄写的年代。映射 CNMARC 中 210 字段的 $d、$h。

(5)出版者(Publisher)

著录内容为古籍的刻印或抄写的地点和责任者或责任单位。映射 CNMARC 中 210 字段的 $a、$b、$e、$f、$g。

（6）版本项（Edition）

著录内容为古籍的版本类别和对版本情况的补充说明，规范档有北京大学图书馆自编的《古籍版本类别表》。映射 CNMARC 中的 205 字段。

（7）载体形态项（Physical Description）

著录内容为古籍的装订方式、数量、图表、尺寸、行款版式、附件等。映射 CNMARC 中 010 字段的 $b 和 215 字段。

（8）附注（Description）

著录内容为对古籍形式、内容等各方面特点的注释与解说。映射 CNMARC 中的 3－－字段。

（9）收藏历史（Collection History）

著录内容为古籍的收藏源流、题跋、印章、获得方式、购买价格等。映射 CNMARC 的 317 字段。

（10）相关资源（Relation）

著录内容为古籍相关资源的链接。映射 CNMARC 中 4－－字段。

（11）主题（Subject）

著录内容为与古籍内容相关的四部分类法类名和主题词，主要依据为《汉语主题词表》或《四库全书总目》所有类名。映射 CNMARC 中的 600—608 字段、610 字段、696 字段。

（12）时空范围（Coverage）

著录内容为古籍中涉及的古今时代和地名。时代统一采用年号纪年为主，并附以公元纪年。映射 CNMARC 中的 660 字段、661 字段。

（13）语种（Language）

著录内容为古籍所使用的语种，著录标准参见国家图书馆所编的《世界语种代码表》和北京大学图书馆自编的《中国少数民族文字表》。映射 CNMARC 中的 101 字段。

（14）类型（Type）

著录内容为文献资源形式。著录完成并提交记录后，系统会自动填写此项为"古籍"。映射 CNMARC 中的 099 字段。

（15）标识符（Identifier）

著录内容为古籍标识符号。此符号为著录对象在著录系统中的唯一识别符号，著录完成并提交记录后，系统会自动生成一个唯一符号。映射 CNMARC 中的 099 字段。

（16）权限（Rights）

此内容为一个对资源使用权限的声明或对提供这一信息的服务参数，如"馆内阅览"等。映射 CNMARC 中 920 字段的 $4。

（17）馆藏信息（Location）

著录内容为古籍的馆藏地址及典藏号，以便读者检索该书。映射 CNMARC 中的 920 字段。

《古籍描述元数据著录规范》充分利用并发挥了元数据的优势，对古籍著录单位、古籍著录对象之间关系等问题进行了探讨与分析，并设计了解决方案。如将古籍著录对象之间关系归纳为包含关系（丛编与子目）、并列关系 1（原抄、原刻、原印与影抄、影刻、翻刻、影印）、并列关系 2（合刻书、合函书、合装书等）、附加关系（原书与附录、原刻与附刻）。在此基础上，《古籍描述元数据著录规范》遵循"专门元数据规范设计指南"（CDLS－S05－001），通过属性对古籍元数据规范中的术语进行了定义。

第五节　古籍普查登记编目格式

一、《古籍普查登记目录》的项目设计

2007 年，国家重点工程"中华古籍保护计划"启动，古籍普查是这

项工程的第一步,也是最为基础的一项工作。这次全国性的古籍普查工作是新中国成立以来最大规模的图书馆古籍编目整理。普查工作的结果以《古籍普查登记目录》的形式展示。各古籍存藏机构(包括个人和私人收藏机构)提交国家古籍保护中心的普查登记数据形成馆藏普查登记目录档,由国家古籍保护中心指定出版社印成《收藏单位古籍普查登记目录档》绿皮书,作为档案留存该馆、省级古籍保护中心及国家古籍保护中心。国家古籍保护中心和省级古籍保护中心组织专家组对《收藏单位古籍普查登记目录档》进行复审。各省专家组由省级古籍保护中心领导担任组长,省馆古籍部(或历史文献部)主任担任副组长。复审形成的修订本交国家古籍保护中心正式出版该收藏单位的古籍普查登记目录,最后汇总为《全国古籍普查登记目录》。

这次古籍普查对普查登记对象有明确规定:

- 凡产生于 1912 年以前,并以稿本、抄本、印本、拓本等形式行世者,诸如简帛典籍、敦煌遗书、宋辽西夏金元明清时期版印抄写的古籍、古地图、碑帖拓片、少数民族文字古籍,以及西学传入后产生的新学书籍等,均在古籍普查登记范围之内。

- 1912 年以前域外抄写、印制的中国古籍,此次不予普查登记。

- 1912 年以后,以传统著述方式,研究中国传统文化,并具传统装订形式的少数汉文典籍,可适当收录,但仅限产生并版印、抄写于 1919 年(含 1919 年)以前的少数著作。

- 未编辑成书的地契、诏谕、诰命、章奏、宝钞、照片等文献资料,不予登记。金石拓本或少数民族文字文献,依据其珍贵程度,时代下限可适当延伸。

- 1912 以前出版的期刊、报纸等,属非书型文献,不予登记。

- 1912 年以后印制的古籍,不予登记。

二、"全国古籍普查登记平台"的编目格式

此次古籍普查在"全国古籍普查登记平台"上展开。"全国古籍普查登记平台"是全国古籍普查工作的工作平台和发布平台,各单位参与古籍普查工作的古籍登记人员、管理人员、审核人员的古籍编目相关工作均通过全国古籍普查登记平台展开。业务处理系统的普查对象为汉文古籍、简帛、敦煌及西域遗书、碑帖拓本、少数民族文字古籍。

全国古籍普查登记的著录事项共有 162 项,包括题名、著者、版本、分类、版式、装帧、装具、序跋、刻工、批校题跋、钤印、附件、文献来源、修复历史、丛书子目、定级、定损、相关书影等信息,分成 24 个区域,包括了基本事项、定级事项、定损事项、古籍修复事项等各个方面。其所采用的编目格式,既不是 CNMARC 格式,也不是 DC 元数据格式,但考虑到与这些编目格式的转换和著录事项的映射,可以实现与 CNMARC 格式和 DC 元数据格式的互相转换,CNMARC 格式和 DC 元数据格式的记录可以批量导入"全国古籍普查登记平台"系统,"全国古籍普查登记平台"上的记录也可以转换为 CNMARC 格式或 DC 元数据格式记录并批量导出。

第六节　从 FRBR 到 RDA 和 BIBFRAME

随着网络技术的迅猛发展,MARC 格式的弊端不断暴露,国际编目界对此均已有充分认识。于是,业界一直致力于研发一种更适于网络环境下文献编目的数据格式。

一、《书目记录的功能需求》(FRBR)

1997 年,国际图联发布了《书目记录的功能需求》(*Functional Re-*

quirements for Bibliographic Records,FRBR)。FRBR 借鉴开发关系数据库常用的"实体—关系"(Entity-Relationship)模型,通过对实体、属性、关系的研究,揭示书目记录的功能记录。它改变了传统书目记录的扁平化结构,力图建立各书目记录之间、书目记录中各著录对象之间的关系。FRBR 将书目记录涉及的实体分成了三组:第一组是通过智慧和艺术创作的产品,包括作品(work,一种特有的智慧和艺术的创作,抽象的实体)、内容表达(expression,通过数字、音乐、声音、图像、动作或这些形式的组合对智慧或艺术作品的实现)、载体表现(manifestation,通过物理介质实体化内容表达的实体)和单件(item,载体表现的实例或个体)。第二组是对智慧和艺术创作产品负责任的个人和团体,这些个人和团体与第一组中的实体间存在着各种角色关系。第三组实体是产品的主题内容,包括概念、实物、事件、地点、第一组和第二组实体本身等。

二、《资源描述与检索》(RDA)

FRBR 提出了描述文献的新理念、新方法,但还停留在概念架构层面,为了从实践层面支撑与保证该架构的实现,便出现了一种新的编目规则,即《资源描述与检索》(*Resource Description and Access*,RDA)。可以说,FRBR 的理念催生了 RDA 的问世。

RDA 是《英美编目条例(第 2 版)》(*Anglo-American Cataloging Rules*,*Second edition*,AACR Ⅱ)的升级产品,其理论基础是 FRBR,是应数字环境的发展而制定的最新国际编目规则,其目的在于满足数字环境下资源著录与检索的新要求并成为相应的通行标准。RDA 元素包括标签、名称、URI、描述、评论、类型(类或属性)、父类型(上位类或上位属性)、领域(即应用范围)、范围(即取值范围)、状态(批准情况:新提出或发布)、语种和附注等。

迄今为止,图书馆的信息资源还不能被方便地查找、标识、选择、获取、验证、参考引用以及进行再创造。RDA 的推出和"关联数据"技术的兴起,第一次为上述目标的实现提供了一种可能。作为元数据标准,RDA 元素集可作为各种书目应用的元数据方案,更适合于关联数据相关应用①。

2008 年 1 月,美国国会图书馆、英国国家图书馆、加拿大国家图书档案馆合作成立了 RDA/MARC 工作组,在其大力推动下,近年来欧美各国图书馆的编目系统已普遍采用了 RDA 的编目原则和方法。但令人遗憾的是,尽管 RDA 旨在成为取代 MARC 的元数据标准,但现实中,RDA 的理念却是依傍着 MARC 格式来实施,人们也常以 MARC 字段来论述 RDA。所以,要想完全满足互联网环境下资源著录与检索的新要求,就需要找到一种完全甩开 MARC 格式的方法。

三、书目框架计划(BIBFRAME)

自 2011 年 5 月起,美国国会图书馆与以语义技术起家的 ZepHeira 公司合作,联合英国国家图书馆、德国国家图书馆等 6 个图书馆,正式启动"书目框架计划"(The Bibliographic Framework Initiative),也曾称为"书目框架迁移计划"(The Bibliographic Framework Transition Initiative)。

BIBFRAME 研发目的是支持网络环境下数以亿计的 MARC 数据转换,并逐步取代 MARC21 等世界各国目前通行的各种 MARC 格式,使书目数据在互联网上得以方便交换、发布和共享。

总的来说,BIBFRAME 将描述对象分为两个层次,即创造性作品

---

① 苏建华、汪初芸《信息检索理论与实践前沿研究》,重庆出版社 2016 年,第 131 页。

（creative work）和实例（instance）。此外，为了适应规范控制与扩展描述的需求，还单独定义了规范数据和注释数据。因此可产生四类实体，即创造性作品（creative work）、实例（instance）、规范数据（authority）和注释数据（annotation）。BIBFRAME 采用了实体—关系分析法，对所涉及的实体、实体属性、实体关系、属性关系等进行了分析。BIBFRAME 的一个特点是把所有与作品或实例相关的实体的描述都视作注释，封面设计、书评、描述和馆藏描述都可以视作注释。其中所谓"描述"又可以细分为摘要、文摘和细目三个子类。为了充分发挥与保障兼容性与扩容性，为数据在开放环境下的共享提供方便，BIBFRAME 不再如以前的元数据方案一样严格控制元素与术语的数量，而是根据时间需要，随时发布与修订。包括 MARC、RDA、DC 等在内的数据标准均可作为其术语来源。

BIBFRAME 的核心理念基础是关联数据。除了关联数据的充分应用，BIBFRAME 也是书目数据的资源描述框架模式（RDFS）和打包规则。BIBFRAME 的资源类型基本上继承了 RDA 的内容类型，但没有完全沿用 RDA 的实体划分，而是对其概念层次进行了简化，资源类型采用限定组配的方式，而且注册元素是与 RDA 完全独立的。因此，BIBFRAME 并不是 RDA 的简单改进与升级版。

目前，BIBFRAME 正在不断探索和改进之中，很有可能在不远的将来彻底取代正在走向末路的 MARC 格式。美国国会图书馆已经率先开始了相关尝试，他们不仅高度重视 BIBFRAME 的开发与研究，同时也开始提供将 MARC 转换为 BIBFRAME 的工具。通过这种转换与比较，就可以体现转换后的效果，不同的 MARC 格式数据都能够在 BIBFRAME 框架下实现良好的转换与兼容。目前美国已经有多个相关机构作为试点对 BIBFRAME 做了测试，美国国会图书馆则通过测评反馈回来的测试数据，对 BIBFRAME 进行修正与补充。

作为前沿成果,BIBFRAME 在实践层面还存在不少悬而未解的难题,如新增的规范控制内容尚未确定,注释模型尚未完全确定,应用平台还不完善等。另外,从实测结果看,从 MARC21 到书目框架的映射转换过程还有不少问题没有找到最优解,需要不断地进行尝试和探索。

从 FRBR 到 RDA 再到 BIBFRAME,国际图书馆编目界正在经历一场前所未有的变革,贯穿始终的是对更加科学合理的编目方法的追求,这势必影响到世界各国图书馆对其所收藏的中国古籍的编目整理。但目前我国图书馆古籍编目界尚未充分注意国际编目界的这场变革及其即将带来的影响,这种状况令人担忧。面对这场变革,全世界中文古籍编目领域特别是我国古籍编目界不应置身事外,而应投入这项研究,积极探寻我们的对策和出路,努力发挥我国古籍编目专家的独特作用。

第七节　古籍著录规则

文献著录规则是指在文献编目时需要遵循的一系列规范和标准,古籍著录规则是文献著录规则的特殊种类。前文已提及,为了准确、高效地将一部书的内容和形式特征记录下来,必须遵守一定的古籍著录规则。著录规则在一定程度上决定着古籍编目工作的形式、质量、深度及准确性。

在我国古籍编目发展历史上,曾数次制订与古籍著录规则相关的国家标准。其中最具相关性和代表性的是 1987 年的《古籍著录规则》(GB/T 3792.7—1987)、2008 年的《古籍著录规则》(GB/T 3792.7—2008)和 2021 年的《信息与文献　资源描述》(GB/T 3792—2021),本节以这三次著录规则为主要线索梳理我国古籍著录规则的发展脉络,以见古籍著录规则的主要内容与特点。

一、1987 年《古籍著录规则》(GB/T 3792.7—1987)

国家标准是由国家标准化主管机构——国家标准化管理委员会批准发布,且在全国范围内统一的标准,对特定行业、工种或技术的规范化有重大意义。国家标准《古籍著录规则》的发布是古籍编目标准化进程的重要一步,我国最早的古籍著录规则国家标准是 1987 年的《古籍著录规则》(GB/T 3792.7—1987)。

1987 年《古籍著录规则》问世的时代背景是 1983 年国家标准《文献著录总则》的发布。国家标准《文献著录总则》由全国文献工作标准化技术委员会第六分委员会具体指导,根据《国际标准书目著录(总则)》[ISBD(G)],结合我国的具体情况而制订,于 1983 年7 月发布,1984 年 4 月开始实施。它引入国际普遍认可的著录原则、著录项目、著录来源以及标识符号等,目的是在面向国际合作、与国际接轨的原则下,推动我国文献著录的规范化,建立、健全我国统一的文献报道、检索体系,更好地开发和利用文献资源,开展国际目录信息交流。在此契机下,一部专用于古籍编目著录的国家标准应运而生。

1984 年 9 月,北京图书馆和北京大学图书馆分别安排有关人员根据《文献著录总则》的原则精神起草《古籍著录规则》的国家标准草案,后来两个团队合并为一。国家标准《古籍著录规则》(GB/T 3792.7—1987)于 1987 年 1 月 3 日发布,1987 年 10 月 1 日实施。

1987 年《古籍著录规则》(GB/T 3792.7—1987)在内容上包括四大方面:基本概念;著录项目;著录顺序;标识符号。基本概念中对古籍做了范围界定:"中国古代书籍的简称,书写或印刷于 1911 年以前、反映中国古代文化、具有古典装订形式的书籍。"这为后来很多教材、著作中规范的古籍概念界定提供了参考。

规则具体组成部分有引言、名词、术语、著录项目、著录项目标识符与著录内容识别符、著录格式、著录详简级次、著录用文字、文献类型标识符、著录来源、各著录项目细则、附录 A（标目）。它试图兼顾学术学理上的科学与实践实操上的实用，尽可能周全地构建一个兼具规范性、权威性、可拓展性的古籍著录规则框架，并为未来可能的修改和修订做好准备。

1987 年《古籍著录规则》是中国古籍编目史上第一部采用《国际标准书目著录》（ISBD）格式而形成的国家标准著录规则，使古籍编目从著录项目的设置、排列顺序和著录用标识符号三个方面直接与《国际标准书目著录》（ISBD）原则接轨，为中国古籍进入中外文献书目信息交流体系创造了条件。虽然作为开拓性的工作，1987 年《古籍著录规则》存在很多有待实践检验的问题，但其历史意义还是毋庸置疑的。有学者将其对古籍编目事业的意义总结为：廓清著录原则、规范名词术语、明确著录项目、界定著录来源、确定项目关系，"即便某一古籍书目没有完整实施《古籍著录规则》，规则中所包含的著录原则、名词术语、著录项目和著录来源等具体内容，在书目编纂实践工作中也是有着比较大的指导意义"①。

1987 年《古籍著录规则》（GB/T 3792.7—1987）发布后，引发了学界的高度关注。全国古籍编目界从编目原则、著录项目、具体操作等各个方面展开了热烈讨论，如鲍国强《实施〈古籍著录规则〉应注意的若干问题》《古籍编目中的完整本复本问题与著录规则的修订》、肖凤生《〈古籍著录规则国家标准〉的学习与研究》、陈博《〈古籍著录规

---

① 鲍国强《中国古籍编目标准化工作的回顾与展望》，《古籍保护研究》（第六辑），大象出版社 2020 年，第 49—62 页。

则〉管见》、谢泽荣《〈古籍著录规则〉中"规范繁体字"提法的商兑》、王元庆《有关国家〈古籍著录规则〉商榷二题》等。这些讨论从 20 世纪 80 年代一直绵延到 21 世纪初,可见 1987 年《古籍著录规则》(GB/T 3792.7—1987)作为国家标准,确实在一定程度上唤醒了古籍编目从业人员的标准化意识,使其开始思考怎样的古籍著录规则才是既科学又实用的。这些思考警示着古籍编目人员在实际工作中更为谨慎地对待每一部著录对象,也提醒他们更主动地总结自己的工作经验与使用心得,从而为进一步改进著录规则、提高工作质量、推动古籍编目规范化进程做好准备。

二、2008 年《古籍著录规则》(GB/T 3792.7—2008)

计算机的诞生和信息时代的到来彻底改变了传统的信息组织和信息著录形式,古籍著录也不能例外。1987 年的《古籍著录规则》(GB/T 3792.7—1987)是在以卡片目录为主要编目形式的背景下制定的。在计算机技术发展、数字时代与网络时代来临的大背景之下,机读目录出现并迅速成为包括古籍编目在内的图书馆编目的主要格式,这就彻底改变了传统的古籍编目流程与形式,古籍编目规则也必然需要做出调整。这是 2008 年《古籍著录规则》(GB/T 3792.7—2008)出台的最主要原因。

为了应对不可逆转的信息化、数字化、网络化趋势,国内文献编目界也积极地展开了机读目录格式的研发工作。1995 年 12 月出版的《中国机读目录格式使用手册》(2001 年 3 月修订)和 1996 年 2 月中华人民共和国文化部发布的行业标准《中国机读目录格式》(WH/T 0503—1996)就是这方面卓有成效的早期探索,促进了我国机读书目数据的规范和统一。

2001 年,北京图书馆出版社(今国家图书馆出版社)出版了由国家图书馆编纂的《汉语文古籍机读目录格式使用手册》，这是古籍编目领域对机读目录展开专门研究所取得的成果。此手册根据一系列国家标准及相关文献的基本原则，总结以往的实践经验，选用了适合于汉语文古籍的字段和子字段，着力对相关的内容说明和应用实例进行了描述。手册编纂者特别说明："本手册包括了古籍机读目录可能使用的所有字段、子字段以及古籍类型；也因为我国古籍的多样化和复杂性，手册提出了通用格式注释和古籍的主要类型样例。各古籍收藏单位或编目人员可根据本书原则制定更详细的古籍机读目录数据处理细则。"面对计算机时代为古籍编目工作带来的各种各样的变化，一部可以适应这种变化的国家标准也就应运而生了。

在此背景下，新的国家标准《古籍著录规则》（GB/T 3792.7—2008）于 2008 年 7 月 16 日发布，2009 年 1 月 1 日正式实施。该规则由国家图书馆、北京大学图书馆、北京师范大学图书馆联合起草，中华人民共和国国家质量监督检验检疫总局、中国国家标准化管理委员会共同发布。它是依据《国际标准书目著录（总则）》[ISBD（G）]的原则，并参考《国际标准书目著录（古籍）》[ISBD（A）第二修订版]，在《古籍著录规则》（GB/T 3792.7—1987）基础上修订而成的。

2008 年《古籍著录规则》（GB/T 3792.7—2008）是基于 CNMARC 格式编制的。它总结与吸收了 1987 年《古籍著录规则》问世后 20 年间的研究成果和使用反馈，对其做了以下几处的修改：

● 将 1987 年《古籍著录规则》（GB/T 3792.7—1987）的 10 章归并为 8 章，即范围、规范性引用文件、术语和定义、著录项目和著录单元、著录用标识符、著录用文字、著录信息源、著录项目细则。这样修改目的是使规则编排更为紧凑，表述更为严密，更便于操作。

• 为与《国际标准书目著录（古籍）》统一，进一步与国际接轨，2008 年《古籍著录规则》修改了 1987 年版的部分著录项目及著录单元名称。如"书名与著者项"改为"题名与责任说明项"，"丛书项"改为"丛编项"，"说明书名文字"改为"其他题名信息"，"附属丛书名"改为"分丛编题名"等。

• "术语和定义"由 1987 年《古籍著录规则》的 10 条增订为 32 条（部分内容由初版"10.2.5 主要的版本类型"中内容修改归并），对古籍著录的主要术语加以明确界定。这是总结 1987 年《古籍著录规则》使用反馈所做的修改，意图是在保证国际化、标准化的同时，突出中国古籍著录的特殊性。尤其是突出了版本对于中国古籍的重要性，如将稿本、写本、抄本、彩绘本、活字本、活字泥版印本、钤印本、磁版印本、铜版印本等版本类型都作为主语予以定义。

• 同样出于立足中国古籍特性和尊重传统古籍编目习惯的目的，2008 年《古籍著录规则》将"题名与责任说明项"的规定信息源明确为"正文首卷卷端"。

• 关于古籍的卷数，1987 年《古籍著录规则》定为"书名与著者项"中与"说明书名文字"并列的著录单元，空一格著录于"正书名"之后；2008 年《古籍著录规则》根据《国际标准书目著录（古籍）》的原则和 20 年来古籍著录工作实践，将古籍卷数改为"其他题名信息"中的重要内容。

• 根据《国际标准书目著录（古籍）》的规定，2008 年《古籍著录规则》将 1987 年《古籍著录规则》中"版本项"的内容拆分为"版本项"和"出版发行项"。前者著录古籍的版本类型等；后者著录古籍的出版、发行和印刷事宜，并根据古籍实际情况明确规定了"修版地、修版者、修版年"的著录内容。

• 根据客观著录的原则，2008 年《古籍著录规则》将"责任说明"

中"示例"由原来著录考订内容为主,改为按原书所题内容客观著录为主。

• 2008 年《古籍著录规则》根据 ISBD(A)已实施的"完整本著录原则"及其以版本为著录单位的立目标准,将载体形态项和附注项分为完整本和复本两部分。其中,古籍完整本特征是指一种古籍制作完成时已经具有的内容和形式特征,古籍复本特征是指一部古籍在流传和典藏过程中新产生的内容和形式特征。

• 1987 年《古籍著录规则》对"书目参考附注"未作具体规定,2008 年《古籍著录规则》根据《国际标准书目著录(古籍)》的规定,将"书目参考附注"定为附注项的第一个附注内容。

• 2008 年《古籍著录规则》特别提到:提要是我国古籍编目的优良传统。1987 年《古籍著录规则》中有关提要的条款较简单,2008 年版则对古籍提要的撰写作出较具体的规定。

• 根据《国际标准书目著录(古籍)》、古籍的实际状况以及"标准书号与获得方式项"的主要内涵,将 1987 年版中"装订与获得方式项"的有关内容并入"附注项"。

• 根据古籍著录使用繁体汉字的实际情况,2008 年版全部示例均改为繁体汉字。

• 根据书目著录法和标目法的不同功能,删去了 1987 年《古籍著录规则》中"排检项"和"标目"内容。

• 将著录格式从正文部分抽出,改为附录。

• 按照《标准化工作导则第 1 部分:标准的结构和编写规则》(GB/T 1.1—2000),对 1987 年《古籍著录规则》(GB/T 3792.7—1987)的格式、编排进行了重新调整。

综合上述修改之处,可以发现此次修改秉承的基本思路是继续推动古籍著录标准化、国际化的同时,对中国古籍的特点给予更多关注。这也是针对 1987 年版在实际使用中存在的问题所作出的应对措施与解决方案。

三、2021 年《信息与文献　资源描述》(GB/T 3792—2021)

面对数字环境下信息资源数量的急速增长和类型内容的急剧变化,原有的以资源类型为主线的著录规则遭受到前所未有的挑战。2010 年,《资源描述与检索》(*Resource Description and Access*,RDA) 正式发布,这是国际为应对这一挑战而采取的应对措施,RDA 实际上已经成为信息资源编目的国际标准。

在国际信息资源编目标准产生重大变革的大环境下,我国编目界也展开了紧张的研究讨论。2012、2013 年,全国信息与文献标准化技术委员会两次召开编目研讨会,组织国内主要图书馆馆长和编目专家对我国文献著录国家标准研制的关键性和方向性问题、国际文献著录的发展趋势等问题进行了深入的讨论。经过研讨,会议就数字时代下新的文献著录规则国家标准的编纂原则达成一致:①将原有的以资源类型为划分依据制定的系列国家标准合并为一个统一国家标准;②在修改原来标准的基础上,遵循 ISBD 统一版,同时参考 RDA 进行研制。

新的国家标准《信息与文献　资源描述》(GB/T 3792—2021) 于 2021 年 3 月发布,2021 年 10 月实施。它打破了资源类型的界限,一举代替了原有的 GB/T 3792.1—2009《文献著录第 1 部分:总则》、GB/T 3792.2—2006《普通图书著录规则》、GB/T 3792.3—2009《文献著录第 3 部分:连续性资源》、GB/T 3792.4—2009《文献著录第 4 部分:非书资料》、GB/T 3792.6—2005《测绘制图资料著录规则》、GB/T 3792.7—2008《古籍著录规则》、GB/T 3792.9—2009《文献著录第 9 部分:电子资源》、GB/T 3469—2013《信息资源的内容形式和媒体类型标识》,共 8 项国家标准。并在上述标准的基础上增加了学位论文、拓片、手稿等资源,使该标准的适用范围包括了图书、连续出版物、集成性资源、电子资源、图像、地图资源、乐谱、录音录像资源、古籍、拓片、手稿、学位论文等 12 种信息资源类型。

《信息与文献 资源描述》(GB/T 3792—2021)的主要组成部分有:范围,规范性引用文件,术语和定义,总则,内容形式和媒介类型项,题名和责任说明项,版本项,资源类型特殊项,出版、生产和发行项,载体形态项,丛编和大部分单行资源项,附注项,资源标识号和获得方式项。相对于纯技术上的修改和调整,此版国家标准在理念和观念上对原有国家标准进行了颠覆,它给出了一整套覆盖各种类型资源的通用描述规范,规定了数据元素被记录或转录的顺序以及用于识别和显示数据元素的标识符号。

古籍著录规则是《信息与文献 资源描述》(GB/T 3792—2021)的一个组成部分,并含有指印标识号。在术语与定义中,2021 版国家标准将古籍(Chinese ancient books)界定为“1911 年以前(含 1911 年)在中国书写或印刷的书籍”。

针对古籍的特殊性,《信息与文献 资源描述》(GB/T 3792—2021)在“4.1.2 特殊类型资源的处理”这一部分中对古籍著录做了一条备注。其核心是对古籍完整本著录做了简要说明:“本标准没有规定如何在没有确凿证据的情况下确定一个可独立描述的资源,也没有规定在没有资源的书目数据做参考的情况下,如何用资源的不完整复本进行描述。只要可能,则应按照资源的完整复本进行描述。如果完整复本不可获得,且可获得的不完整复本的信息允许进行描述,可以依据不完整复本进行描述。关于这一复本的不完整情况和其他特殊的信息在附注项描述。”前已提及,如何处理完整本问题是古籍编目中的疑难杂症,上述引文在坚持完整本著录原则的同时,为实际操作提供了灵活处理的空间。

由于《信息与文献　资源描述》(GB/T 3792—2021)跳出了以文献类型为界限的传统框架,立足于分析与总结各类型文献作为信息资源的共性,此版国家标准给编目人员带来了新的思路和方向。但同时不可避免的是,古籍等特殊类型文献的个性和特点相对被模糊,有关古籍著录的具体处理方法被拆分到了各个章节和段落中。例如第6节"题名和责任说明项",在"6.1.3.2各种资源的规定信息源"下是这样规定的:

a)印刷文字资源和乐谱资源

规定信息源为题名页或代题名页。

b)地图资源

单幅地图规定信息源为图廓内外;地图集规定信息源为题名页或代题名页。

c)古籍

规定信息源按如下顺序选择:

——正文首卷卷端;

——版权页、题名页、牌记、版心、序跋、其他各卷卷端;

——资源本身。

d)拓片

规定信息源为首题、中题、尾题、额题、墓志盖题及其内容。

e)手稿

规定信息源为首页、尾页及其他部分。

f)其他所有资源

规定信息源为资源本身、容器、文档、其他附件。

由于古籍这一文献类型的特殊性和专业性,其编目工作一般由专门人员负责。《信息与文献　资源描述》(GB/T 3792—2021)这一

处理方法,不能充分体现古籍编目的专门性,古籍编目人员需要将有
关古籍著录的相关规定从各章节中整理出来,这也给编目人员实操
时的参照与应用造成了一定的不便。由此可见,古籍著录规则的标
准化仍有许多工作要做。

思考与练习：

1. 什么是卡片式目录？图书馆常用的卡片式目录主要包括哪些？

2. 简述古籍卡片式目录的组织方法。

3. 什么是书本式目录？馆藏古籍书本式目录有哪些类型？

4. 试析书本式目录的优缺点。

5. 谈谈你对机读目录格式的理解。

6. 汉语文古籍机读目录格式主要包括哪些内容？

7. 制订古籍元数据标准的意义是什么？

8. DC 元数据格式在古籍编目中的应用情况如何？

9. FRBR 与 RDA 的关系是怎样的？

10. RDA 相较国内通行的 CNMARC 和 DC 元数据编目格式有哪些优势？

11.《信息与文献　资源描述》(GB/T 3792—2021) 与 2008 年《古籍著录规则》(GB/T 3792.7—2008) 相比,对古籍完整本著录的规定有哪些差异？

12. 谈谈你对中国古籍编目今后发展的看法。

延伸阅读：

1. 全国图书馆标准化技术委员会. 古籍元数据规范:WH/T 66—2014[S]. 北京: 国家图书馆出版社,2015.

2. 全国信息与文献标准化技术委员会. 信息与文献　资源描述:GB/T 3792— 2021[S]. 北京:中国标准出版社,2021.

3. 国际图联编目组常设委员会. 国际标准书目著录[M]. 顾犇,译. (2011 年统一版)北京:国家图书馆出版社,2012.

4. 吴建中. DC 元数据[M]. 上海:上海科学技术文献出版社,2000.

5. 王松林. 中文编目与 RDA[M]. 北京:海洋出版社,2014.

6. 肖珑,苏品红,刘大军. 国家图书馆古籍元数据规范与著录规则[M]. 北京:国家图书馆出版社,2014.

7. 国家图书馆. 新版中国机读目录格式使用手册[M]. 北京:北京图书馆出版社,2004.

8. 中国国家图书馆. 汉语文古籍机读目录格式使用手册[M]. 北京:北京图书馆

出版社,2001.

9. 国家古籍保护中心. 全国古籍普查工作手册[M]. 北京:国家古籍保护中心,2008.

10. 国家图书馆图书采选编目部. 21世纪的信息资源编目:第一届全国文献编目工作研讨会论文集[C]. 北京:北京图书馆出版社,2006.

11. 白林林. 中文古籍书目数据的关联数据化研究[D]. 太原:山西大学,2016.

12. 鲍国强. 中国古籍编目标准化工作的回顾与展望[J]. 古籍保护研究,2020(2):49-62.

13. 代建陆. 书本式目录——一种灵活方便的检索工具[J]. 沈阳电力高等专科学校学报,1997(1):59-62.

14. 王蕾. 哈佛燕京图书馆裘开明的中文图书卡片目录计划及其历史影响[J]. 图书馆论坛,2017(12):44-53.

15. 肖玲. 浅议古籍机读目录数据的著录[J]. 江西图书馆学刊,2007(1):45-49.

16. 胡小菁,李恺. MARC四十年的发展及其未来[J]. 中国图书馆学报,2010(2):83-89.

17. 郭立暄. 古籍善本的CNMARC试论[C]//上海图书馆历史文献中心. 历史文献的开发与利用论文选集. 上海:上海书店出版社,2000:114.

18. 刘怡,田建良. 古籍的CNMARC格式著录探讨[J]. 图书情报知识,2004(6):52-54.

19. 王冠华,刘玉仙. 著录深度和关联的加强与MARC字段的简化[J]. 图书馆杂志,2006(9):26-28.

20. 赵宏岩,闫桂银. 中医古籍CNMARC格式编目著录之我见[J]. 长春中医药大学学报,2009(6):997-998.

21. 葛红梅,徐晶晶. 基于DC的古籍元数据评述[J]. 兰台世界,2015(26):33-34.

22. 苏捷,王胜坤. DC与MARC元数据之比较研究[J]. 太原理工大学学报,2006(S1):129-131.

23. 孙晓菲,金更达. MARC和DC的发展及比较研究——兼论DC的发展误区

[J].图书情报工作,2004(9):117-120.

24.姚伯岳,张丽娟,于义芳,等.古籍元数据标准的设计及其系统实现[J].大学图书馆学报,2003(1):17-21.

25.王俊红.全国古籍普查平台使用中的若干问题[J].河南图书馆学刊,2011(6):29-31.

26.刘景会."全国古籍普查登记平台"使用问题刍议[J].甘肃科技,2017(24):74-75,53.

27.黄伟红,张福炎.基于XML/RDF的MARC元数据描述技术[J].情报学报,2000(4):326-332.

28.张珏.《国际标准书目著录(ISBD)》与《资源描述与检索(RDA)》的比较分析[J].图书馆研究,2016(5):35-38.

29.刘炜,夏翠娟.书目数据新格式BIBFRAME及其应用[J].大学图书馆学报,2014(1):5-13.

30.娄秀明,危红.书目格式的过去与未来——从MARC到BIBFRAME研究[J].图书馆杂志,2015(5):25-31,111.

31.王景侠.书目格式的关联数据化发展及其启示:从MARC到BIBFRAME[J].图书馆杂志,2016(9):50-56.

32.靳光明.机读目录与书目框架的发展过程与前景探究[J].电子技术与软件工程,2017(7):206.

33.吴桐.中文CNMARC书目数据BIBFRAME化研究[D].武汉:华中师范大学,2018.

34.杨静,张婕,王蓓.书目框架(BIBFRAME)国内外研究与实施进程的调查与思考[J].图书馆界,2021(6):63-67,84.

第三章　古籍著录

导论：

　　本章对古籍的书名项、著者项、版本项、出版项、载体形态项等进行重点阐述,这些事项是古籍著录的必备事项,也是古籍鉴定的主要内容。其中难点为:两节版、三节版古籍书名的著录,著者名称的选取,影印本和石印本的区分,刻印时间不确定印本的公元纪年出版年期间的著录方法,出版地名称的著录,藏版者是否为刻版者的判定等。此外,还需要了解掌握国家标准《汉文古籍特藏藏品定级第 1 部分:古籍》(GB/T 31076.1—2014)以及《公共图书馆系统古籍类文物定级指南》(2022)等,并能够进行古籍文物定级的著录。建议课时为9 课时。

　　古籍的著录事项众多,主要包括书名、著者、版本、载体形态、流传情况等内容。各种不同的编目格式或著录规则对于各著录事项的称呼说法不一,但含义大体相同。为兼容各家,本书对于各著录事项采用比较常见的说法。

　　目前在我国,古籍编目存在着卡片式目录、书本式目录、机读目录、Excel 格式目录、以 DC 元数据为核心的元数据规范等各种古籍著录格式以及相应的古籍著录规则,并且没有任何一种格式取得权威地位。在这种情况下,本教材所举关于古籍著录的所有示例,采用公认的《国际标准书目著录》(ISBD)的格式和相应的符号,以避开各种歧见,并最大程度地适应具体工作中的编目格式选择。

第一节　书名项的著录

书名是一部书的名称,也是认识一部书的起点。读者总是首先凭借书的名称来查阅书,所以揭示古籍的第一步当然是正确地记录书名。但古籍书名的情况非常复杂,其著录也不像现代图书的书名著录那样简单。

除书名之外,古籍正文、辅文的卷数,以及如方志、家谱、年谱等一些特殊类型古籍的相应说明也是书名项应该著录的内容,因为它们能反映一部书的内容或特征等情况。这是古籍书名项著录与现代图书书名项著录的不同之处。

一、古籍书名的分析

(一)早期的古籍书名

在现代社会,写一本书,必定取一书名,这是理所当然的事情,但古籍的情况有所不同。秦汉以前古人著书,由于书籍载体为笨重的简策,所以往往是以单篇行世,先秦诸子著作大多如此。如《史记·韩非传》载:"(韩非)作《孤愤》《五蠹》《内外储说》《说林》《说难》,十余万言。"只叙单篇,不言总名。后世所谓诸子之书,大多是在作者身后由后人编辑而成,并以诸子之姓名题其书。如世传《道德经》,因其为老子所著,最初乃以《老子》名之;后来因该书上篇以"道"起头,下篇以"德"发始,遂总括上下篇首字,名之为《道德经》。墨子的《兼爱》《非攻》等文,最初都是以单篇形式流传,后来人们将其著作及其弟子门人所记其言论合辑成书,并以其姓加尊称作为书名,才有了《墨子》一书。现在人们看到的《管子》《孟子》《庄子》《韩非子》,莫不如此。《汉书·艺文志》"诸子""诗赋"二略,题某人或某官者十居其九。

秦汉以前篇名多为二字,往往是摘首句二字以为篇名。《诗经》三百零五篇诗,大多是取首句一、二字为篇名,如《蒹葭》《关雎》《硕鼠》《黄鸟》等。

又如《论语》中的章节名《学而》,是取首句"子曰:学而时习之"中"子曰"后二字;《为政》是取本章首句"子曰:为政以德"中的"子曰"后二字;其他如《述而》《雍也》等,均大致类此。

王国维曾说:"《诗》《书》及周秦诸子,大抵以二字名篇,此古代书名之通例,字书亦然。"①如《仓颉》《爱历》《博学》《凡将》《急就》诸篇字书。《仓颉篇》首句是"仓颉作书",《爱历》《博学》《凡将》诸篇,也是用此法名篇。西汉史游撰《急就篇》,首句为"急就奇觚与众异",仍以首二字为篇名。

当然,秦汉古书也有像现代图书一样根据图书内容给书命名的。官方的图书文献,不作于一时,不成于一手,不是一家一氏的著作,不能题以人之姓名,这类书还是根据图书内容命名的。如《尚书》,意即上古之书;《仪礼》顾名思义,是记礼制之书;《国语》《战国策》等,书名与书的内容都是相吻合的。

私人著述也有根据内容命名的。如吕不韦使其门人各著所闻,集为一书,分"八览""六论""十二纪",共十二万余言,以为备天地万物古今之事,号曰《吕氏春秋》。《论语》多记孔子与其弟子的对话,编集成书,故称《论语》。"论"就是编集的意思。

《汉书·艺文志》下著录有《谰言》十篇、《功议》四篇、《儒家言》四篇、《杂阴阳》三十八篇、《法家言》二篇等,这些书名之下均题有"不

① 王国维《观堂集林》卷五《史籀篇疏证序》,中华书局1959年,第253页。

知作者"四字,可见在不知作者姓名的情况下,后人将一类文章编次成书,也会采用总结归纳其内容的方法,这就和后来的图书命名方法比较接近了。

(二)古籍书名的各种情况

1.冠词使用较多

所谓"冠词",就是标于书名主体部分之前的说明文字。这些文字,有的反映撰人情况,有的反映著作方式,有的反映版刻情况,有的标出一书特点。

反映书的作者,如《御纂春秋直解》《钦定春秋传说汇纂》《扬子法言》《刘向古列女传》《须溪先生校本唐王右丞集》《李卓吾先生批评琵琶记》《陈眉公先生订正丹渊集》等。

反映书的时代,如古籍在书名中表示本朝,不能直接写本朝朝代名,而要以"国朝""昭代""皇朝""圣朝"等称呼表示。如《国朝诸臣奏议》(宋赵汝愚编)、《国朝名公诗选》(明陈继儒编)、《国朝群雄事略》(明钱谦益编撰)、《国朝耆献类征》(清李桓编)。对于前朝,也常常用"胜朝""胜国"等字样称之,如清代《钦定胜朝殉节诸臣录》《胜朝遗事》等。但由于不同朝代的作者都用上述字眼来称呼本朝或前朝,所以要根据作者所处朝代来判断这些称呼到底指的是哪个朝代。

反映书的著作方式,如《笺注陶渊明集》《批注伤寒论》《类编皇朝大事记讲义》《增批古文观止》《分门集注杜工部集》《分类补注李太白诗》《绣像批点红楼梦》《绘图西厢记》《全像古今小说》等。还有宋代的纂图互注重言重意"五经""六子",如《监本重言重意互注点校尚书》等,冠词的部分更是占了书名内容的很大一部分。

反映刊刻情况,如《新刊王氏脉经》《重刻宋朝十将传》《新刻全像观音鱼篮记》等。

2. 书名费解

如《询刍录》一卷,明陈沂撰。《诗经·大雅·板》:"先民有言,询于刍荛。""询刍"即询问于草野之民的意思。《四库全书总目》:"是书取里巷相传讹谬之事及通俗俚语,各为疏,正其出处,故以'询刍'为名。"[1]

又如《镜镜詅痴》五卷,清嘉、道时郑复光撰,是中国近代第一部系统阐述几何光学原理、光学仪器原理和制镜技术的科学著作。"镜镜",指书的内容是讲光学原理的。"詅痴",原指文字拙劣而好发布行世的人。北齐颜之推《颜氏家训·文章》:"吾见世人,至无才思,自谓清华,流布丑拙,亦以众矣,江南号为'詅痴符'。"这是作者自己谦逊的说法。

又如《蠡塘渔乃》,清吴骞撰。吴骞家居海宁,地近范蠡塘,此书乃其吟咏海宁山川风物的诗集,取柳宗元《渔翁》诗句"欸乃一声山水绿"。

3. 书名用生僻字

为了与众不同,突出其个性,古籍书名常用生僻字,如:

清杨廷瑞撰《说文经斠》,斠(jiào)其实就是现代的"校"字,但现代人不常用。

清孙诒让撰《札迻》,迻(yí)是古字,现代多用"移"。

明张凤翼撰传奇《虎廇记》,虎廇(yǎn yí)就是门闩。出自书中歌辞:"百里奚,五羊皮!忆别时,烹伏雌,舂黄齑,炊虎廇。今日富贵忘我为?"

明张肯堂撰《𪳣辞》,𪳣(xún),垦田的意思。该书收录其在浚县做县官时判案之文。

---

① 永瑢等《四库全书总目》卷一二七《询刍录》,中华书局 1965 年,第 1097页。

4. 同名异书

古人著书题名经常相同。这是因为古人读书著书,对目录之学较少留意,一般读书人藏书不多,见闻不广,加之古书流传范围有限,因此在为自己所著之书起名时,不知道前人或时人著书已有此名,造成大量的同名异书现象。

《杜诗博议》,宋代有杜田撰,明代有王道俊撰、潘柽章撰,虽各书不一定都流传至今,但人们应该知道,同名之书,绝非一家。

《经说》,最早为宋程颐撰,其后有二十多人撰书也用此书名。

《诗品》,有南朝梁钟嵘所撰,有唐司空图所撰,同名但非同书。

5. 同书异名

同一种书而书名不同的原因更多,主要有:

* 藏本不同。如《战国策》,早期以《国策》《国事》《短长》《事语》《长书》《修书》等各种书名流传,西汉末年刘向校书时将书名统一为《战国策》。

* 成书过程中有各种不同书名。如《红楼梦》,在成书过程中先后有《石头记》《金玉缘》《情僧录》《风月宝鉴》《大观琐录》《金陵十二钗》等多种书名,最后定名为《红楼梦》。

* 版本不同。《清嘉录》是清嘉、道时人顾禄记述苏州风土的一本杂著,此书不同版本分别叫《吴门风土记》《吴趋风土记》等,最后采用晋陆机《吴趋行》中"土风清且嘉"诗句,定名为《清嘉录》。

* 避讳。如辽僧行均所撰《龙龛手镜》,入宋因避宋讳改成《龙龛手鉴》。

* 采用书中不同部位的书名。古籍书名的著录一般都习惯以正文卷端所题书名为依据,但各家目录编制的实际做法千差万别。这个情况将在古籍书名的著录部分详细叙述。

6.“小题在上，大题在下”

古籍版本中常常出现正文卷端“小题在上，大题在下”的情况。所谓“小题”，就是篇名；所谓“大题”，就是书名。这其实是秦汉以前书籍多以单篇形式流传的历史痕迹。雕版印刷应用于书籍之后，起初尚多沿用古法，保留古籍原貌，上方印篇名，突出本篇主题，下方印书名，以示该篇所属之书，所以“小题在上，大题在下”的情况多见于宋版书及后世据宋版书影刻的本子，且主要见于正经、正史之书。如：

> 周南關雎詁訓傳第一　毛詩國風鄭氏箋
> 天官冢宰下　周禮　鄭氏注
> 五帝本紀第一　史記一
> 列傳卷第十四　范曄　後漢書二十四

遇到“小题在上，大题在下”的情况，就不能机械地以卷端所题为依据著录书名，而要根据实际情况从书中更为合适的部位选取书名著录。

7. 两节版、三节版

所谓两节版、三节版，就是古籍一个版面中版框分为两段或三段，其中各自安排不同的内容。

（1）两节版的不同情况

常见的是将正文内容放在下栏，下栏占据版面的主要部分；将批评内容放在上栏，通常只有一狭长条。或者相反，上栏为正文，下栏为批评。这种情况与书名著录无关，只需在附注项说明一下就行了。

例如,《新刻月峯孙先生增补音切玉鉴海篇》二十卷,卷端书名通贯全栏,但自次行起分为两栏,下栏是该书正文,上栏是《字辨分毫总要》,同为一书,但通过上下栏的安排,便利读者参照上栏对字的解释来理解下栏的正文。

两节版的另一种情况是上下栏为两部不同的书,但内容相关。例如,《礼记集说 礼记体注大全》的下栏是陈澔的《礼记集说》,上栏是徐旦参订的《礼记体注大全》,这样做的目的是使人们在阅读《礼记》时,同时能够对应看到《礼记》的原文和相关的注解。日本冈元凤纂辑的《毛诗品物图考》七卷,也属于这种情况。

还有一种情况是,上下栏作者是一样的,但为内容相关的两部书。例如,《全本春秋遵解 春秋读本》上栏是《全本春秋遵解》三十卷,下栏是《春秋读本》三十卷。二书都是清胡必豪、胡绍曾辑,上下栏内容相互对应,便于读者阅读。

(2)三节版的情况

有一部书,其主体部分钱希祥的《书经体注大全合参》六卷在中栏,下栏为蔡沈的《书集传》,上栏为《御纂经解》的《书经》部分,实际是三种书。

还有一种三节版是上下栏各为一种书,中间一栏为批评。例如,上栏为《新镌曾元赞书经发颖集注》六卷,下栏为蔡沈集注的《书经》,中栏是批评文字。

二、古籍书名的著录

(一)古籍书名的著录依据

在著录法中,作为标目的书名叫正题名。古籍在书衣、内封、目录前、序跋中、正文卷端、版心乃至卷末,都常常标有书名,而且这些书名往往不尽一致。那么,究竟应该以哪一个为正题名呢?也就是说,古籍书名的著录依据,是否有一个统一的标准呢?

书衣上常有题签,标写书名。它最醒目、突出,但却常常不能作为正题名,因为并非所有的古籍书衣上都有题签;或者原来有,但因为题签大多是另纸粘贴上去的,日久则损坏甚至脱落,所以许多古籍都没有书名题签。此外,正由于书衣题签的位置醒目、突出,所以古人常请当时某一名人为一书题写书名,作为书衣题签。但这些人题写的书名随意性很大,或简或略,或有改动,或用字与原书不同,因此书衣题签往往不够准确,不能用来作为正题名的著录依据。

内封的内容主要是书名,似乎可以作为著录正题名的依据。但古籍不是都有内封面,而且内封也常有请人题写书名的情况,常常见到的"××人署检"字样,就是属于这种情况。更有许多古籍属于原版后印,书版屡易藏主,后印者为突出自己,常常加印或换印内封面,题写一新书名,或对原书名进行增删修改,使其丧失原来面目。出于上述原因,内封面也不能作为著录正题名的标准依据。

版心、书耳中也常标有书名,但由于空间狭窄,只能简略标志,所以多是简名,也不能作为著录正题名的依据。而且书耳只是某一历史时期时有出现,不是古籍中的普遍现象,可以忽略不计。

目录前多题有书名,但有时也会没有或者简化;有的书分卷列目,此时目录前的题名可能是本卷之名。由于目录前的题名不够规范划一,不适合作为正题名的选取依据。

序跋中的书名也不够准确。因为序跋有作者自序和他人作序等各种情况,他人作序又有当时人作序和后人作序之别,序中提到的书名,常常不太标准。即使是作者自序,出于种种原因,也不一定在序中标示准确的书名,甚至序中根本就不提书名。所以不能规定以序跋中的书名作为正题名著录的依据。

通行的做法是,以正文卷端题名作为正题名。正文卷端就是古籍每卷正文之前表示书名、著者、版刻情况的几行文字。古籍正文卷端一般都题写书名,且由于其作为一书或一卷正文的开始,卷端题写的书名都比较严谨认真;加之卷端空间足够大,不必因字数限制而简化书名,所以卷端题名最为标准规范,以其作为正题名统一的著录依据,是最好的做法。

以明闽建书林叶贵刊本明焦竑撰《锲两状元编次皇明要考》为例:

正文卷端题名:鍥兩狀元編次皇明要考

目錄端题名:國朝人物考

版心题名:皇明要考

李廷機序题名:皇明人物考

正文各卷卷端所题书名也可能不完全相同,一般应依正文首卷卷端所题著录,其次为正文其他各卷卷端所题。

如果卷端题名不能确切反映一书的内容,就不能机械地以卷端题名作为主要依据,而应该参考本书中其他部位所题书名,经过分析判断,选取最合适部位的书名作为该书的正式书名著录。

(二)书名的著录方法

1. 卷端题名行文字不能全录

需要注意的是,卷端题名行在书名之后经常附加其子目标题及卷次,著录正题名时只应选取其书名部分,不能著录卷端题名行书名之外的其他内容。如:

卷端题为"易林考正卷"。书名是"易林考正","卷"后虽未标明卷次,但其意如此,切不可将"卷"字作为书名的一部分。

卷端题为"诗经说铃国风卷一"。其中"诗经说铃"是书名,"国风"是小题,"卷一"是卷次,著录卷端书名只选取"诗经说铃"就可以了。

卷端题为"周易兼义上经乾传卷第一"。只需著录"周易兼义"，其他部分不要著录。

卷端题为"春秋经传集解隐公第一"。只著录"春秋经传集解"即可。

2. 不同卷端题名的著录

正文各卷卷端所题书名用字、详简、词组次序不同时，纸本目录可将其他各卷卷端所题的不同书名在附注项注明，电子目录则应在可检索的题名字段分别予以著录反映，并在附注项予以说明。

例1：

卷端题名：點評春秋綱目左傳句解彙鐫

附注：卷2—6卷端题名：點評春秋綱目句解左傳彙鐫。

例2：

卷端题名：明朝破邪集

附注：卷3、8卷端题名：聖朝破邪集。

3. 书中不同部位书名的著录

如果版心、内封、书衣等处所题书名与卷端所题不同，应在以卷端题名为正题名的同时，分别著录各种不同的书名。纸本目录可将各处所题的不同书名在附注项注明，电子目录则应该在可检索的题名字段分别予以著录反映。

4. 不以卷端所题作为正题名

在不能以正文卷端所题为依据选取正题名时，可按下列顺序选取正题名：各卷卷末尾题、内封面、版心、书衣书签、目录、序跋、凡例、牌记以及书中其他部分。丛书正题名著录以总目录为首选信息源。

古籍的主要著录来源是整部书。因此，取自书内任何部位的书名，都不必加"[ ]"。如果正题名不是取自卷端，则要在附注项说明正题名取自何处。

5. 冠词的处理

冠词的处理在过去卡片目录时代,是个很重要的问题。因为在排书名卡片目录时,必须按照有实质内容的书名排列卡片,以便将正文内容相同的书集中在一起。所以需要辨识出哪些是冠词,如"钦定""评点""鼎镌"等,然后将其用小括号"( )"括起来,排片时不参加书名的排列。

但在数字化编目时代,可以采用包含方式进行书名的检索,这样有实质内容的书名都可以检索出来,而无论其在书名的什么部位。这样一来,冠词的辨识就没有太大的意义了,著录时按原样照录即可。

6. 原书名过长

规定信息源中提供的书名文字过于冗长,且未提供可供检索的有效关键词时,可为其代拟书名,但需在附注项注明原书名。

例如,原书名为《皇清诰授光禄大夫经筵日讲起居注官太傅武英殿大学士管理工部事务翰林院掌院学士入直南书房上书房总师傅军机大臣赐谥文正入祀贤良祠显考俪笙府君行述》,可在正题名项著录为"[曹振镛行述]",然后在附注项著录原书名。

7. 没有总书名

几部书在抄写或刻印时被组合在一起,没有总书名,如责任者相同,则依次著录各名;如责任者不同,原则上将每一书名及其责任者分为另一条记录著录;如果关系确实密不可分,则各书名及其责任说明依次错落著录。如:

尔雅正义:20卷/邵晋涵撰集.尔雅释文:3卷/陆德明撰

迟庵先生集:8卷 ;迟庵先生诗集:4卷

白石诗集;白石词集/姜夔著

8. 没有书名

规定信息源以及文献中其他部位均未提供适当的正题名,而由其他资料查考得出,依查考出的题名著录,外加方括号"[ ]",并在附注项说明来源。如:

正题名:[梅夢緣]

附注:書中未題題名,據《中國通俗小說書目》"風月軒入玄子"條補入。

规定信息源以及文献中其他部位均未提供适当的正题名,亦未见于其他资料,可根据书中的内容和著者情况拟定题名,置于方括号"[ ]"中,并在附注项说明。如:

正题名:[星宿論解]

附注:書名本館自擬。

9. 丛书的著录

著录丛书时,若所著录之丛书完整或基本完整,则以丛书为著录单位,并在子目附注项著录全部子目;在有链接事项设置的著录系统中,还应该分别以丛书子书为单位著录,并与丛书总记录进行链接。

如果所著录之丛书残缺甚多,则不做丛书总记录,而以子书为著录单位,并在丛编项注明该书所属之丛书题名。

丛书正题名一般依总目录所题丛书题名著录。丛书无总目录或总目录所题丛书正题名不当,可据书中其他地方所题丛书题名著录。

10. 并列题名

并列题名是与正题名相对照的另一种文字的题名。规定信息源中如果有并列题名,应在著录正题名的同时,著录并列题名。

并列题名其前用"＝"标识。如:

觀物博異＝The Universe:8 卷

具有两种或两种以上文字的并列题名,将首先出现的两种其他文字并列题名著录在正题名之后,其余可顺次著录或在附注项说明。如系栏格式电子著录界面,可以将并列题名著录在"并列题名"栏;如有两种或两种以上文字的并列题名,则增列"并列题名"栏进行著录。

三、书名说明的分析与著录

书名说明在著录法中一般叫"题名说明",又叫"其他题名信息"①,虽然不是书名,但却是书名项著录内容的一部分,紧接在正题名之后著录。

卷数是书名说明的主要著录内容。通过著录卷数,不仅能了解所著录之书的卷帙多少,内容如何,是否残缺,而且还能找出与其他版本的异同,确定其在一书众多版本中的地位与价值。所以古人非常重视卷数,在众多的古籍目录中,一向都把卷数作为一个重要的事项来著录。

(一)"卷"的起源与特点

"卷"是古籍的计量单位之一。叶德辉《书林清话·书之称卷》开首即说:"卷子因于竹帛之帛……帛之为书,便于舒卷,故一书谓之几卷。凡古书,以一篇作一卷。《汉书·艺文志》有称若干篇者,竹也;有称若干卷者,帛也。"②可见"卷"最初应该是帛书的计量单位。后来纸本书取代了简策帛书,由于纸张的效果等同于帛书,所以也继承了帛书计量单位"卷"的称呼。

篇和卷原本是同一个意思,只是分别用于不同的书写材料。但后人为原文作注疏章句,一篇文字内容大增,只好分为上下两部分,

---

① 国家图书馆《新版中国机读目录格式使用手册》,北京图书馆出版社2004年,第173—174页。

② 叶德辉《书林清话》卷一《书之称卷》,中华书局1957年,第12页。

而分别以卷称之,于是出现篇大于卷的现象。例如,《孟子》原本七篇,汉赵岐作《孟子章句》,赵氏题辞云:"于是乃述己所闻,证以经传,为之章句,具载本文,章别其指,分为上下,凡十四卷。"又如,汉许慎《说文解字》,原书十四篇,加目录一篇为十五篇,宋代徐铉重加刊定,予以补注补音及新附字,篇幅大增,于是每篇各分上下,成为三十卷本。

"卷"本来是物理性质的计量单位,但后来随着古籍装帧形式的演进,古籍物理性质的计量单位逐渐习惯于用"本"或"册"来表示,而"卷"则成为古籍内容数量的表示方法。卷数与册数有时一致,有时不一致。古籍的装订,常以一卷为一册,也多有数卷为一册。但卷数的划分标准主要是依据图书的内容,所以同书同一版本,其卷数是一定的。而册数的划分基本着眼于书的厚薄,可以随着用纸情况发生变化。古籍一般都是各卷分记叶数,极少各卷叶数连排。如果用的纸比较厚,或者后来修补时加了衬纸,可能一册就只有一卷;如果用的纸比较薄,就可能两卷或数卷装订为一册。所以古籍即使是同书同一版本,也常有装订为不同册数的情况。

(二)卷数的分析

1. 卷数不同一定不是同一版本

两个藏本为同一种书,如果卷数不同,说明一定不是同一版本,也许在内容上还有较大差异。例如,明朱橚撰《救荒本草》,永乐四年(1406)初刊本为二卷,但嘉靖四年(1525)山西陆东重刊本每卷又分为前后,成为四卷本;《郡斋读书志》,有二十卷本(衢州本),有四卷本(袁州本),两个本子内容有所不同;《文选》有三十卷本,有六十卷本,三十卷本为原本,六十卷本为唐李善注本。

2. 古籍中有些书在卷内又划分子卷

古籍中有的书由于某些卷篇幅过长,于是又分出子卷。例如,班固《汉书》有称一百卷的,有称一百二十卷的,这是因为《汉书》有些卷因卷帙太重,故将本纪分为一子卷,表为二子卷,志分八子卷,传为九子卷,如此计算又为一百二十卷。又如清代余萧客《古经解钩沉》三十卷,其中叙录、《周易》、《左传》均各分一子卷,实为三十三卷。像这种仅有个别卷划分子卷的情况,一般不计子卷,子卷情况可以在附注项内说明。例如,《世说新语》三卷,在附注项内应注明:"本书每卷又分上、下卷。"

3. 古籍有时分集

古人刻书,根据书中所记内容主次或写作先后,或体裁差异,或作者不同等原因,常分初集、二集、三集等,或分前集、后集、别集、续集等,各集分别独自标卷。例如,明冯惟讷编《古诗纪》,分为前集十卷、正集一百三十卷、外集四卷、别集十二卷;前集为古逸诗,正集为汉魏以下、陈隋以前的诗,外集是附录仙鬼之诗,别集是前人论诗之语,各集所收,有时代及内容之区分。著录时,应按古籍的实际情况著录,而不能将这些卷数进行简单相加而著录总卷数。

(三)古籍卷数的著录

1. 卷数的著录方法

卷数在正题名之后著录,与正题名之间用冒号":"间隔。古籍如未分卷,可不著录卷数,也可著录为"不分卷"。

2. 正文不以数字分卷者应以数字著录

正文以上下、上中下、元亨利贞、天干地支、六艺、成语、诗韵等作为卷次标识时,应统计卷数著录,同时在附注项说明原来的卷次标识情况。例如,正文以上、下分卷,应著录为"2 卷";以上、中、下分卷,应著录为"3 卷";以甲乙丙丁或元亨利贞分卷,应著录为"4 卷";余类推,但均需在附注项说明原书标识卷数的方法。如:

正題名及說明:玉堂才調集:31 卷

附　　　　注:本書版心按"東"至"麻"31 個韻字分卷。

3. 子卷的处理

正文题为若干卷,其中全部或部分卷次又分出若干子卷,仍依正文所题卷数著录,不计子卷。如:正文分卷一、卷二、卷三、卷四,而卷三、卷四又各分为上、下两部分,卷数仍以"4 卷"著录,但子卷情况应在附注项中予以反映。

4. 正文以多种形式划分应如实著录

正文分集(编),再分卷,应按正文所题依次著录,其间以逗号","分隔。如:

會稽偁山章氏家乘:初集 2 卷,彙集 6 卷,正集 31 卷

四書偶談:內編 2 卷,外編 1 卷;四書偶談續編:內編 2 卷,外編 1 卷

古籍章回小说,书名后应著录回数;既有回数又有卷数时,应先著录卷数再著录回数。如:

新刻鐘伯敬先生批評封神演義:20 卷 100 回

5. 残书卷数的著录

残缺之书,应在书名项按全书卷数著录,然后在附注项中注明本书残存的卷数。如果是一部大书中很少的残存部分,或不知道全书卷数,也可在题名项著录残存卷数,然后在附注项予以说明。

例 1:

正題名及說明:史記:130 卷

附　　　　注:缺卷 1 至 4 卷。

例 2:

正題名及說明:新刊監本冊府元龜:存 8 卷

附　　　　　注:原书 1000 卷,存卷 249、251 – 254、261 – 262、276。

6. 卷数不符的情况

正文或正文以外部分所题卷数与目录所题卷数不符,目录等处未注明原因,以正文或正文以外部分所题卷数著录,并在附注项说明;如果目录已在有关卷次下注明"待刻""嗣出""缺""未成"等字样,依目录所题卷数著录,并在附注项说明。

例 1:

正题名及说明:東塾讀書記:25 卷

附　　　　　注:目錄題 25 卷,卷 13 – 14、17 – 20、22 – 25 下注明"未成"。

例 2:

正题名及说明:碻庵文稿:40 卷

附　　　　　注:目錄題 40 卷,卷 11、17 – 40 下注明"嗣出"。

7. 丛书、整套书卷数的著录

丛书和分丛书的集、编、种数依规定信息源中所题或统计结果著录。如:

盛明百家詩:前編 144 種,後編 170 種

龍威祕書:10 集 177 種

四明叢書:8 集 178 種 1177 卷

丛书的集、编、种数如已包括在丛书题名之中,则不需在丛书正题名说明中重复著录。如:

大興徐氏三種

六藝堂詩禮七編

整套书题有总书名和总卷数,题名项著录总书名和总卷数,但在

附注项应该分别著录分书名、分卷数。如果没有总书名和总卷数,应在题名项依次著录分书名和分卷数。

(四)辅文卷数的著录

正文以外的卷首(首)、卷末(末)、补遗、附录、目录等部分连同自身所题的卷数著录于正文卷数之后,其间以逗号","分隔,不能加起来计总数。如:

王右丞集:28 卷,卷首 1 卷,卷末 1 卷

白氏長慶集:71 卷,目錄 2 卷,附錄 1 卷

如果书内所附其他材料或著作,其版本相同而作者不同,或著者同而版本不同时,应只著录书名正文卷数,其他材料应在附注项内分别按书名、卷数、著者、版本依次注明。

(五)特定类型古籍书名说明的著录

一些特定类型古籍书名的著录要增加相应的说明文字,根据其类型的不同,著录相关的时间、地点、人名等。例如,方志、家谱、年谱等类型古籍,需要在原书名外分别对其编纂年代、家族地域、谱主人名予以反映,据实著录于卷数之前,置于方括号"[ ]"内,并与书名之间用冒号":"相隔。如:

鎮江志:[至順]:21 卷,首 1 卷

諭行旗務奏議:[雍正元年至十三年]:13 卷

上諭條例:[乾隆五十一年之六十年]

畢氏家譜:[豐潤]:1 卷

宋儒龜山楊先生年譜:[楊時]:1 卷

翻譯易經:[滿漢對照]:4 卷

無雙譜:[畫傳]

第二节 著者项的著录

著者项的著录和鉴定包括三方面的内容：著者名称、著作时代、著作方式。在著录规则中，也称为责任者、责任者时代、责任方式等。

一、著者名称的著录

（一）古人的名、字、号

古人不仅有名，还有字和号。例如，清代著名画家郑板桥，名燮，字克柔，板桥是他的号。古籍著录，应该著录著者的姓名，而不是其字号。因此著录时，首先必须区分著者的名、字、号。

名、字、号在古代是三个不同的概念。取名是一个人出生后很重大的一件事情，按旧礼，要等孩子出生三月或百日才取名。古人取名有严格的标准，《左传·桓公六年》载申繻说："名有五：有信，有义，有象，有假，有类。以名生为信，以德命为义，以类命为象，取于物为假，取于父为类。不以国，不以官，不以山川，不以隐疾，不以畜生，不以器币。"汉代王充的《论衡·诘术》中也有类似的说法。

"字"的本义是孳，即生儿育女之义，引申为增多、繁衍之义。《礼记·曲礼》说："男子二十，冠而字……女子许嫁，笄而字。"男女得字，在周代是一件大事。《仪礼》一书的第一篇就是《冠礼》。周代的贵族子弟成年之时（男子二十，女子十五），要专门举行典礼，以表示其已经成人，可以作为贵族的正式成员参与有关的礼仪政务活动。这时，男子要结发加冠，即戴上帽子；女子要结发加笄，即别上簪子束发。"加冠"和"加笄"是其作为成人和承认其贵族身份的标志。周人认为青年男女有了"字"，方可婚嫁，才能参加社交活动。

字与名,一般都有相关或相近的含义。清代王引之的名著《春秋名字解诂》,就专门研究了古人名与字的关系。他在该书序中说:"名字者,自昔相承之诂言也。《白虎通》曰:'闻名即知其字,闻字即知其名。'盖名之与字,义相比附。"例如,孔丘字仲尼,"仲"是排行,"尼"是山名,"尼"与"丘"相应。孟轲字子舆,"轲"与"舆"都与车有关,二者相应。这种名和字为"义相比附"的关系,一直影响到后代。刘备字玄德,关羽字云长,张飞字翼德,孙权字仲谋,周瑜字公瑾,鲁肃字子敬,仔细揣摩,就会发现他们的名与字之间都有一定的"义相比附"的关系。掌握这个规律,对于辨认古人的名和字会有很大帮助。

号,又称别号,其意是有别于正式的名,有些类似于今天的笔名,大都是著者本人根据其个人爱好、情趣、志向、境遇等因素来取的,与其名和字一般没有什么意义上的联系。号常用的词大多是居士、山人、处士、道人、村人、散人等字样,或本人有以寄托,或以地点,或以品德,或以山水。例如,元人戴良居金华九灵山下,故自号"九灵山人";明人海瑞,生平学问以刚为宗,故自号"刚峰"。

号起源很早,春秋战国时就有号。"鸱夷子皮"就是春秋末年范蠡给自己起的别号。古代不仅文人有号,帝王、僧道、妇女也都有取号的。有人的别号可多至几十个。例如,清代大藏书家黄丕烈,其别号就有荛圃、荛翁、复初氏、复翁、秋清居士、宋廛一翁、求古居士、读未见书斋主人、听拟轩主人、廿止醒人、见独学人、陶陶轩主、复见新翁、知非子、半恕道人、民山山民、员峤山人、佞宋主人、学山海居主人,等等。

(二)著者名称的表示方法与著录要求

根据规范著录的原则,要求在著录著者时,应该以作者的姓名为准,字和号可以不著录。但有一种"以字行"的情况属于例外。所谓"以字行",就是某些作者的字较其名更为人所知。例如:《经典释文》

143

的作者陆德明,本名元朗,德明是他的字,但世人知道其字远较其名为多;《世说新语》的注者刘孝标,本名峻,其名不显而字显;《三国演义》作者罗贯中,名本,字贯中,号湖海散人。这些人都是以字行。像这种情况可以据其字著录,必要时可在附注项予以说明"×××名××,以字行"。

古籍著者的姓名、字、号,在书衣题签、内封面、目录前、卷端、序、跋等处均有可能出现,但只有正文卷端的著者名称最为稳定、准确、可靠。所以,著者名称的著录,也同书名一样,以卷端所题为主要依据。

但是卷端所题的情况也很复杂,主要有以下几种。

只标书名而不标著者。这时就要根据本书其他部位的记载甚至查考工具书来找出著者。

著者信息记载不全。如《国语》,卷端只题"韦氏解",而不是标为三国韦昭的姓名全称。又如宋叶适《水心先生全集》,卷端只题"章贡黎谅编辑",而不标出撰者。

名和字的安排,一般是名在前,字在后。但也有例外,如《古今伪书考》光绪二年江津学署本卷端就题为"姚首源际恒撰",其中"首源"是字,"际恒"才是名,但这里名放到了字的后面。

此外,著者的字之后常常跟有诸如"甫""父""氏"等字样,"甫""父"这两个字都是古人对男子的美称,二者同音同义,互为假借。不过古人有时直接将"甫""父"用为字的一部分。例如,《详注周美成词片玉集》,卷端题著者为"建安蔡庆之宗甫校正",是说蔡庆之字为"宗甫",这里的"甫"就不能视为对蔡庆之的美称了。

卷端著者名称的标识是很复杂的,有些书将著者的籍贯、官职、封号、爵号、科举名称等,都放在著者名称之前,造成极为繁杂的现象,这时,只要直接准确地找到著者名称即可,其他内容因不在著录范围之内,故可以弃置不顾。

遇到只署号而不题名的著者标识情况,若能查考出其真实姓名,则著录其姓名;若无法查考其真姓实名,可以只著录其号。例如,《新刻绣像批评金瓶梅》二十卷一百回,卷端题为"兰陵笑笑生撰",其真实姓名无法查考,就只好著录这个别号了。

常见的卷端题名的格式是:地名、著者姓名、字及著作方式。例如,《神农本草经疏》卷端题名为"东吴缪希雍仲淳甫著,同邑门人李枝参订"。这里"东吴"是著者的籍贯或郡望,"缪希雍"是著者姓名,"仲淳"是其字,"甫"是男子美称。

卷端著者名称之前所标地名,绝大多数是籍贯,也有少数是指做官地或郡望。所谓"郡望",意思是某族姓世居某郡为当地人所仰望,是由魏晋隋唐时代沿袭下来的观念,宋元以至明清,沿袭不改,导致郡望与籍贯常常分辨不清。

按卷端所题著者著录,不必照录朝代及姓名前后之地名、官衔、字号等。必要时,在附注项注明原题。如《史裔》二十五卷,卷端题"明晋安余文龙中拙删辑 男兆胤伯景校",应著录为"史裔:25 卷/(明)余文龙删辑"。

若卷端未题责任者,则从书中其他地方选取,并在附注项注明来源。

若书中未题责任者,可参考其他材料补入,著录在"[   ]"中,并在附注中注明来源。如:

例1:

濟北晁先生雞肋集:70 卷/(宋)晁補之撰.

附注項:著者據书前序。

例2:

觀象玩占:48 卷,拾遺 1 卷/[(唐)李淳風撰].

附注项：著者據《四庫全書總目提要》。

古代以政府机关为名纂辑的书籍，应以该机关为著作者。

如果书中主要著录来源中所题地方政府机构名称前未冠以必要的地名，或所题中央各下属机构前未题上级机构时，应分别将其著录于前，并加方括号"[   ]"。如：

例1：

河南财政说明书／（清）[河南]财政清理局编

例2：

户部陕西司丙戌年奏稿／（清）[户部]陕西司编

二、著作时代的著录

《古籍著录规则》（GB/T 3792.7—2008）其实并没有规定著作时代的著录，因为这一版的《古籍著录规则》实行的是客观反映原则，也就是完全依据卷端所题进行著者项的著录，但所题姓名以外的籍贯、职衔或字号等信息，不予著录。

这种著录方法也不适用于 MARC 格式的著录，因为 MARC 格式一般也采用客观反映的原则，并不要求著作时代的著录。但由于还有规范档的著录，所以著作时代的概念还是有意义的。在 MARC 格式的规范档中，所有著者都要进行姓名、年代和著作方式的规范著录，这既是为读者提供著者的检索点，也是对题名与责任者项著录内容的补充。著作时代时如果不知道著者的具体生卒年的话，则应著录著者所处的朝代。

在卡片目录和书本式目录中，这种所谓客观反映其实并不适用。如果这样著录的话，就必须在诸如附注项等处再重新对著者加以说明；而有些只有简单项目的目录用这种方法来著录的话，就会出现著录信息不完整、不准确的问题。

遵循规范著录原则的书目，一般都在著者名称之前著录其所属朝代，但不必写明具体的帝王年号。例如，宋濂，只在其姓名之前著录"（明）"即可，不必写"（明洪武）"。

关于跨朝代的著者，一般以卒年为依据定其所属朝代。如黄宗羲（1610—1695），生于明末，卒于清初，著录时可定其所属朝代为清。个别情况则需要根据作者的生平事迹及其著述活动的代表时期定其所属朝代。例如，冯梦龙（1574—1646）生于明万历年间，死于清顺治间，但其主要著述活动均在明朝，所以各家著录都定其所属朝代为明。

过去常以一个人的气节、忠心定其所属朝代，如元好问（1190—1257）虽死于元代，但他在金亡（1236）之后缅怀故国，拒不仕元，所以古来著述都称其为金人。但像这种情况，现在还是应以其实际著述年代著录其所属朝代，不能一味地跟着过去的著录法走。因为具体到其某一种作品，很可能撰写于元代，而著录其作者为金代，似乎就不大合适了。

中国古代朝代的划分，标准不一，同一朝代也常有不同的称呼。如商又称"殷"，周朝可划分为西周、东周；东周又可划分为春秋、战国，等等。因此有必要做出统一规定。1987 年 1 月颁布的国家标准《古籍著录规则》（GB 3792.7—1987）中规定其规范名称为："周，春秋，战国，秦，汉，魏，蜀，吴，晋，南朝宋、齐、梁、陈，北魏，东魏，西魏，北齐，北周，隋，唐，五代，宋，辽，西夏，金，元，明，清。"但在实际著录时，朝代的信息还可进一步细化，如西周、西晋、东晋、前秦、后秦等。

历代帝王或后妃，需在其真实姓名前，加录其庙号或谥号。如：

御製詩／（清高宗）弘曆撰

外国著者不必著录时代，但须著录其所属国别，国名可用现代相应的国名统一简称著录。如：

（意大利）利瑪竇（Ricci,Matteo）撰

僧人的著作，著录著者名称时，应写其法号，并在朝代后加一"释"字。如：

妙法蓮華經/（後秦釋）鳩摩羅什譯

卒年在1911年辛亥革命以后的著者，其姓名前可不著录朝代。

如原书所题著作时代有误，按正确的时代著录，必要时可在附注项说明。

三、著作方式的著录

著作方式的著录依据与著者名称一样，也是主要依据正文首卷卷端所题著录。正文卷端的责任说明未题著作方式，应据全书其他部位所题或斟酌编撰情况著录于著者名称之后。

古籍的著作方式比较复杂，书中常标有其著作方式，例如，传、说、解诂、义疏、集解、批点等。一般情况下，著作方式都可以按原题著录。但有些古籍中只标识著者而不题著作方式，有时又采用自谦的说法如"述""学"等，这时，则需要用现代的规范术语进行著录。比较规范的著作方式有：

撰：即著述，古籍中原题"述""学"等自谦的说法均可依次著录。

编：将多种著作整理、编排为一种书。

辑：收集他人的著述或零散文字，汇集为一部书。

注：对一部书的文字内容进行解释。

译：将一种文字翻译成另一种文字。

修、纂：主要用于官修书的著作方式，主持其事为"修"，实际编写为"纂"。

绘：插图、画谱的创作。

书：书法作品的创作。

篆刻：玺印的创作。

卷端题有三个以上人名及不同著作方式时，可照录，也可从中选择主要责任者。如不能确定主要责任者，则可选录第一个责任者，必要时在附注项注明。

若三人以上具有同一著作方式，一般只著录第一个人，并用"［等］"表示省略，必要时在附注项说明。

若卷端所题之责任者有两种以上著作方式，依顺序照录。如：

皇明文则：22 卷／（明）慎蒙编选、校正、批评.

詩經大全：20 卷／（明）胡廣［等］纂修.

六臣註文選：60 卷／蕭统撰；李善，吕延濟，劉良，張銑，李周翰，吕向注.

第三节　版本项的著录

国家标准《古籍著录规则》（GB/T 3792.7—2008）中有"版本项"的设置，包含"版本说明"和"附加版本说明"两个著录单元，是对古籍版本类型及其补充说明的著录。版本项在 CNMARC 格式中被称为"版本说明项"，包括"版本说明"和"版本附加说明"两个子字段，与国家标准大同小异。文化行业标准《古籍元数据规范》（WH/T 66—2014）则直接将该著录事项称为"版本类型"元素，并有元素修饰词"版印说明"的设置。

各种著录法中所谓的版本类型，主要是指古籍版本的制作类型。只有先确定一个本子属于什么样的制作类型，才能进一步对其出版年代、出版者、出版地等版本情况予以判定。

一、古籍主要版本类型

古籍的主要版本类型有：刻本、活字本、套印本、写本、铅印本、石印本、油印本、影印本等。

(一)刻本

刻本就是用雕版印刷方法刻印而成的本子。所谓雕版印刷，就是在木板上雕刻文字图画并于其上敷纸刷印的一种印刷方法。所以刻本又称雕版印本、刊本、雕本、椠本、镌本等。

雕版印刷术发明于隋唐之际，此后直到清末的1200多年间，雕版印刷术始终是我国最主要的图书印刷方式。因此在现存的中国古籍中，以刻本的数量为最大，地位最重要。

在古籍的牌记和序跋中经常出现的表示刻本的字词有：雕、刊、开雕、开版、开造、雕造、镂版、锓版、刻梓、绣梓、刻版、镵木、模刻、镌版、椠版、剞劂、杀青、付梓、刊行、版行、梓行、付之枣梨等。

鉴定一书是否为刻本，除据书中有无上述字词出现外，还应对版面作一番较为细致的考察。一般说来，容易和刻本相混淆的版本类型，古代有活字本，近现代为影印本。鉴定时，必须排除其为活字本和影印本的任何可能，才能确认其为刻本。

刻本有原版初印、原版后印、修版后印、补板后印、增刻后印、递修后印等各种情况，还大量存在着翻刻、仿刻、覆刻、影刻等情况，都应该在著录时予以反映。

(二)活字本

活字本就是用活字印刷方法印制的图书。北宋庆历年间(1041—1048)毕昇最早发明了泥活字印刷，但无印本传世。元代王祯最早排印木活字本，明代中期铜活字印刷开始流行起来，清代后期还出现了锡活字印本。

鉴定活字本,首先应将活字本与刻本区别开来,其次再尽可能地判断是属于木活字印刷,还是属于铜活字、泥活字或其他材料活字印刷,予以更为准确的著录。

(三)套印本

套印本是用多种颜色印刷而成的一种古书印本类型。其制版印刷方法有三种:

● 涂色印刷:即在一块雕好的书版上,将不同的内容部位分别涂上不同的颜色进行印刷。这是套印本最早期的印刷方法。台北"中央图书馆"藏元末顺帝至正元年(1341)中兴路(今湖北江陵)资福寺刻《无闻和尚注金刚波罗蜜经》很可能就采用了这种印刷方法。

● 套版印刷:将一叶书的不同内容分别刻在几块版式大小相同的书版上,每块书版各涂一种颜色,印刷前先固定书版和纸的位置,一叶书的一种颜色印完后,更换另一块书版套印另一种颜色,这样逐版更替,将不同颜色套印在同一张纸上。由于印刷时必须使各版内容部位密切吻合,故称之为"套版"或"套印"。明代万历四十四年(1616)闵齐伋最早用套版印刷的方法刻印了朱墨二色套印本《春秋左传》十五卷。

● 彩色套印:即多版多色多次印刷,大多采用"饾版"方法,一般用于图画的印刷。所谓"饾版",就是将彩色画稿按不同颜色分别勾摹下来,每色刻成一块小木版,然后逐色依次套印或迭印,最后形成一幅完整的彩色画面。因一块块小印版形似古代杯盘中堆叠摆放食品的"饾饤"样式,故名之为"饾版"。彩色套印有时还采用一种所谓"拱花"技术,是用凸凹两版,将纸夹在中间,互相嵌合,把白纸压成凸起的图形,用来表现画中的山水、流云、花鸟羽毛、器物雕饰等,富有立体感。明末吴发祥刻印的《萝轩变古笺谱》、胡正言刻印的《十竹斋笺谱》和《十竹斋画谱》,都是采用了饾版、拱花技术的彩色套印本。

活字本中也有套印本。现知有清活字五色套印本《陶渊明集》八卷、清咸丰活字五色套印本《唐宋文醇》等。

由于在刻本、活字本等版本类型中都有套印,故套印本不作为一个单独的版本类型著录,而是在著录刻本、活字本之后,作为附加版本说明。如:刻本(朱印)、刻本(蓝印)、刻本(朱墨套印)、刻本(三色套印)、刻本(六色套印)、刻本(彩色套印)、刻本(饾版拱花)、活字本(五色套印)等。

（四）稿本

稿本就是作品的手写原本,一般又可分为手稿本、誊清稿本和上版稿本等。

手稿本是作者亲手书写的著作稿本,如《资治通鉴》原书手稿、清蒲松龄《聊斋志异》手稿等。

誊清稿本是作者自己或请别人代为誊清的稿本,是在初稿基础上形成的字迹比较清楚齐整的稿本。

上版稿本又叫写样待刻本,是按照刻版要求和规格用刻书字体写好准备上版雕刻的稿本,有时由于某种原因,写好的书样未能上版雕刻,却被装订保存下来,就成为一种独特的稿本形式。

稿本的著录最好能够细化到手稿本、誊清稿本和上版稿本等。

（五）抄本

抄本是指根据底本(不论其为写本还是印本)传录而成的副本。抄本是最常见的手写本类型,手写本中,只要不是作者亲手书写或没有作者印记、说明的个人著述,以及非为原本的官方文献,均可著录为抄本。

还有一种影抄本,是用摹或临的方法,照原书字迹、版式一丝不苟地摹写下来,一点一画也务求与原本毫无差异。

（六）写本

写本有几种含义：

• 古老的抄本，如六朝写本、唐写本、敦煌写本等。

• 明代的《永乐大典》，清代的《四库全书》及现存历代实录、会要、国史、玉牒、圣训等官修文献。

• 除抄本和稿本之外以手写形式成书的本子，如官府衙门的奏折、公文、档案、账簿、契约和私家手写的家谱等。

写本的鉴定主要依据其内容类型而定，一般并不困难。

（七）拓本

拓本就是将刻在金石器物（如古代青铜器、石碑、陶器、画像砖等）上的文字图案用纸墨拓印下来后装帧而成的本子。

拓本类型的名目繁多：用墨色拓印的称墨拓本，用红色拓印的称朱拓本；早期拓的称初拓本，后来拓的称后拓本；拓印年代较远的称旧拓本，年代较近的称近拓本或新拓本；利用原刻碑石拓印的称原拓本，利用后来翻制的碑石或雕版、石膏拓印的称翻刻本或重刻本；用松烟或油烟制成的墨拓印的称烟拓本，用烟和蜡混合制成的墨拓印的称蜡拓本。

（八）铅印本

铅印本是近现代最常见的一种版本类型，与古代的活字印本颇为近似，不同之处在于活字为机制，并使用油墨用机器压印，后来还使用纸型制作铅版进行印刷。英国传教士马礼逊1819年在澳门出版的《新旧约圣经》是最早的汉字铅印本。

（九）石印本

石印本是用石印术印制的一种近代新型印本。石印术是一种以石头为印版版材的平版印刷方法，1798年由奥国人亚罗斯·逊纳菲尔德（Alois Senefelder，1771—1839）发明。1826年，约瑟夫·尼塞福尔·涅普斯（Joseph Nicéphore Nièpce，1765—1833）发明了照相术。1859年，照相术应用到平版印刷上，产生了一种新的照相石版制版技术，用这种制版方法印出的石印本，无论开本多么小，书中文字都字画清晰，历历可辨。我国近代的石印本书，大多用这种方法印成。清光绪五年（1879）英国人安纳斯托·美查（Ernest Major）创办了点石斋印书局，开始用轮转石印机大量印刷中文石印本图书。

还有一种石印制版方法，是将铅字排版印出样张，校对无误后将样张摄影制成照相底片，然后在石版上晒版印刷。这种石印本从字体上看很像是铅印本，一般人不知其中奥秘，常常将其当作铅印本。

（十）影印本

影印本是利用照相制版手段反映图书旧本面貌的一种印本类型，它采用照相制版和近现代印刷工艺生产制作，故其制作效果较古代的影抄本和影刻本更为精准。

影印的方法有照相石版印刷、珂罗版印刷、照相铜版印刷、胶版印刷等。清光绪五年（1879）点石斋印书局出版的照相石印本《金陵杂述》是我国最早的影印本。

影印本的版式设计大体上有：按原大影印，缩小影印，改变行款版式影印，分两栏排版影印，分三栏排版影印。

影印本大多反映着平版印刷的特征。早期影印本字迹周围多有油渍泛出，后来随着印刷质量的提高，便无此毛病。

（十一）油印本

油印技术是1876年由美国科学家爱迪生发明的，随后传入中国。油印的正式称谓应叫誊写版印刷，属于滤过版印刷中较为简易的一种。用这种方法印出来的本子就叫油印本，过去学校刻印的考卷、讲义等多采用油印的方式印成。就制版方法而言，油印又分为铁笔油印、真笔油印、打字油印、电刻油印等四种。

1. 铁笔油印

铁笔油印制版方法是：将蜡纸覆于誊写钢版上，用铁笔在蜡纸上刻写图文而成蜡版，然后在油印机上装好蜡版后，滚墨印于纸上即完成印刷。整个过程完全是手工操作。

2. 真笔油印

真笔油印是日本人的发明，即用毛笔蘸稀酸书写于涂以明胶的纸基来制版，形似毛笔字体，印刷效果较好。因其纸基纤维粗松不耐多印，故不如铁笔油印流行时间长。

3. 打字油印

打字油印，即用打字机在蜡纸上打印成版，再装于机器上滚印而得印品。是一种半机械化生产方式。

4. 电刻油印

电刻油印，即利用电子刻版机制成蜡版在机器上印刷的一种方法。其工作原理是：在电子刻版机中，原稿和蜡纸同步运动，投射到原稿上的光束在原稿上扫描，反射光束进入光电管转换为电流，电流输出经过放大和调频，然后流入雕刻装置，控制雕刻触针在蜡纸上的切刻深浅程度，使之随原稿上的图文自动刻出网点或凹印的小槽，最后雕刻成一张蜡版，将制好的蜡版安放在印刷机上铺纸滚印，即形成印品，印出的图文与底稿完全一致。

（十二）晒印本

晒印本又称晒蓝本，是与复制工程图纸相同方法制成的一种图书复制本。其制作方法是：将涂有感光药品的晒图纸衬在书叶下面，用灯光或日光曝晒，使之发生化学反应，再经显影处理，在晒图纸上显出文字图形，一页书便复印完成。通常在晒图纸上所涂之感光药品为柠檬酸铁和赤血盐的混合液，所以在曝晒显影后经洗涤干燥，晒图纸上均呈现蓝底白字的颜色。民国时期常用这种方法复制中国古籍。

（十三）钤印本

钤印本就是将大量图章直接钤盖在书页上而形成的印谱。

二、版本项的著录内容与著录要求

版本项的著录内容分为两项：版本说明，附加版本说明。

（一）版本说明

版本说明记录古籍的版本类型。本项依据书中有关版本类型的文字记载，并结合其显示的版本类型特征著录。

一种古籍包括多种版本类型时，可选择著录其中主要的两种版本类型，其他版本类型在附注项说明。例如，刻本暨抄本，钤印本暨拓本，铅印本暨石印本。

对于影抄本、影刻本、影印本，可根据不同情况在版本类型项直接著录为影抄本、影刻本、影印本，但需将其所据底本著录于附注项。例如，版本类型项著录"影抄本"，附注项著录"据宋临安尹家书籍铺刻本影抄"；版本类型项著录"影刻本"，附注项著录"据宋咸淳元年吴革刻本影刻"；版本类型项著录"影印本"，附注项著录"据清武英殿聚珍本影印"。

（二）附加版本说明

附加版本说明是对版本类型的补充说明文字，显示时一般放在版本说明后面的圆括号中。

著录刻本可反映其修版后印情况。例如，刻本（修版）、刻本（增刻）、刻本（后印）、刻本（递修）。

著录刻本或活字本中以非墨色的彩色颜料印刷、多色颜料或饾版拱花套印而成的书籍时，应依据单色、双色印刷所用颜色或三色以上套印所用颜色数量的不同，对版本类型作附加说明。若套印所用颜色数量难以统计,可将附加版本说明著录为"彩色套印"。例如,刻本(朱印),刻本(蓝印),刻本(朱墨套印),影印本(石印)。

著录活字本应依据制字材料的不同,对版本类型作附加版本说明。例如,活字本(木活字),活字本(铜活字),活字本(泥活字)。

书中标明的或在抄写刻印过程中形成的版本鉴别特征,也可作为版本类型的附加版本说明扼要著录。例如:刻本(公文纸印)。

第四节　出版项的著录

出版项包括古籍的出版年、出版地、出版者。目前由于古籍的文物化趋势,古籍普查登记目录的著录单位已具体到每一个藏本,因此,古籍的修版时间、修版者、修版地,以及古籍的刷印时间、刷印者、刷印地也成为著录的重要内容。

一、出版年的著录

(一)版本的时代差异

出版年记载古籍的抄写、刻印时间。一般说来,抄写刻印时间越早的本子,就越接近古书的原貌。时间愈早,流传愈少,也就愈被后人所重视。加之各时代的刻书风气不同,不同时代刻印的同一部书,在内容和质量上可能就会有很大的差异。

唐五代及以前的图书版本,由于有敦煌藏经洞的发现,现已有大量实物可供研究。故这一部分图书版本的鉴定,已成为敦煌学的重要内容。

宋版书传留至今,已属凤毛麟角。北宋时期的刻本一来制作时代较早,二来经历了北宋覆亡时金人的践踏劫掠,且被金人劫走的图书和书版后又遭遇了蒙金战争的兵火焚毁,故传世绝少。今天能看到的宋版书,绝大多数都是南宋版本。世界上现存的宋版书,中国收藏不下 3500 部,日本约 600 多部,美国约 30 多部。这些宋版书大多收藏在各大藏书机构中,私人手中也有部分收藏。

辽代图书传世极少,历代罕见。1974 年 7 月,在山西省应县佛宫寺释迦塔(俗称"应县木塔")内发现了一批辽代文献共 92 件。1987年,在河北丰润县西南辽天宫寺塔中又发现一批辽代佛经计 11 种。1989 年,有关部门在维修内蒙古巴林右旗释迦佛舍利塔(俗称辽庆州白塔)时,从塔刹相轮樘等处发现了按辽代佛教仪轨秘藏的一批辽代雕版印刷佛经,以及内藏雕版印刷《陀罗尼咒》经卷的 108 座形制多样、造型优美、彩绘华丽的木质法舍利塔。

金刻本传世数量极少,收藏金刻本最多的国家图书馆,所藏也不过十几种而已。此外,还有一些金刻佛经传世,如上海图书馆藏金代曲沃县吉赟、吉用刻《妙法莲华经》,山西省图书馆藏金皇统九年(1149)刻本《大方广佛华严经合论》等。金熙宗天眷二年(1139)至金世宗大定十三年(1173),还刻印过一部大藏经,世称《金藏》,共 6980卷。当代著名的《赵城金藏》为《金藏》传世最完整的一部,现存国家图书馆,计 4813 卷。

元刻本特点鲜明:多为黑口,不讲避讳,简体和俗体字流行,印刷用纸也和宋版书有较大的差别。元代刻书仍很讲究书法,多请名手书写上版,刻工技艺也较高,许多元本可以和宋本中之上乘刻本相媲美。

明代写本书数量很大,但就现存明本书来看,由于刻本复本量大,写本复本量小,因此仍以刻本传留较多。明代刻书大致可分为三个阶段:自洪武至弘治(1368—1505)为初期,所刻大多浑穆淳朴,字体凝重,版心宽大,几可与宋本相媲美;正德、嘉靖两朝(1506—1566)

为中期,刻书多且书品精,纸张洁白,字大宜读,人多宝爱之;隆庆、万历以后至崇祯年间(1567—1644),国势衰落,社会风气败坏,刻书滥且质量差,用纸施墨也大不如前,世人评价最低。所以对明代刻本不可一概而论。

清代的图书版本类型最为复杂,既有大量精美的刻本、活字本、套印本,也有数量浩繁、面貌迥异的铅印本、石印本。但由于清代版本与宋、元、明各代版本的风格差别很大,特点明显;加之距今时代较近,序、跋、封面、牌记等保存相对较完整,作伪的情况也较少,故对于清代版本的鉴定相对容易一些。

(二)出版年的著录内容与相关要求

古籍版本类型复杂,制作方式不一,所以各种不同类型版本的出版年含义也不完全相同。例如,著录稿本时,出版年指书稿写成时间;著录写本时,出版年指全书写成时间;著录抄本时,出版年指全书抄成时间;著录刻本、活字本时,出版年指书版刻成时间、活字版制成时间;著录石印本、铅印本、影印本、钤印本时,出版年指全书印成时间。此外,刻本的重修、增修、后印等情况也需要反映。

1. 出版年

出版年的著录可包括朝代、年号纪年及相应的公元纪年。例如,"明万历三十九年[1611]"。

若书中只有干支纪年,则需换算成年号纪年及相应的公元纪年。如书中标识刊刻年为清康熙戊寅,则著录为"清康熙三十七年[1698]"。

若只知其在某朝代、某年号或某一大致时期出版,则在著录朝代名和年号之后,在"[ ]"内用公元纪年给出尽可能接近的年代。例如,清康熙间[1698—1703]。

若出版年为整个朝代或年号,则在其后"[ ]"内用标注该朝代或年号所对应的公元纪年。例如,清乾隆[1736—1795]。

若书中内容明确指出刻书之起讫年,即在"[　]"标注相对应的公元纪年。例如,清康熙十九至二十七年[1680—1688]。

规定信息源中未提供出版年时,可综合分析各方面情况,结合版本特征、版刻风格,确定大致出版时间,如对著录内容有疑问,用问号"?"表示。例如,"明万历三十九年?[1611?]"

规定信息源的信息仅能供确定出版年的朝代和大致时期,可著录为"某朝初""某朝末"等,并在其后标注相应的公元纪年。例如,明末[1573—1644];清初[1644—1735]。

古籍中各部分的刊刻发行年代不一致时,可著录全书刊刻发行的起讫年代。例如,"明嘉靖四至六年[1525—1527]"。

在出版项著录出版年的同时,还应在附注项简略记录有关鉴定依据。例如,出版年著录为"明万历三十九年[1611]",同时在附注项著录:"万历辛亥(三十九年,1611)吴邦彦跋言刻书事。"出版年著录为"清乾隆三十二年[1767]",同时在附注项著录:"封面镌'乾隆丁亥新镌/诒燕楼藏板'。"

2. 修版年

修版年指增补或更改书版的完成时间。主要修版方式有重修、增修等。修版年在出版地、出版者、出版年之后著录。

3. 印刷年

印刷年指古籍的实际印刷年代。印刷年在出版地、出版者、出版年和(或)修版地、修版者、修版年之后著录。

如印刷者与刻版者不同,印刷年与书版刻成年相同,印刷年不能省略。如:

刻本. -- 长洲:顾嗣立秀野草堂,清康熙三十八年[1699](吴郡:邓明璩,清康熙三十八年[1699]印)

规定信息源中未提供再次印刷者,且无从查考,再次印刷者可省略,只著录再次印刷年,并在其后著录"印"字。如:

刻本. -- 济南:彭氏,元至元六年[1340](明嘉靖[1522—1566]印)

书版刻成后的一个较长时间内,经过多次重修和印刷,修版和印刷的年代无法一一著录,可仅著录修版和印刷的起讫年代,中间用连字符"—"连接,并在其后著录"递修"字样。未著录的其他递修信息在附注项说明。如:

刻本. -- 南京:國子監,明萬曆三年[1575](清順治至乾隆[1644—1795]遞修)

二、出版地的著录

(一)出版地的揭示意义

出版地是指一部古书的刻印发行所在地。古代不同地方的刻书,具有各自的特点和风格,并且表现着不同的刻书水平。

宋代刻书业集中在开封、两浙、福建和四川,故而形成了浙刻本、闽刻本、蜀刻本等以地域命名的刻本类型。开封、杭州先后为北宋、南宋的首都,经济繁荣,手工业发达,也是全国的图书刻印中心。北宋时期,国子监、崇文院的许多刻书都是发送到杭州镂版。南宋时期杭州成为首都临安,更促进了杭州刻书业的发展。此外,浙江的宁波、绍兴、湖州、台州等地也都是刻书业兴盛的地方。浙江地区有一批刻书良工,刻印的书籍质量非常精美,成为宋代刻本的优秀代表。

四川也是著名刻书地,刻书质量很高,刻书数量也不少。但由于四川历代受战祸最烈,图书和书版大多毁于兵火,流传下来的数量极少,所以宋代的蜀刻本就更显珍贵了。

宋代福建的刻书业也很发达,建阳的麻沙镇、崇化坊是刻书的集中之地,书坊林立,世代传家,刻印了大量的图书,使得建本与浙本、蜀本鼎足而立,在社会上产生了很大的影响。

除浙江、福建、四川外,南宋时期江西、江苏、安徽、湖北、广东等地区也刻印了不少图书,就其现存传本来看,校勘之佳,刻印之精,均为世所公认。

辽代从刻书地来看,以燕京也就是今天的北京为最盛。《契丹藏》就是在燕京的大悯忠寺(今法源寺)雕印的。

金灭辽和北宋后,在平阳(今山西临汾)建立了经籍所,大量刻印图书,使平阳成为当时中国北方的刻书中心。平阳的这一地位一直保持到元代。

明代刻书兴盛之地主要有北京、南京、苏州、杭州、建阳等地,清代书籍刊刻也主要集中在北京、苏州、南京、广州等地。

古籍的内封、牌记、序跋等处常常标出刻印地,近代的铅印本、石印本等对出版地的标识更为普遍,可以根据这些标识或通过考证明了其出版印刷地点。

(二)出版地的著录要求

出版地如果细分,还可分为刻写主持人所在地和实际刊刻地。这二者通常是一致的,但也有许多不一致的情况。如北宋国子监、秘阁等机构的刻本,实际上有许多是在杭州雕版的。明代云南丽江土知府木增刻印的许多古籍,如《华严忏仪》四十二卷,就是在苏州雕版刊刻的。这类古籍的出版地如何著录需要特别注意。

过去的书目著录不太注意区分刻写主持者所在地和实际刻书地,现在国家标准《古籍著录规则》(GB/T 3792.7—2008)明确规定,应著录刻写主持者所在地。

过去有许多书目习惯于在刻书人之前著录其籍贯,现在看来,这种做法很容易让人将刻书人籍贯误以为出版地,是不合适的。因著录出版者籍贯而产生的误解,甚至直接影响到中国书史、中国出版史的研究。这方面最典型的一个例子就是清道光十四年(1834)六色套印本《杜工部集》。因为主持刻印人卢坤(1772—1835)籍贯涿州(今河北省涿州市),所以很多书目将该书著录为涿州卢坤套印本。但实际上,此书是卢坤在两广总督任上刊刻的,其出版地是在广州。所以,不要将出版者之籍贯(通常冠于姓名前)作为出版地著录。必要时,刻书人的籍贯可在附注项注明。

修版地指修版主持者所在地。印刷地指承担刻印者、再次印刷者所在地。如果是后印本而且修版地或印刷地不同于刊刻地,就要著录修版地和印刷地。

如对出版地不能确定,可在所推断之地名之后加一问号"?"如:". ——[彰德?]:赵府居敬堂,明嘉靖[1522—1560]"。

对于地名的著录,因为古今地名变化很大,完全对应现在的行政区划有较大困难,所以一般可以采用古籍中所提供的当时地名。如果书中没有提供确切的古代地名,但可以从其所提供的信息知道其位置所在,则采用今地名著录。著录地名一般不附加行政级别如古代的府、州、县以及今天的省、市、县(区)、乡镇(街道)等。

三、出版者的著录

(一)出版者身份揭示的意义

出版者指一部书的抄刻主持人。雕版印刷经过唐、五代时期的长期发展,到宋代逐渐形成了官府、私家、书坊三大刻书系统,所刻之本也相应称为官刻本、私刻本和坊刻本。除官刻、私刻、坊刻外,中国古代的寺观刻书实际上也成为一大系统。以后元、明、清历代的雕版印刷事业都基本是循着这四大系统进行的。不同刻书系统所刻印的书,由于各自的立场不同,条件不一,在印书的品种、内容方面各有重点,不尽相同,在印刷技术上会存在某些差异,价值也有高下之别。著录出版者,有利于古籍优劣和价值的判断,也有利于出版史的研究。

(二)出版者的著录内容及相关要求

1. 出版者

著录稿本时,出版者指著者(著者室名、堂名、斋号等信息可与其名称一并著录)。

著录写本时,出版者指缮写主持者。

著录抄本时,出版者指抄书者(抄书者室名、堂名、斋号等信息可与其名称一并著录)。

著录刻本、活字本时,出版者指刻印书主持者(刻书主持者室名、堂名、斋号等信息可与其名称一并著录)。

著录石印本、铅印本、影印本、钤印本时,出版者指印书主持者(印书主持者室名、堂名、斋号等信息可与其名称一并著录)。

出版者为个人或机构时,按书中所题照录,室名视为机构名称,人名及其室名可并题。如杨尔曾夷白堂、周曰校万卷楼等。

对于刻本来说,出版者实际包括刻印者、修版者、印刷者。具体著录情况应区分如下:

• 凡刻本,以刊刻主持人为出版者,如其版曾经后人修补或版权转移,则先著录某某刻,再著录某某人某年修补或重印。

• 凡由私人刻印的书,则以其人为出版者,出版人的籍贯不著录;若用斋、室、堂等名称者,应以其姓名或姓氏冠于斋室名之前,抄本同。

• 凡刻印之书,其出版者一般以内封、牌记为著录依据,原书无内封、牌记者,则依次查考原书卷端、版心、序跋或前人著录而定。

• 原书不载刊刻人之名,而题有藏版处者,一般可以藏版处为出版者;如无把握则著录"某某某藏版"。

2. 修版者

修版者指主持修版事务者(修版主持者室名、堂名、斋号等信息可与其名称一并著录),一般在出版地、出版者、出版年之后著录。

修版者可依修版行为的不同,在名称、室名、堂名、斋号等信息后著录修版方式。主要修版方式有重修、增修等。

3. 印刷者

印刷者指承担刻印者、再次印刷者(二者的室名、堂名、斋号等信息可与其名称一并著录);印刷者在出版地、出版者、出版年和(或)修版地、修版者、修版年之后著录。如:

刻本. −− 會稽:章壽康式訓堂,清光緒四年[1878](吳縣:朱記榮槐廬,清光緒三十年[1904]印)

如规定信息源中未提供再次印刷者,且无从查考,再次印刷者可省略,只著录再次印刷年,并在其后著录"印"字。如:

刻本. −− 濟南:彭氏,元至元六年[1340](明嘉靖[1522—1566]印)。

著录稿本、写本及抄本的相关责任者,必要时可将相关依据在附注项说明。

第五节 其他事项的著录

一、载体形态项

载体形态就是古籍载体的物理形态,具体包括古籍的装订方式、数量、图表、尺寸、附件等。

（一）装订方式

"装订方式"是将古籍加工为现有物理状态的方法,如线装、经折装、卷轴装、蝴蝶装、包背装等。装订成册的古籍,按其实际形式著录为"綫装""經折装""包背装""蝴蝶装""毛装""精装"和"平装"等;散叶古籍,著录为"散葉";装帧有轴的整幅古籍,著录为"卷軸装"(如为立轴需注明)。

（二）数量

"数量"是古籍的单位计量统计结果。此项著录古籍原物的数量,量词通常用册、函表述。

线装、经折装、蝴蝶装、包背装等书籍著录实有册数,如:3 册。

卷轴装书籍著录实有卷数。量词的使用,有轴的可用"轴"字,无轴的可用"捲"字。为了不与表示内容的卷数相混淆,此处不使用"卷"字。

单张折叠的书籍著录实有幅数,如:6 幅。

散叶的书籍著录实有叶数,如:"8 葉"。缺叶、增叶情况在附注元素注明。

配有函套的书籍在册数后补充说明实有函数,并置于圆括号"( )"中,如:10 册(2 函)。匣、帙装书籍著录方法相同。

装订成册的古籍若还需说明叶数时,应将叶数置于册数后圆括号"( )"中,如:"1 册(42 葉)"。

（三）图表

"图表"是对古籍资源内容中图像及表格方面的说明。此项著录古籍资源中的插图、照片、表格等,可著录其具体名称及数量。书中有冠图、插图、彩图、冠像、肖像、地图、景物图、器物图、谱系表、航海图、工程图、故事图、山石鸟兽图、神怪图、宗教图和乐谱等,均据实扼要著录。题名中已反映古籍中的插图、地图时,仍应著录,不可省略。

古籍上图下文的情况也可在此说明。

（四）尺寸

"尺寸"是对古籍物理载体高宽大小的测量记录,著录古籍实体的高度、宽度尺寸,以"cm"（厘米）为单位,精确到毫米;高度、宽度之间以"×"相连,如:23.2cm×16.5cm。

国内外也有许多著录法要求此项只著录书高即可,只有在宽大于高时,才将书宽著录在书高之后,中间用"×"相连。

（五）附件

"附件"是与书籍的主体配合使用而形式上又与书籍的主体脱离的书籍附属部分,是古籍主体之外的附加资料或物品,形式与主体不同。凡在古籍原物中有著录价值的资料物品,无论是否古籍原有,也无论其内容与古籍主体是否相关,都可以在此项著录。其前用加号"＋"表示。

如有必要,附件名称后可著录附件的文献数量及特定文献类型标识等载体形态信息,置于圆括号"（　）"中。如:

108 册（18 函）＋皇朝直省府廳州縣全圖（1 幅）

冠圖＋牙牌（1 副）

插圖＋七巧板（7 块）

具有独立的题名、可以脱离古籍主体独立使用的附件应单独著录。

二、丛编项

丛编项有的著录法称为丛书项,在以整套书之子目或丛书子目作著录对象时,需要将其所属之整套书或丛书题名著录在该事项。例如,宋敏求撰《长安志》二十卷,属于《经训堂丛书》,就需要在丛编项著录"经训堂丛书"。

《古籍著录规则》（GB/T 3792.7—2008）规定丛编项的完全著录样式是：丛编正题名：丛编其他题名信息/丛编责任说明；丛编编号.分丛编题名：分丛编其他题名信息/分丛编责任说明；分丛编编号。如：

白芙堂算學叢書：23 種/丁取忠輯.算書：13 種/吳嘉善著.九章翼：10 種；6

《汉语文古籍机读目录格式使用手册》规定，丛编项包括：丛编正题名、丛编并列题名、其他丛编题名信息、责任说明、丛编编号、分丛编名、卷册标识。

在《古籍元数据规范》（WH/T 66—2014）中，一级元素中没有设立丛编项，只是在"附注"元素下设有"丛编附注"元素修饰词，在"相关资源"元素下设置作为超链接的"丛编"元素修饰词。而对"丛编附注"元素修饰词的著录方式也没做特殊的规定。实际著录中，可以参照《古籍著录规则》（GB/T 3792.7—2008）对丛编项的著录方法。

三、附注项

附注项著录对书名、责任者、版本等各个事项的补充说明文字，包括一般附注、行款版式、相关文献附注、书目参考附注、缺字附注、丛编附注、子目附注、附录、提要等。编目人员可根据需要选择并著录附注项的内容，附注文字应简单明了，尽可能采用固定导语和规范用语。引用文字用引号，导引词后用冒号。

（一）一般附注

一般附注是对古籍各方面情况的补充说明，包括对古籍存缺、题名、责任者、刻印出版等情况的附加说明。

古籍的存缺情况是一般附注的首要著录内容。如"缺卷1至3"。

对题名的附注，主要是说明题名著录的依据，或介绍该书题名的

其他情况。书名若非取自卷端,则在一般附注中注明书名来源。如:

> 正題名據內封所題。

> 本書初名《數學精詳》。

卷数如有特殊情况,也需在附注中予以说明。如:"以甲乙丙丁標卷。"

对责任者的附注,主要著录责任者的姓名、字号、生平等方面需要说明的情况;相同责任者在古籍中使用的名称与责任者项著录的名称出现差异时,可在此项说明。如:

> 陳宏謀,初名弘謀,避清乾隆帝諱改今名。

对出版项的附注,主要是对刻印书写情况的进一步说明,著录版本鉴定的特征依据,避讳、刻版挖改、作伪、刻工姓名、字体、牌记、纸张等均在此注明。如:

> 出版年據俞恒《重刊小學序》著錄。

> 牌記鐫:"咸豐丙辰秋九月開雕"。

> 內封鐫:"京都善成堂藏版"。

限量印刷或发行方面的情况在此说明。如:

> 本譜木活字排印 17 部,各房簽領保管 1 部,本族祠堂保存 1 部。

一般附注实际是综合性附注,可以将对各个不同事项的说明集中放在此处,形式上比较灵活。

(二)行款版式附注

行款是古籍每叶或每半叶的行数和每行的字数,每半叶行数按满半叶行数计算,每行字数按满行字数计算。版式是古籍版面的安排方式,主要著录书口、版框形式、鱼尾及版框尺寸等的情况。版框尺寸的高度以正文第一卷第一叶右半框上边外沿至下边外沿的距离

为准,宽度以同一半框版心正中至右边外沿的距离为准。如:

11 行 22 字,小字雙行同;下黑口,單魚尾,四周雙邊,版框高 16.1cm,寬 10.3cm。

10 行 20 字,小字雙行同;白口,單黑魚尾,左右雙邊,框 21.3×15.5 公分。版心中鐫"通鑑"及卷次,下偶鐫刻工,如卷一首葉"袁電刻",卷二首葉"章言",卷三首葉"周永"。

如无首卷,或其他卷行款版式有不一致者,也可著录其他卷的情况。如:

(卷二) 9 行 20 字;白口,單黑魚尾,四周單邊,框 19.2×13.5 公分。版心上鐫書名,中鐫卷次及詩體、文類。

(三)相关文献附注

相关文献附注是与被著录古籍相关的其他文献的说明,著录古籍版本的底本依据,其翻刻、后刻版本的情况,合刻、合印等情况。如:

據康熙十八年刻本影印。

(四)缺字附注

缺字附注记录和描述现有字库中缺少的文字等。描述方法是:在等号"＝"左边,用符号"＝"表示缺字;在等号"＝"右边方括号"[　]"内,用规定的形式、符号和文字来描述缺字,并在其后的圆括号"(　)"内注明汉语拼音读音。可参见国家图书馆编《汉语文古籍机读目录格式使用手册》相关部分。如:

＝＝[糸(左)＋尋(右)](xún)。

(五)书目参考附注

书目参考附注是对所编古籍是否被一种或多种书目、索引收录的说明。

如明末毛氏汲古阁刻本南朝梁萧统辑《文选》六十卷可作如下附注：

《四庫全書總目》，卷 186，集部，總集類一，第 1685 頁（中華書局 1965 年 6 月第 1 版）；

《中國古籍善本書目》，卷 28，集部，總集類，通代，第 1551 頁（上海古籍出版社 1998 年 3 月第 1 版）；

《北京圖書館古籍善本書目》，集部，總集類，通代，第 2741 頁（書目文獻出版社 1987 年版）。

（六）丛编附注

丛编附注是对被著录古籍所属丛编的说明。

所编古籍确系单刻印行，以后又编入丛编，可在此说明。如：

本書後編入《一經廬叢編》。

丛编的著录来源在此说明，如：

叢書題名據《中國叢書綜録》著録。

《古籍元数据规范》（WH/T 66—2014）因为没有设立丛编项元素，所以规定在元素修饰词"丛编附注"中，著录没有单独书目记录的丛编事项，如丛编题名、所处丛编内部序列位置等。

（七）子目附注

子目附注是对本资源所包含子目的说明，著录没有单独书目记录的丛编子目事项，如子目题名、责任者及子目序列等。子目题名和子目题名说明（卷数）之间可参考《古籍著录规则》（GB/T 3792.7—2008）用冒号"："间隔。如：

半螺龕詩存：前編 1 卷，後編 1 卷；半螺龕試帖存：1 卷；半螺龕雜誌：1 卷。

（八）附录

附录是古籍正文之后的一些附加性内容，包括附刻。此处著录没有单独书目记录的附录信息。如：

吏部考功司郎中孫公墓誌銘:[孫宗彝]/(清)錢陸燦編。

（九）收藏历史

此项著录古籍原物的递传源流以及相关的内容，如收藏沿革、题跋印记以及获得方式、购买价格等。如：

本書購自杭州寶貽齋,書價:人民幣5000元。

四、相关资源（款目连接块）

"相关资源"是《古籍元数据规范》(WH/T 66—2014)中的一个元素，是一个链接项，链接与所著录古籍资源相关联的其他资源记录，如丛编、子目，有独立检索意义的附录附刻、书目文献，以及古籍原物的合刻书名、合抄书名、合印书名、合装书名、合函书名等。

例1：

叢編:雅雨堂叢書

例2：

子目:李氏易傳;鄭氏周易;周易爻辰圖;……

例3：

合刻書名:續古文辭類纂

例4：

合函書名:孟東野詩集

例5：

附録：曹集疑字音釋

在《汉语文古籍机读目录格式使用手册》中，对应"相关资源"元素的是4字段的"款目连接块"，已经定义的适用于古籍的字段有：

410 丛编

411 附属丛编

421 补编、增刊

422 正编、正刊

423 合订、合刊

451 同一载体其他版本

452 不同载体版本

453 译为

454 译自

455 复制自

456 复制为

461 总集

462 分集

463 单册数据

464 单册分析

470 被评论作品

481 本册还装订有……

482 和……一起装订

488 其他相关著作

连接字段连接的记录，应作为一个完整记录已经实际存在。每个连接款目所包含的数据连接字段，均嵌入被连古籍记录实体的字段号、指示符和子字段代码,以标识被连接的古籍实体。一书与多书需连接时,可重复4－－连接字段。

五、提要

提要就是古籍内容和形式的要点,可根据书目性质选择语体文或白话文编写。《古籍著录规则》(GB/T 3792.7—2008)提出了叙述型、推荐型、评介型、罗列型、辑录型、考证型等6类提要的著录要求,并一一列举具体实例。具体如下:

● 叙述型提要:简要揭示古籍内容特点及主题思想,包括古籍的作者简介、类型特点、编写体例、内容要点及写作特色等内容。

● 推荐型提要:扼要揭示古籍内容并做简略评介,包括古籍的内容梗概和推荐性文字。

● 评介型提要:较详细地叙述古籍内容,包括作者生平、古籍主题叙述及学术得失分析、社会价值影响等内容概述。

● 罗列型提要:反映古籍内容结构,可汇录古籍目次标题或各卷内容名称。

● 辑录型提要:以引用文字为主,也可包括作者生平等信息。佚书和知见书提要常用此法。

● 考证型提要:简要考订古籍的作者、内容、版本及存佚源流,可包括古籍的要旨、特点和流传演变等内容。

这些提要实例基本上属于完整本附注的范畴,但如果是以复本为著录单位,则可将复本特征著录于提要末尾。

第六节　古籍文物定级与著录

古籍定级也是古籍鉴定和著录的重要内容。对古籍分级定等渊源甚早,如隋朝官府藏书虽分四部,但又将图书按品第分为三等:"上品红琉璃轴,中品绀琉璃轴,下品漆轴。"①历代藏书家也多有在其特别珍重的藏书上钤盖"甲本""宋本"等印章的事例。而更为普遍的是对于古籍"善本"的认定。

一、划分古籍善本的标准

中国古代很早就有了"善本"的概念,有的藏书家甚至专门收藏古籍善本,非"善"不收,如清代著名藏书家黄丕烈。古籍善本书目也成为古籍目录的一个重要系列,如清初钱曾的《读书敏求记》,乾嘉时期于敏中、彭元瑞等人的《天禄琳琅书目》,清末丁丙的《善本书室藏书志》,现代王重民的《中国善本书提要》等。

随着年代的推移,对于善本的判定标准也在不断变化。王重民先生所撰《中国善本书提要》仅将明代以前的版本算作善本,清代版本基本不收。1978 年开始编纂《中国古籍善本书目》,又提出了所谓"三性九条"的古籍善本标准。

"三性九条"是"三性原则"与"九项条件"的简称。

"三性原则"指古籍所具有的历史文物性、学术资料性与艺术代表性。

"九项条件"指可纳入善本范围的 9 种类型的古籍,即:

- 元代及元代以前刻印抄写的图书(包括残本与散叶);
- 明代印抄写的图书(包括具有特殊价值的残本与散叶,但版印模糊、流传较多者不收);
- 清代乾隆以前流传较少的刻本、抄本;
- 太平天国及历代农民革命政权所刊行的图书;

---

① 见《隋书·经籍志序》。

● 辛亥革命前,在学术研究上有独到见解或有学派特点,或集众说较有系统的稿本以及流传很少的刻本、抄本;

● 辛亥革命前,反映某一时期某一领域或某一事件资料方面的稿本,以及流传很少的刻本、抄本;

● 辛亥革命前的名人学者批校、题跋,或过录前人批校而有参考价值的印本、抄本;

● 在印刷术上能反映我国古代印刷术发展,代表一定时期技术水平的各种活字印本、套印本或有较精版画、插图的刻本;

● 印谱明代的全收,清代的集古印谱、名家篆刻印谱的钤印本,有特色的或有亲笔题记的收,一般不收。

凡符合以上"三性九条"者,可入选《中国古籍善本书目》。

在此之后,各种古籍善本书目也纷纷以"三性九条"为标准进行选目,各图书馆也以"三性九条"对馆藏古籍重新进行古籍善本的划分,其中的第三条亦即年代划分最明显的"清代乾隆以前"甚至成为一条"铁律"而为古籍收藏界广为遵循。

二、《文物藏品定级标准》中对古旧图书的定级

2001 年 4 月 5 日,中华人民共和国文化部发布了《文物藏品定级标准》(文化部令第 19 号,2001 年)。该行政规章把文物分为一至四级。其中有关于古旧图书定级的内容:

一级文物定级标准中的"(九)中国古旧图书中具有特别重要价值的代表性的善本"。

二级文物定级标准中的"(八)古旧图书中具有重要价值的善本"。

三级文物定级标准中的"(七)古旧图书中具有比较重要价值的善本"。

一般文物定级标准中的"（四）具有一定价值的古旧图书、资料等"。

该标准后附的"一级文物定级标准举例"中，也有与古籍相关者：

二十、古籍善本

元以前的碑帖、写本、印本；明清两代著名学者、藏书家撰写或整理校订的、在某一学科领域有重要价值的稿本、抄本；在图书内容、版刻水平、纸张、印刷、装帧等方面有特色的明清印本（包括刻本、活字本、有精美版画的印本、彩色套印本）、抄本；有明清时期著名学者、藏书家批校题跋、且批校题跋内容具有重要学术资料价值的印本、抄本。

二十一、碑帖拓本

元代以前的碑帖拓本；明代整张拓片和罕见的拓本；初拓精本；原物重要且已佚失，拓本流传极少的清代或近代拓本；明清时期精拓套帖；清代及清代以前有历代名家重要题跋的拓本。

该标准只是根据"特别重要价值""重要价值""比较重要价值""一定价值"等四种程度来把中国古旧图书相应划分为一级文物、二级文物、三级文物与一般文物。虽然在后附"一级文物定级标准举例"中有进一步的列举，但对二级文物、三级文物与一般文物没有具体的列举，总体来说并不完整，规定也不明确，因而不易操作。其所采用的"古旧图书"概念也是模糊不清的。

三、文化行业标准《古籍定级标准》（WH/T 20—2006）

2006 年 8 月 5 日，中华人民共和国文化行业标准《古籍定级标准》（WH/T 20—2006）发布，2006 年 10 月 1 日开始实施，仿照对文物定级的做法，对现存的汉文古籍进行定级。现存其他特种古代文献，如甲骨、简策、帛书、敦煌遗书、金石拓本、舆图、书札、鱼鳞册、契约、文告、少数民族语文图书，以及域外翻刻、抄写的中国古籍，如和刻本、高丽本等,不在该标准定级范围之内。

在定级方法上,该标准实行"三性原则""不唯时限原则""等次上靠原则""等次下调原则"。

所谓"三性原则",指认定古籍所具有历史文物性、学术资料性和艺术代表性价值的准则。历史文物价值以版本产生的时代为衡量尺度,学术价值以古籍反映的内容为衡量尺度,艺术价值以版本具有的特征为衡量尺度。

所谓"不唯时限原则",指确定古籍的级别,不把历史文物价值作为唯一依据的准则。凡古籍按历史文物价值(有时限)衡量,应属下一级别;而按学术或艺术价值(不唯时限)衡量可列入上一级别者,即可将其定为上一级别。

所谓"等次上靠原则",指将古籍等次上靠的准则。根据一书所具有的特殊价值,主要指其在流传过程中所形成的记录诸如题跋、校勘及印记等,可以酌情上靠一个或两个等次。

所谓"等次下调原则",指将古籍等次下调的准则。侧重考虑一书的书品好坏和完残程度,凡属下乘者,宜下调一个或两个等次。

该标准将古籍分为善本和普本两部分。将具有珍贵价值的善本划分为一、二、三级,每级下面又划分为甲、乙、丙三等;将具有一般价值的普本定为四级,不再分等次。

一级将北宋及北宋以前(包括辽、西夏时期)刻印、抄写的古籍归为甲等,元代及其以前(包括南宋、金、蒙古时期)刻印、抄写的古籍归为乙等,明清时期各种有代表性的版本归为丙等。

二级将明洪武元年(1368)至正德十六年(1521)刻印、抄写的古籍归为甲等,明嘉靖元年(1522)至隆庆六年(1572)刻印、抄写的古籍归为乙等,明清时期其他重要的版本归为丙等。

三级将明万历元年(1573)至清顺治十八年(1661)刻印、抄写的古籍归为甲等,清康熙元年(1662)至清乾隆六十年(1795)刻印、抄写的古籍归为乙等,嘉庆元年以后的清代特殊版本归为丙等。

四级不分等,所谓的普通古籍即清嘉庆元年(1796)至宣统三年(1911)刻印、抄写的书本,以及民国初年著名学者以传统著述方式研究中国传统文化而形成的稿本、初刻本,都被归入这一等级。

四、《汉文古籍特藏藏品定级 第1部分:古籍》(GB/T 31076.1—2014)

2014年12月22日,中华人民共和国国家标准《汉文古籍特藏藏品定级 第1部分:古籍》(GB/T 31076.1—2014)发布,2015年7月1日正式实施。该标准是在文化行业标准《古籍定级标准》(WH/T 20—2006)基础上制定的,划分标准大同小异。不同的是,删除了对各项原则的描述内容,对一、二、三级的甲等标准放宽了许多,更符合当今社会对古籍善本价值的认知。

五、《公共图书馆系统古籍类文物定级指南》(2022)

2022年12月19日,文化和旅游部办公厅、国家文物局办公室联合发布了《文化和旅游部办公厅 国家文物局办公室关于印发〈公共图书馆系统古籍类文物定级指南〉的通知》(办公共发〔2022〕181号)。该通知明确了公共图书馆领域古籍类文物定级的总体要求、工作依据、工作方法等相关规范及要求。该通知属于行政规范性文件,对公共图书馆领域古籍类文物定级工作有约束力。

该指南适用于各级公共图书馆和国家图书馆馆藏普通形制汉文古籍类文物定级。要求古籍类文物定级遵循《文物藏品定级标准》(文化部令第19号,2001年),对照《汉文古籍特藏藏品定级 第1部分:古籍》(GB/T 31076.1—2014),规范开展。原已按照《古籍定级标准》(WH/T 20—2006)定级为一、二、三级古籍的,可不再重新定级。

可直接套转为一、二、三级珍贵文物,定级为普通古籍的也可直接套转为一般文物。

该指南作为国家政策,解决了馆藏古籍作为特殊文物与一般文物之间如何转换的问题,可以有效指导公共图书馆界的古籍定级工作,为建立统一的文物大数据平台奠定了理论基础,对于国家实施文化数字化战略具有重要意义与实践价值。

六、古籍定级事项及其著录

2006 年《古籍定级标准》(WH/T 20—2006)发布实施之后,图书馆界开始重视古籍的定级,并具体落实到古籍的编目工作中。"全国古籍普查登记平台"率先设置了古籍定级的若干著录事项和著录界面,《国家珍贵古籍名录》也在其申报书中加入关于古籍定级的 6 个著录事项,"高校古文献资源库"则及时增补了"文物级别"的著录事项和检索途径。2014 年发布的文化行业标准《古籍元数据规范》(WH/T 66—2014)也设计了"文献保护"元素,其下分列"文物级别"与"破损级别"2 项元素修饰词。显然,古籍定级已经成为古籍著录的重要内容。

(一)全国古籍普查登记平台对古籍定级的著录

全国古籍普查登记的著录事项共有 162 项,著录界面分为 7 个子页面:著录首页、著录首页续、著录丛书子目、定级、上传定级书影、定损、上传定损书影。每个子页面下方有 8 个按钮,点击不同按钮可切换到对应的子页面。

古籍定级有 6 个著录事项,其中,"定级人""定级机构""定级时间""定级级等""定级依据"这前 5 项为必填项。

表3-1　古籍普查平台区段表

古籍定级（6项）	定级人	必填（系统自动填写）
	定级机构	必填（系统自动填写）
	定级时间	必填（系统自动填写）
	定级级等	必填
	定级依据	必填
	定级附注	
定级书影（4项）	定级书影编号	
	定级书影文件路径	
	定级书影所在部位	
	定级书影备注	

古籍定级依据的是《古籍定级标准》（WH/T 20—2006）。

此外，还有"定级书影"事项，其下有4个子事项，其中"定级书影编号"其实就是提交书影的顺序号；"定级书影文件路径"是提供链接书影文件的途径；"定级书影所在部位"是指书影所反映的古籍的部位；"定级书影备注"可著录需要特别说明的内容。

点击"添加定级书影"按钮，可上传定级书影并描述书影所在部位。

书影上传后，会原样保存在本地服务器中，此为"原始书影"；同时，系统会自动按照一定的规格（分辨率为150dpi，宽度为1024像素、高度等比例缩小，格式为JPG）将书影转小后另存一份，该书影随数据一同递交上级单位，此为"递交书影"。

点击全书定级书影界面中某条记录对应的"查看递交书影"，将打开新窗口显示递交书影；点击"修改"，可重新上传书影或修改书影所在部位；点击"删除"，可删除该书影。

（二）《国家珍贵古籍名录申报书》对古籍定级的著录

《国家珍贵古籍名录申报书》也有古籍定级项的设置。下面是

《〈史记〉一百三十卷》关于古籍定级事项的著录。

表 3 - 2　《国家珍贵古籍名录申报书》的古籍定级著录事项

	定级级等	定级依据	定级人	定级机构	定级时间	备注
古籍定级	一级甲等	3.1.2	×××	国家图书馆	2007/08/18	上靠一等

（三）"高校古文献资源库"对古籍定级的著录

由 CALIS 建设的"高校古文献资源库"，在 2006 年 8 月 5 日《古籍定级标准》(WH/T 20—2006)发布后，立刻在其著录系统中设立了"文物级别"元素，著录对古文献珍贵程度所进行的级别认证。其著录依据在 2006 年 10 月 1 日至 2015 年 6 月 30 日之间为《古籍定级标准》(WH/T 20—2006);2015 年 7 月 1 日之后，则以《汉文古籍特藏藏品定级　第 1 部分:古籍》(GB/T 31076.1—2014)为著录依据。

在"高校古文献资源库"著录系统中，"文物级别"元素的著录，采用在系统默认的下拉菜单中选择相应级别等次的方法。如:"文物级别:一级乙等"。

思考与练习：

1. 对古籍书名的分析从哪些方面展开？书名著录需要注意哪些问题？

2. 简述同书异名与同名异书出现的原因。

3. 古籍卷数的著录，有哪几种情况，分别加以说明。

4. "小题在上，大题在下"出现的原因是什么？应该如何著录？

5. 如何理解古籍书名中的冠词？

6. 著作时代的著录规范有哪些？谈谈你对著录著者时代的看法。

7. 古人的字与名一般有什么关系，请举例说明。

8. 著者项的著录包括哪几个方面的内容？

9. 古籍有哪些常见的著作方式？

10. 在著录稿本、写本、抄本时，出版者分别指的是谁？

11. 出版项的著录事项有哪些？分别需要注意哪些问题？

12. 如何辨认名人亲自书写的题跋与他人过录的题跋？

13. 《古籍著录规则》(GB/T 3792.7—2008)提出了哪几类提要的著录要求？

14. 与古籍定级有关的国家法规政策或标准有哪些？

15. 目前有哪些元数据规范或编目平台设计了古籍定级的著录事项？应该怎样评价这些举措？

延伸阅读：

1. 全国文献工作标准化技术委员会. 古籍著录规则：GB/T 3792.7—1987[S].北京：中国标准出版社,1987.

2. 北京大学图书馆古籍组. 古籍著录规则图释[M]. 济南：山东省图书馆学会,1988.

3. 全国信息与文献标准化技术委员会. 古籍著录规则：GB/T 3792.7—2008[S].北京：中国标准出版社,2008.

4. 全国信息与文献标准化技术委员会. 信息与文献·资源描述：GB/T 3792—2021[S].北京：中国标准出版社,2021.

5. 全国图书馆标准化技术委员会. 汉文古籍特藏藏品定级　第1部分：古籍：GB/T 31076.1—2014[S].北京：中国标准出版社,2014.

6. 全国图书馆标准化技术委员会.古籍定级标准:WH/T 20—2006[S].北京:中国标准出版社,2006.

7. 文化和旅游部办公厅,国家文物局办公室.文化和旅游部办公厅　国家文物局办公室关于印发《公共图书馆系统古籍类文物定级指南》的通知[EB/OL].[2023 - 10 - 28].https://www. gov. cn/zhengce/zhengceku/2022 - 12/30/content 5734234. htm.

8. 上海图书馆.中国丛书综录[M].上海:上海古籍出版社,1983.

9. 余嘉锡.古书通例[M].上海:上海古籍出版社,1985.

10. 赵传仁,鲍延毅,葛增福.中国古今书名释义大辞典[M].济南:山东友谊出版社,1992.

11. 赵传仁,鲍延毅,葛增福.中国书名释义大辞典[M].济南:山东友谊出版社,2007.

12. 杜信孚.同书异名通检[M].南京:江苏人民出版社,1982.

13. 张雪庵.古书同名异称举要[M].济南:山东人民出版社,1980.

14. 臧励龢.中国古今地名大辞典[M].上海:上海书店出版社,2015.

15. 臧励龢.中国人名大辞典[M].北京:商务印书馆,1998.

16. 张撝之,沈起炜,刘德重.中国历代人名大辞典[M].上海:上海古籍出版社,1999.

17. 王铁柱,张占国.中国历代名人字号室名辞典[M].北京:学苑出版社,2008.

18. 杨廷福,杨同甫.清人室名别称字号索引[M].增补本.上海:上海古籍出版社,2001.

19. 陈乃乾.室名别号索引[M].丁宁,补.北京:中华书局,1982.

20. 张政烺.中国古代职官大辞典[M].郑州:河南人民出版社,1990.

21. 龚延明.中国历代职官别名大辞典[M].上海:上海辞书出版社,2006.

22. 孙书安,孙正磊.中国室名大辞典[M].北京:中华书局,2014.

23. 郭立暄.中国古籍原刻翻刻与初印后印研究[M].上海:中西书局,2015.

24. 林申清.宋元书刻牌记图录[M].北京:北京图书馆出版社,1999.

25. 万国鼎.中国历史纪年表[M].北京:中华书局,1978.

26. 方诗铭. 中国历史纪年表[M]. 新修订本. 上海：上海书店出版社,2013.

27. 孙学雷. 中国汉语古籍著录研究[D]. 武汉：武汉大学,2005.

28. 曹宁. 中国古代书目著录之研究[D]. 南京：南京大学,2014.

29. 吴格.《中华古籍总目》著录规则[J]. 古籍保护研究,2015(1):247 – 263.

30. 郝艳华. 中国古代典籍著录的发展[J]. 图书馆理论与实践,2006(2): 106 – 108.

31. 何槐昌. 漫谈古籍著录[J]. 图书馆研究与工作,2006(3):70 – 76.

32. 徐由由. 古籍著录之五辨[J]. 图书馆建设,2009(4):24 – 26.

33. 周思繁. 例说古籍普查著录之疑难问题[J]. 图书馆学刊,2013(6):51 – 53.

34. 张群. 古籍著录中若干问题的处理[J]. 图书馆研究与工作,2013(3):60 – 64.

35. 邢春艳,史伟. 古籍普查大环境下的古籍著录及其思考——以沈阳师范大学图书馆为例[J]. 图书馆学刊,2012(12):32 – 34,0 – 1.

36. 姚伯岳,刘大军. 古籍版本鉴别和著录中的内封、牌记依据问题[M]//沈乃文. 版本目录学研究. 上海：复旦大学出版社,2010:363 – 372.

37. 陈军. 古籍书目数据库题名著录的技巧[J]. 江苏图书馆学报,2001(2): 29 – 30.

38. 马刘凤. 古籍同书异名与同名异书原因探析[J]. 图书馆理论与实践,2013 (10):76 – 79.

39. 黄威. 同书异名、同名异书现象新探[J]. 古籍整理研究学刊,2021(3):6 – 12.

40. 叶俏毅. 中国古代图书出版中的同名异书现象[J]. 大观(论坛),2019(4): 154 – 156.

41. 金华. 古籍文献题名著录探讨[J]. 图书馆工作与研究,2016(2):69 – 71,91.

42. 闫瑞君. 古籍的书名及 CNMARC 格式著录[J]. 图书馆学研究,2003(8): 71 – 73.

43. 荆惠萍. 古籍题名 CNMARC 格式著录之探讨[J]. 晋图学刊,2008(5): 78 – 82.

44. 刘荣升. 中国古人的名、字、号[J]. 山西大学学报(哲学社会科学版),1995 (2):68 – 73.

45. 马海霞,周思繁.古籍责任者署名研究[J].图书馆学刊,2018(3):110-116.

46. 李明杰,周亚.中国古代图书作者署名形式考略[J].大学图书馆学报,2012(1):111-115,126.

47. 赵兵兵.论古籍编目中对异名同书者采用"双名制"的必要性——由元董鼎所著有关《尚书》的注解谈起[J].古籍保护研究,2020(1):183-192.

48. 殷漱玉,何朝晖."作者"崛起之谜:早期中国作者身份研究的回顾与前瞻[J].大学图书馆学报,2022(2):87-96.

49. 李娜华.古籍的著作方式及其著录[J].国家图书馆学刊,1986(4):47-51.

50. 殷漱玉.论著作方式"撰"的确立[J].历史文献研究,2021(1):332-339.

51. 曹之.经书的著作方式[J].图书情报知识,1986(1):37-40,32.

52. 邓维维.我国古籍著作方式的源流演变及类型辨析[J].河南图书馆学刊,2015(6):138-140.

53. 齐晓晨,孙臻.古籍藏书印资源评述与建设中国古籍藏书印数据库的展望[J].图书馆研究,2020(4):115-121.

54. 冯方.CNMARC格式古籍丛书编目规则探析[J].中国科技资源导刊,2008(3):38-41.

55. 闫瑞君,刘军.古籍丛书的CNMARC格式著录[J].晋图学刊,2003(1):56-58.

56. 杨健,吴英梅.古籍出版发行信息的CNMARC格式著录[J].图书馆工作与研究,2004(4):42-44.

57. 周艳.古籍编目中"明刻本""清刻本"版本具体化问题[J].古籍保护研究,2022(1):48-53.

58. 王凤英.家谱著录中的重点,难点及其对策[J].江西图书馆学刊,2002(S1):77-78.

59. 阎剑平.谈古籍编目中的"提要项"[J].淮北煤师院学报(社会科学版),1994(2):131-132.

60. 李致忠.关于中国古籍的定级[J].国家图书馆学刊,2006(3):2-8.

61. 李致忠.《古籍定级标准》释义[J].图书馆工作与研究,2008(1):77-81.

62. 李国庆.《古籍定级标准》举例[J].图书馆工作与研究,2008(1):82-85.

63. 杨慧漪.《古籍定级标准》中的"级别等次"和"四原则"释评[J].图书与情报,2007(5):89-91,96.

64. 李致忠.汉文古籍特藏藏品定级谈[J].国家图书馆学刊,2014(5):3-11.

65. 甘沛."全国古籍普查平台"古籍定级浅谈[J].河南图书馆学刊,2015(8):74-76.

66. 方广锠.关于汉文佛教古籍国家定级标准的几个问题[J].西南民族大学学报(人文社科版),2015(8):61-65.

第四章　古籍分类

导论：

　　本章要求在了解古籍分类源流的基础上重点掌握四部分类法部、类、属的内容和含义，了解近现代各种十进分类法在古籍编目中的应用情况，熟悉《中国图书馆分类法》的分类体系并能据其进行古籍分类工作，对刘国钧的《国立北京图书馆中文普通线装书分类表》和北京大学的《中国古籍分类法》进行客观的评判。本章内容十分丰富，对四部分类法部、类、属各级类目要求在理解的基础上背诵，对现当代分类法也需要从分类思想、分类技术等各方面认真思考和记忆，课下需要花费较大气力。建议课时为 6 学时。

　　图书分类是按照图书的内容、形式、体裁和用途等，在一定的思想指导下，采用逻辑方法，将众多的图书分门别类地组织起来的一种方法和手段。随着图书种类、数量的增加，对图书妥善的分类管理是十分必要的。图书分类与对客观事物的分类有着同质性，都是"方以类聚，物以群分"，而且图书分类更具有整理知识体系的性质，即传统目录学"辨章学术，考镜源流"的功能。

　　一般来说，一个时代的图书分类法应当能大致合理地处置当时所有的书籍。在这个意义上，两汉时期的六分法，隋唐以降的四部分类法，都能代表某一时期的图书体系，乃至知识体系。

　　现今，《中国图书馆分类法》在我国已经成为图书分类的主要分类法，目前已经出版了第五版。总体来看，《中国图书馆分类法》能较好地处理近现代出版的绝大多数书籍，但对于中国的古籍，却不能说是一部完善、妥帖的分类法。与此同时,国内外众多古籍存藏机构也使用专门的分类方式处理中国古籍,如传统的四部分类法,以有别于普通图书的分类。

总之,就种类、数目巨大的中国古籍而言,当今应采用何种分类法依旧存在争议,没有一个相对固定的标准。中国古籍的种类虽已不再增加,但对古籍分类法的探索仍旧处于进行时。

第一节　古籍分类源流

一、古籍分类的起源

一般讲授目录学,都以西汉刘向、刘歆父子为开端。实际上,从广义的文献整理工作而言,中国历史上书籍的分类应追溯到先秦时期。按照后世的概念看,彼时的"经典"已经形成了一定的规模,且具备相对明确的体系。《论语·子罕》记载孔子"自卫返鲁,然后乐正,雅、颂各得其所",便是对"诗"类文献的分类整理,区分朝廷之音与宗庙之音①。历史上的孔子删书之说,也属于对"经典"的整理工作②。由此可知,孔子着手进行的工作,是对同一类文献细目的分类与整理,与整体性图书分类工作还有着相当程度的距离。

"经典"这一概念范畴逐渐形成的同时,诸子的分类也有着一定的共识。《庄子·天下篇》、司马谈《论六家要旨》与《淮南子·要略》等文献都早于刘向、刘歆父子校书工作,三者对典籍、学术思潮的分

---

① 郑樵《通志总序》:"风土之音曰风,朝廷之音曰雅,宗庙之音曰颂。"见郑樵撰《通志》,中华书局1995年,第7页。

② 先秦时期的《诗》《书》或属于诸子百家所共享的"经典",并非"儒家"独占。

类论述存在一致性,这可视作诸子百家书的系统①。

除去以上两类对后世影响深远的典籍系统外,汉初张良、韩信"申军法",汉武帝时杨仆"纪奏兵录",均为后来的图书整理工作奠定了前期基础。

汉成帝时,刘向、刘歆父子开展成体系的书籍整理工作。《汉书·艺文志》总叙曰:

> 汉兴,改秦之败,大收篇籍,广开献书之路。迄孝武世,书缺简脱,礼坏乐崩,圣上喟然而称曰:"朕甚悯焉!"于是建藏书之策,置写书之官,下及诸子传说,皆充秘府。至成帝时,以书颇散亡,使谒者陈农求遗书于天下。诏光禄大夫刘向校经传诸子诗赋,步兵校尉任宏校兵书,太史令尹咸校数术,侍医李柱国校方技。每一书已,向辄条其篇目,撮其指意,录而奏之。会向卒,哀帝复使向子侍中奉车都尉歆卒父业。歆于是总群书而奏其《七略》,故有《辑略》,有《六艺略》,有《诸子略》,有《诗赋略》,有《兵书略》,有《数术略》,有《方技略》。②

刘向《别录》、刘歆《七略》均已散佚。而班固《汉书·艺文志》明据《七略》,故借助《汉志》可以清晰地了解两汉图书分类的基本情况。"略"意为领域,《辑略》相当于后世目录的叙例,不直接指向具体的图书分类。故《七略》实际上把图书分为六大类,具列如下:

六艺略:易、书、诗、礼、乐、春秋、论语、孝经、小学;

诸子略:儒家、道家、阴阳家、法家、名家、墨家、纵横家、杂家、农家、小说家;

诗赋略:屈赋之属、陆赋之属、荀赋之属、杂赋、歌诗;

兵书略:兵权谋、兵形势、兵阴阳、兵技巧;

---

① 来新夏《古典目录学浅说》,北京出版社 2014 年,第 154 页。
② 班固《汉书·艺文志》卷三十,中华书局 1962 年,第 1701 页。

数术略：天文、历谱、五行、蓍龟、杂占、形法；

方技略：医经、经方、房中、神仙。

《七略》几乎涵盖了当时的所有知识系统，同时具备较为严密的分类系统。特别值得强调的一点是，《七略》以书籍的内容为分类的标准一以贯之。后世如《四库全书总目》集部中"楚辞类""诗文评类"是依据书籍内容分类，而"总集类"与"别集类"则依照书籍体裁分类①，在逻辑上并不如最初的《七略》一般逻辑严密。

二、四部分类法的形成与演变

随着时代的发展，我国书籍的数量不断增加。以几部正史《艺文志》或《经籍志》中对当时中央政府藏书的种类和卷数记载为例：

《汉书·艺文志》："大凡书，六略三十八种，五百九十六家，万三千二百六十九卷。"

《隋书·经籍志》："大凡经传存亡及道、佛，六千五百二十部，五万六千八百八十一卷。"

《旧唐书·经籍志》录毋煚《古今书录》序云："凡四部之录四十五家，都管三千六十部，五万一千八百五十二卷，成《书录》四十卷。其外有释氏经律论疏，道家经戒符箓，凡二千五百余部，九千五百余卷，亦具翻译名氏，序述指归，又勒成目录十卷，名曰《开元内外经录》。"

可见隋唐时期图书数量已颇具规模。而唐代以后，随着印刷术的发展与普及，书籍的数量更是极速增加。

除书籍数量的增加外，书籍种类也更加丰富，学术风尚的改变也造成了图书分类的变易。两汉魏晋时期，历史类书籍从经部独立出来。佛教的传入也让佛经典籍成为我国传统书籍中不可或缺的一部

---

① 程千帆、徐有富《校雠广义·目录编》（修订本），中华书局2020年，第148页。

分。文学创作也进入了全新的时期,产生了更多的文学作品。

在文献的内容、形式、种类均发生变化后,文献的分类势必也会发生相应的改变。此乃魏晋时期四部分类产生的背景①。魏明帝时期,郑默编撰《中经》(也称《中经簿》),为之后晋初荀勖的《中经新簿》奠定了基础。《中经新簿》采用四部分类,其具体分类见于《隋书·经籍志》:

一曰甲部,纪六艺及小学等书;二曰乙部,有古诸子家、近世子家、兵书、兵家、术数;三曰丙部,有史记、旧事、皇览簿、杂事;四曰丁部,有诗赋、图赞、汲冢书。大凡四部合二万九千九百四十五卷。

《中经新簿》记录了东汉至晋的 29945 卷藏书,数量大大超过《七略》,反映了当时图书之盛。其甲部基本对应《七略》《汉书·艺文志》中的六艺略,即后世的经部;乙部整合了诸子、兵书和术数,丙部大致为史书②,而丁部则大略相当于《汉书·艺文志》的诗赋略与后世的集部③。

《中经新簿》之后,晋元帝时期李充主持整理图书并编制《晋元帝四部书目》,以五经为甲部,史记为乙部,诸子为丙部,诗赋为丁部。从此,四部分类的次序与内容基本确定,一直沿用至今。

《隋书·经籍志》是唐代官修的一部目录,是继《汉书·艺文志》后,我国现今可见的第二部史志目录。《隋书·经籍志》按经、史、子、集四部四十类著录,既反映隋朝一代藏书,又记载六朝时代图书变动情况,并最终确立了四分法在目录学中的地位,也是现存最古的四分法目录书。

经部十个大类:易、书、诗、礼、乐、春秋、孝经、论语、谶纬、小学。

---

① 可参看阮孝绪《七录序》。
② 《皇览》是类书之祖,当时无法单独成类,故附于丙部。
③ 较为特殊的是丁部中的"汲冢书",历代学者对此的解释也有不同。

史部十三类:正史、古史、杂史、霸史、起居注、旧事、职官、仪注、刑法、杂传、地理、谱系、簿录。

子部十四类:儒、道、法、名、墨、纵横、杂、农、小说、兵、天文、历数、五行、医方。

集部三类:楚辞、别集、总集。

值得注意的是,《隋志》在经史子集四部后附入道佛二家,也不能全然视作单纯的四分法,确切说应该算是六分之法。

《中经新簿》《晋元帝四部书目》均已亡佚,《隋书·经籍志》是于今可见早期四部分类法具体分类安排的典范。《隋书·经籍志》以降,绝大多数的图书分类都依据四部分类法,如《宋史·艺文志》《明史·艺文志》《四库全书总目》,以及宋元明清时期的众多私家目录。

近代以来,随着西方文化的传入和普及,传统的经史子集四部分类显得不够用了。一种最简便的解决方法,就是在四部分类法的基础上添加新的大类。如晚清张之洞所编《书目答问》增加"丛书部",变成五部分类法;1899年京师大学堂藏书楼提调李昭炜编撰出版的《大学堂书目》又增加"西学"部,成为六部分类法;2009年出台的《全国古籍普查登记手册(暂行)》也采用了这种六分法,将全部现存中国古籍分为经部、史部、子部、集部、类丛部、新学类共六大部类。

三、四部分类法之外的其他分类方法

在中国历史的悠久传统中,除去以《七略》《汉书·艺文志》为代表的六分法、《隋书·经籍志》《四库全书总目》为典范的四分法,还产生了多种图书分类的方法,下面择要简述。

南朝宋王俭撰《七志》。《七志》实际上是一种九分法,前七种合"七志"之名,分别是:"经典志",记六艺、小学、史记、杂传;"诸子志",记古今诸子;"文翰志",记诗赋;"军书志",记兵书;"阴阳志",

记阴阳、图纬;"术艺志",记方技;"图谱志",记地域及图书。显而易见,前六志系对应《汉志》的六分法,并未独立设立史书之部。《七志》另附道、佛之书,合前七志实为九部。

南朝梁阮孝绪《七录》是一种较为明确的七分法:内篇五种,分别是"经典录""纪传录""子兵录""文集录""术技录";外篇则为"佛法录"与"仙道录"两种。相较于六分法,《七录》的特点是独立设置史书之部,合诸子、兵书为一,合术数、方技为一。

南宋郑樵撰《通志》,其中的《艺文略》将古今公私书籍分为十二大类:经类第一、礼类第二、乐类第三、小学类第四、史类第五、诸子类第六、天文类第七、五行类第八、艺术类第九、医方类第十、类书类第十一、文类第十二。郑樵的分类突破了六分法、四部分类法的藩篱,别具一格。郑樵还较为系统地论述了分类的标准,认为分类主要应当依据书籍的内容,而非取决于书籍的体制。《通志·艺文略》的内部分类虽然不免抵牾,但在图书分类的理论与实践上均有不可忽视的地位。

明英宗时期《文渊阁书目》的分类不循四部之制,而是分为四十大类:国朝、易、书、诗、春秋、周礼、仪礼、礼记、礼书、乐书、诸经总类、四书、性理(实录、传、年谱等)经济、史、史附、史杂、子书、子杂、杂附、文集、诗词、类书、韵书、姓氏、法帖、画谱(诸画谱)、政书、刑书、兵法、算法、阴阳、医书、农圃、道书、佛书、古今志(杂志)、旧志、新志。《文渊阁书目》分类的系统性不强,但把当朝的御制、政书、实录等书归入"国朝"一类而非纳入史部之中,对明代的私家藏书书目产生了一定的影响。

清代孙星衍《孙氏祠堂书目》成书于《四库全书总目》后,也将图书分为十二大类,经学第一、小学第二、诸子第三、天文第四、地理第五、医律第六、史学第七、金石第八、类书第九、词赋第十、书画第十

一、说部第十二。其中"说部"指的是古代的小说，将之单独设作一类，是以往没有过的。

四、古代图书分类法的不足

总体来看，古代的图书分类法有其先天的不足，主要有如下三点：

● 中国古代分类法有一个最大的弊病，就是始终没有产生出一部独立的图书分类法，分类法一直是依附于具体的图书分类目录而存在的。即便是曾具有无上权威的《四库全书总目》分类法，也不能用来类分全部的中国古籍。民国时期以来也有一些图书馆自编以传统四部分类为基础的分类法，但也都是限于本馆馆藏，缺乏普遍性和权威性。《全国古籍普查登记手册(暂行)》附录的六部分类法虽然没有依附于某一部具体书目，但该分类法没有采用任何现代分类技术，仍然不是一个独立的、完全意义上的分类法。

● 由于分类法存在于分类目录之中，所以中国古代图书分类法的编制几乎没有什么技术性可言。除类目表外，现代图书分类法中的标记符号、注释、说明、仿分、复分、组配、索引等内容方法和技术手段，在中国古代图书分类法中概付阙如。

● 中国古代图书分类法自成体系，是在当时人们对自然、社会、人生传统认识的基础上建立起来的，并且受着儒家思想的浓厚影响，它不能合理容纳属于另一个完全不同的思想体系的西方图书，同样也不能合理容纳中国近现代图书。

五、近现代的古籍分类及存在的问题

进入 20 世纪，随着西学的传入，社会知识体系产生了大规模变动，西方的图书分类法也随之进入中国。中国人开始学习西方图书分类方法，在西方学术体系基础上重新类分中国古籍。1904 年问世

的《古越藏书楼书目》所用的学、政二部分类法，是彻底打破四部分类法传统模式的一次大胆尝试。

民国时期引进国际通用的《杜威十进分类法》，用于类分中文古今图书，相继出现了 30 余部仿杜、补杜、改杜的图书分类法，如 1917年沈祖荣、胡庆生合编的《仿杜威书目十类法》等。这些分类法均以统一类分古今图书为目的，都力图使中国古籍融合于新的分类体系之中。目前国内许多始建于清末民初的图书馆，还在沿用这种分类法类分古籍，如北京大学图书馆采用皮高品编《中国十进分类法》类分馆藏古籍，其馆藏的原燕京大学图书馆藏古籍则一直保留着裘开明编《汉和图书分类法》的分类号。事实上，利用这些基于西方科学体系建立的分类法类分中国古籍非常困难，弊病很多，很多时候都是勉强为之。

1949 年以来，国内诞生了一批以马列主义毛泽东思想为指导思想、以古今中外图书统一分类为编纂目的的新型图书分类法，如《中国人民大学图书馆图书分类法》《中国科学院图书馆图书分类法》《中国图书馆分类法》等。其中《中国图书馆分类法》已被证明是中国现行图书分类法中最为合用的一部，于 1981 年正式批准为国家标准的试用本，在中国图书馆界被普遍使用，并不断改进，现已修订出版到第五版，成为新中国成立后所编图书分类法中影响最大、最具权威性的一部。

但这些新型分类法与民国时期出现的各种十进分类法一样，都是基于西方近现代的学科分类体系制订的，很难十分恰当地类分中国古籍，所以在古籍分类中应用并不普遍。即使是已经在中外图书统一分类的实践中产生了积极影响的《中国图书馆分类法》，也存在这个问题。所以在 20 世纪中后期、21 世纪初叶国内外的多种古籍目录中，四部分类法依旧占据了主导地位，如《中国古籍善本书目》《中国古籍总目》等。时至今日,这种状况并没有得到改变。

古籍分类选择分类法问题的难点还在于:分类法常常是和典藏号联系在一起的,分类法的改变势必牵涉典藏号的变更。这对图书馆来说是伤筋动骨的大事,谁都不敢轻易变更,于是沿用成法便成为图书馆古籍分类的常态。但古籍分类法的选用五花八门、莫衷一是,也给图书馆的古籍保护工作带来很大的困扰和不便。

古籍的品种已不再增加,目前随着古籍普查工作的深入开展,对我国古籍内容情况已基本掌握,完全可以在国家层面组织专家进行充分论证,并在此基础上组织力量编纂一部作为国家标准的《中国古籍分类法》。这是关系到我国古籍保护工作长治久安的大事,现在应该也可以提到日程上来了。20世纪90年代北京大学信息管理系姚伯岳曾编制过一部融合四部分类法和《中国图书馆分类法》之长的《中国古籍分类法》,虽迄未正式发表,但也可谓是一次大胆而有益的尝试。

第二节　四部分类法解析

自《隋书·经籍志》以来,古籍的四部分类法一直是中国图书分类的主流。在近代社会变迁的背景下,四部分类法才与"一般"的图书分类相脱离,成为专属于"古籍"的分类法。

从《隋书·经籍志》到清代集大成的《四库全书总目》,再到今日的《中国古籍总目》,四部分类法历经千余年的时光,于今依旧发挥着难以替代的作用。本节将简述四部分类的基本情况。

一、经部

"经"指儒家经典。自汉武帝"罢黜百家、表彰六经",儒家尊崇的经典成为王朝治国的要典,被正式赋予了"经"的尊称。两汉以降的整个中国古代史中,"经"的崇高地位几乎不可动摇,正如《文心雕龙·宗经》所言:"经也者,恒久之至道,不刊之鸿教也。故象天地,效鬼神,参物序,制人纪,洞性灵之奥区,极文章之骨髓者也。"

《汉书·艺文志》中六艺即指《易》《书》《诗》《礼》《乐》《春秋》六经。而四部分类法中的经部,是两汉及其后的人们对一部分儒家典籍的专指,其范围较之于"六艺"有所扩大。从"六艺"到后世习见的"十三经"的演变本身就是古代学术史中的重要议题。"经"的范畴演变最为人所知的例证是《孟子》从子部"升级"至经部。

《汉书·艺文志》中《六艺略》共分九小类,依次是:易、书、诗、礼、乐、春秋、孝经、论语、尔雅。章学诚指出,后三种《孝经》《论语》《尔雅》以传而附经也①。

《隋书·经籍志》的经部除继承《六艺略》的九类外,另增设"纬书"一项,共计十种。而《四库全书总目》则把每一经对应的纬书附于此类之下,不单独设置纬书一类。《四库全书总目·经部》也分十子类,依次作:易、书、诗、礼、春秋、孝经、五经总义、四书、乐、小学。总体看来,易、书、诗、礼、春秋五经类名和次序变化不大,所谓"五经总义"是为了涵盖许慎《五经异义》等解释多重经典,而非针对一经之作。宋以后四书学的兴盛,《论语》《孟子》进入"四书"之中;而《说文解字》等一系列涉及文字、音韵、训诂的书籍则协同《尔雅》位于"小学类"中。

《中国古籍总目》在每一部经典之下,多分作正文之属、传说之属、沿革之属、文字音义之属、丛编之属、附录。附录中收录对应经典的纬书相关著作。此外,如书类下复设分篇之属、书序之属,诗类下

---

① 章学诚《校雠通义通解》卷四,上海古籍出版社 2009 年,第 141 页。

设三家诗之属、分篇之属、诗序之属、诗谱之属,均是依照特定经典的学术史背景所作出的设置。

下面依次对《四库全书总目》经部十类进行简述。

(一)易类

《易》本是占卜之书。依据传统的说法,上古三代,夏有《连山》,商有《归藏》,周有《周易》。于今仅有《周易》传世。自汉代以来,《易》一般包括经、传两部分。

《周易》本经述六十四卦的卦形、卦名、卦辞,每一卦各六爻,各有爻题、爻辞。前三十卦(乾至离)构成《上经》,后三十四卦(咸至未济)为《下经》。

《易传》共七种十篇:《彖传》(上、下)、《象传》(上、下)、《文言》、《说卦》、《序卦》、《杂卦》、《系辞》(上、下)。这十篇《易传》,也被称作"大传"或"十翼",是现存最早的对《易》的注解和评说。

古今注释《周易》之书均入此类。总体上看,古代对《易经》的注释分为象数、义理两端。两汉时期,象数占据主流。而魏晋以降,以义理说《易》更为常见。《四库全书总目》相对而言偏重于义理一端。

需要注意的是,易类的书籍与子部术数类的书籍有一定的交叉。

(二)书类

书即《尚书》,是中国最早的历史文献汇编,其内容上起尧舜,下及东周,保存了先秦时期的重要史料。《尚书》的构成复杂,牵涉中国学术史上两个最为重要的议题:经今古文之争,以及伪《古文尚书》的疑案。今本《尚书》五十八篇,其中二十五篇乃"伪古文"。

按照现今的观念,《尚书》诸篇并不能单纯地以"历史档案"视之。例如,《洪范》一篇多涉政治哲学,《禹贡》更是我国最早的地理文献。

凡注释《尚书》的书籍入此类,大略可以分为以下几类:从古至今对《尚书》的注解,如唐代的《尚书正义》、宋代的《书集传》;对《尚书》

中某些具体篇章的研究,如清代的《禹贡锥指》;《尚书》辨伪之作,如清代的《尚书古文疏证》。

（三）诗类

《诗》,或称《诗经》,是我国历史上的第一部诗歌总集,也对研究先秦史,尤其是西周的历史有着重要意义。先秦文献如《左传》便多次征引《诗》中的文句。

历史记载"孔子删《诗》"。今本《诗经》有305篇,分为风、雅、颂三种体裁。汉代《诗》分齐、鲁、韩、毛四家。前三者为今文,《毛诗》为古文。后来三家今文诗散佚,仅有《毛诗》传世。今本《毛诗》附东汉学者郑玄的笺注,称为"毛诗郑笺"。

凡注释《诗经》之作入此类,包括后人对齐、鲁、韩三家诗学的研究,以及对《诗经》中名物的研究,如清代的《诗三家义集疏》《毛诗草木鸟兽虫鱼疏》。

（四）礼类

《四库全书总目》中,礼类分周礼、仪礼、礼记、三礼总义、通礼、杂礼六属。前三种对应三部儒家经典。

1.周礼之属

《周礼》,又称《周官》,依照天、地、春、夏、秋、冬六官的次序介绍周代的官职及其职责。六官中的冬官早已亡佚,今本《周礼》以《考工记》补其缺。按照今人的观点,《周礼》是一部近乎政府组织法的经典。史部中的政书《唐六典》在编排上也以《周礼》为准绳。

《周礼》是古文经,在中国古代的政治上有较为重要的影响力,不少改制的活动或多或少都参考《周礼》的制度。当今学界多认为《周礼》成书于战国时期,并非能对应西周初周公旦时期的政治制度。

注释《周礼》或是其中某一篇章的书籍均入周礼之属。

2. 仪礼之属

《仪礼》是今文经,共十七篇:士冠礼第一、士昏礼第二、士相见礼第三、乡饮酒礼第四、乡射礼第五、燕礼第六、大射仪第七、聘礼第八、公食大夫礼第九、觐礼第十、丧服第十一、士丧礼第十二、既夕礼第十三、士虞礼第十四、特牲馈食礼第十五、少牢馈食礼第十六、有司第十七。

《仪礼》所载主要是先秦时期的士礼,间及部分更高等级贵族的礼仪,涉及婚丧嫁娶、祭祀、朝聘等多方面。

凡是注释、研究《仪礼》的书籍入此属。值得注意的是,《仪礼》中有《丧服》一篇,涉及影响中国历史极为深远的五服制度。后世多有对古代丧服制度的解说,按照常理归入仪礼之属。

3. 礼记之属

《礼记》,一般是指《小戴礼记》,是西汉论礼的四十九篇文字的汇集。四十九篇之中,既有对《仪礼》中的具体仪节的解释、阐发,也含有对礼仪本质的说明。其中《大学》《中庸》两篇,后世又隶于四书。除去《小戴礼记》外,传世的还有《大戴礼记》三十九篇(原当有八十五篇)。

注释《礼记》或者其中部分篇章的入此类。于此可强调,对《大学》《中庸》两篇的注解多归入"四书类"。此外,面向《大戴礼记》的著作也附于礼记之属下。

4. 三礼总义之属

对《周礼》《仪礼》《礼记》开展的综合性研究入三礼总义之属。这一类书籍不但包括如《三礼图》等明确涉及三部经典的研究,还包括一部分对《三礼》中涉及具体问题的考辨,如对郊天、学校等礼制的专门研究。

5. 通礼之属

对《周礼》《仪礼》《礼记》的次序、内容进行重新编订的著作,以及专门贯穿考订各个时代礼制的著作入通礼之属①。前者如朱熹《仪礼经传通解》，后者如秦惠田《五礼通考》②。

6. 杂礼之属

私人撰写的论及礼仪以及涉及个人仪节的书籍入杂礼之属。从本质上看，这一类书籍相对来说与《周礼》《仪礼》《礼记》的关系不如三礼总义之属、通礼之属紧密。

（五）春秋类

《春秋》是中国最早的编年体史书，以鲁国为主体的视角记载了周平王东迁以后自鲁隐公元年（公元前722年）至鲁哀公十四年（公元前480年）的历史③。

汉代解释《春秋经》的有左氏、公羊氏、穀梁氏、邹氏、夹氏五家，后两家不传，前三家即习称的《春秋》三传。唐代以下多有跳出三传解释《春秋》之作，如宋代《春秋》学的代表胡安国的《春秋胡氏传》，又如清初毛奇龄的《春秋毛氏传》。

注释《春秋经》，或是对三传、《胡氏传》的解释入本类。

春秋类的分类，有以下两点需要注意：

其一，由于《左传》《公羊传》《穀梁传》互不隶属，且历代解释三传之作亦为数不少，这已经奠定了"春秋类"下三级类目的基础。古籍目录中，三传的次序固定，均依照《左》《公》《穀》的次序。还有一部分著作不以三家为宗，故《中国古籍总目》设"春秋总义之属"。

其二，还需额外提及的是董仲舒的《春秋繁露》。严格意义上看，《春秋繁露》并非对《春秋经》的注解，但此书与早期《春秋》学特别是

---

① 礼制的考订、整理在《通典》中占据极重的篇幅，《通典》归入史部政书类。

② 五礼，指的是吉、凶、军、宾、嘉五者。

③ 需要注意，《春秋经》涵盖的范围与一般意义下历史上的"春秋时期"有差异。春秋时期的终结一般以三家分晋为标志，而《春秋经》则以"西狩获麟"为终。

《公羊传》的关系极为紧密,故《四库全书总目》将此书置于"春秋类"的附录中。

(六)孝经类

《孝经》是儒家经典中篇幅最小的一部,主要阐述儒家伦理思想,今本分十八章,依次是:《开宗明义》《天子》《诸侯》《卿大夫》《士》《庶人》《三才》《孝治》《圣治》《纪孝行》《五刑》《广要道》《广至德》《广扬名》《谏诤》《感应》《事君》《丧亲》。

历代注释《孝经》之作入本类。

(七)五经总义类(群经总义类)

《隋书·经籍志》将注释群经之作置于"论语类"下,《旧唐书·经籍志》设"经解类",《新唐书·艺文志》《宋史·艺文志》袭用此名,《明史·艺文志》改为"群经",《四库全书总目》改为"五经总义",《中国古籍总目》改称"群经总义"。

此类中主要是解释群经之书,并非单独局限在狭义的"五经"范畴之内。宋代刘敞《七经小传》、清代惠栋《九经古义》等书应归入此类。

值得注意的是,《四库全书总目·经部》的"五经总义"类也包括了《孔丛子》《孔子家语》等一部分与早期儒家思想有关之书。而在一部分目录中,这一类书籍也可以位于子部"儒家"类中。

(八)四书类

四书指的是《大学》《中庸》《论语》《孟子》。《大学》《中庸》本是《礼记》中的两篇。《汉书·艺文志》与《隋书·经籍志》设"论语"类。而宋以前,《孟子》归于诸子略或子部儒家类。宋代朱熹作《四书章句集注》,确定了四书的范畴。

单注一书、分注两书或兼释四书均入此类。值得注意的是,《四库全书总目》并不收入大多数涉及科举的"四书"著作,而《中国古籍总目》则纳入相当多与科举相关的四书著作。

（九）乐类

由于《乐经》亡佚，经部"乐"类并无经典。

依据《四库全书总目》，"乐"类中包括音乐理论和古乐有关的著作，依旧强调音乐的教化作用。而关于乐器、乐谱等著作，则入子部"艺术"类。

另外需要指出，《中国古籍总目》中"乐类"位于"礼类"之下、"春秋类"之上。

（十）小学类

汉代以文字之学为"小学"，《汉志》中"小学"类仅包括字书十种。而在四部分类法成熟时期，"小学"类又可分为训诂、字书、韵书三类。

训诂指解释字词的文义。十三经中的《尔雅》，以及与《尔雅》性质相似的《释名》《方言》均属训诂一类。

以字形分类汉字，解释、研究汉字形态的书对应字书一类，其中最具影响力的是东汉许慎的《说文解字》一书，后世研究《说文》之作均入此类。

韵书，顾名思义为解释、研究汉字音韵的书籍，如《广韵》《集韵》等。

《中国古籍总目》将"尔雅"列为经部的二级类目，置于四书类之下，群经总义类之上。其小学类下三级类目的设置则更为细致，下分说文之属、文字之属、音韵之属、训诂之属、文法之属、译文之属、总义之属。

二、史部

从《隋志》到《四库全书总目》，史部所涵盖的书籍类型较为稳定。《隋志》史部类叙云："夫史官者，必求博闻强识、疏通知远之士，使居其位，百官众职，咸所贰焉。是故前言往行，无不识也；天文地理，无不察也;人事之纪,无不达也。内掌八柄,以诏王治;外执六典,以逆官政。书美以彰善,记恶以垂戒,范围神化,昭明令德,穷圣人之至颐,详一代之覼缕。"①这段话清楚地说明史部书籍的范围与当今语境中的历史、地理大致相当,可以对应《中图法》中的 K 大类。

《隋书·经籍志》的史部分为以下十三类:正史、古史、杂史、霸史、起居注、旧事、职官、仪注、刑法、杂传、地理、谱系、簿录。

《四库全书总目》则分为十五大类:正史类、编年类、纪事本末类、杂史类、别史类、诏令奏议类、传记类、史钞类、载记类、时令类、地理类、职官类、政书类、目录类、史评类。

《中国古籍总目》下设十七类:总类、纪传类、编年类、纪事本末类、杂史类、史表类、史钞类、史评类、传记类、谱牒类、政书类、诏令奏议类、时令类、地理类、方志类、金石考古类、目录类。

这十七类中,"总类"为新设,专门收录非同类史书的合刻。而纪传类、编年类、纪事本末类、史表类、史钞类下均分丛编之属、通代之属、断代之属,主要是根据书籍所涉及朝代作为区分。而其后的诸类,三级类目则更为繁复,将于下文涉及具体分类时言及。

下以《四库全书总目》的十五类目为纲,依次简要说明。

(一)正史类

"正史"一般指纪传体史书,但"正史"与"纪传体史书"并非完全等同的概念范畴。

《隋书·经籍志》正史类小叙把正史溯源至西汉司马迁的《史记》与东汉班固的《汉书》。《史记》记载"上自黄帝,讫于炎汉,合十二本纪、十表、八书、三十世家、七十列传",而《汉书》"断自高祖,终于孝平、王莽之诛,为十二纪、八表、十志、六十九传"。这两部中国历史上

---

① 魏徵等《隋书》卷三十三,中华书局 1973 年,第 992 页。

的皇皇巨著,奠定了纪传体史书的基础面貌。后续的不少纪传体史书缺少志、表,但本纪与纪传则为必要,所以这一类史书被称作"纪传体"。纪传体史书以本纪为纲,结合传、志、表等内容,较为全面地记载一段时间内以政治史为主体的一段历史。

需要说明的是,在《隋书·经籍志》与《旧唐书·经籍志》中,"正史类"涵盖的书籍并不如后世那么严格。举例而言,《东观汉记》位列《隋书·经籍志》"正史类",而在《四库全书总目》中位于"别史"类。可见当时"正史"涵盖的范畴较为宽泛。

按现今的定义来看,"正史"的大致范畴在乾隆时期被确定下来,一共二十四部纪传体史书。《四库提要》正史类小叙云:"正史之名,见于《隋志》。至宋而定著十有七。明刊监版,合宋、辽、金、元四史为二十有一。皇上钦定《明史》,又诏增《旧唐书》为二十有三。近搜罗四库,薛居正《旧五代史》得裒集成编。钦禀睿裁,与欧阳修书并列,共为二十有四。"①

二十四史的顺次如表4-1所示:

表4-1　二十四史顺次表

次序	书名	作者	次序	书名	作者
1	史记	(汉)司马迁	8	梁书	(唐)姚思廉
2	汉书	(汉)班固	9	陈书	(唐)姚思廉
3	后汉书	(南朝宋)范晔	10	魏书	(北齐)魏收
4	三国志	(晋)陈寿	11	北齐书	(唐)李百药
5	晋书	(唐)房玄龄	12	周书	(唐)令狐德棻
6	宋书	(南朝梁)沈约	13	隋书	(唐)魏徵
7	南齐书	(南朝梁)萧子显	14	南史	(唐)李延寿

---

① 纪昀《武英殿本四库全书总目》卷四五,国家图书馆出版社2019年,第14册,第3页。

次序	书名	作者	次序	书名	作者
15	北史	（唐）李延寿	20	宋史	（元）脱脱
16	旧唐书	（后晋）刘昫	21	辽史	（元）脱脱
17	新唐书	（宋）欧阳修	22	金史	（元）脱脱
18	旧五代史	（宋）薛居正	23	元史	（明）宋濂
19	新五代史	（宋）欧阳修	24	明史	（清）张廷玉

就二十四史而言，有以下几点需要注意：

其一，表4-1列举二十四史的书名基本依照约定俗成之名，并非完全依照原书之名，如《旧唐书》《新唐书》原名均为《唐书》，后世以新旧区分，遂成定例。

其二，二十四史的次序基本依照朝代的顺次，但成书年代则不尽然，如《三国志》的成书早于《后汉书》。

其三，"正史类"中，除去这二十四部钦定的史书外，还有一部分是对正史的注释、评论、补充之作。例如，《史记》的三家注、《汉书》的颜师古注、《三国志》的裴松之注多与原书整合。而后世对正史的研究与评论之书也被置于"正史类"中，例如，《四库全书总目》中《史记》与《汉书》之间，录《读史记十表》《史记疑问》两种。

其四，"二十四史"定名之后，民国时期成书的《清史稿》往往也被视作"正史"的延续。现今编纂的古籍目录，或能体现这一种延续性。其实，《中国古籍总目·史部》不设"正史类"，而以"纪传类"为名，自然能涵盖《清史稿》。

（二）编年类

顾名思义，编年体史书是以时间为纲的史书。从源头来看，编年体史书的出现早于纪传体史书。现存的古籍中，《春秋》是最早的编年体史书，现今隶于经部。

《隋书·经籍志》史部的第二类"古史"基本可以视作编年类。其小叙云:"学者因之,以为《春秋》则古史记之正法,有所著述,多依《春秋》之体。今依其世代,编而叙之,以见作者之别,谓之古史。"①《隋志》中的《竹书纪年》《汉纪》均是在后世颇具影响的编年体史书。

编年类中最重要的书籍是宋代司马光的《资治通鉴》。继承《资治通鉴》之后的多种"续通鉴"之作,也属于编年类,如南宋李焘的《续资治通鉴长编》、清代毕沅《续资治通鉴》。在以"通鉴"为名的编年史之外,《建炎以来系年要录》也属于极为重要的编年体史书。帝王的起居注、实录等体裁的史书也属于编年类,如《大唐创业起居注》、《明实录》、《清实录》以及清代蒋良骐、王先谦编撰的两部《东华录》。

(三)纪事本末类

纪事本末类史书以大事的起讫为纲,不同于纪传体史书的以人为纲和编年体史书的以时为纲。这一类史书源自南宋袁枢的《通鉴纪事本末》。《四库全书总目》史部纪事本末类小叙云:"至宋袁枢,以《通鉴》旧文,每事为篇,各排比其次第,而详叙其始终,命曰《纪事本末》,史遂又有此一体。"袁枢选取《通鉴》中 239 事为标题,从"三家分晋"到"世宗征淮南",摘录《通鉴》原文,这样不劳翻检便能了解一件大事的始末。这是南宋史学编纂的一大创新,颇便于读者。袁枢之后,有不少仿其体例之作,如杨仲良《皇宋通鉴长编纪事本末》、陈邦瞻《宋史纪事本末》《元史纪事本末》、李有棠《辽史纪事本末》《金史纪事本末》、谷应泰《明史纪事本末》等。

除去这一类内容时间接续《通鉴》之作外,还有一部分著作乃是对《左传》作纪事本末体的重构,如清马骕《左传事纬》、高士奇《左传纪事本末》。马骕编著的另一部上古史著作《绎史》也是纪事本末体。

---

① 魏徵等《隋书》卷三十二,中华书局 1973 年,第 959 页。

晚清魏源《圣武记》、王闿运《湘军志》、王定安《湘军志》等战争的记录,也属于纪事本末体。姚汝能《安禄山事迹》、赵元《奉天录》等专门记录某类大事的史籍,也归入纪事本末类。另外值得注意的是,徐梦莘《三朝北盟会编》虽为编年之作,但《四库全书总目》与《中国古籍总目》均将之置于纪事本末类。

《四库全书总目》收录纪事本末体著作数目不多,《中国古籍总目》将纪事本末类复分作通代之属、断代之属,再以书籍内容涉及的时间先后编次。

（四）别史类

《隋书·经籍志》并不设别史类。宋代陈振孙《直斋书录解题》始设"别史"一类。《四库全书总目》以为,别史介于"正史"与"杂史"之间。单从《四库全书》收录的史籍来看,正史乃统治者钦定,而别史与杂史之间的界限并不清晰。《书目答问》别史类说明写道:"别史、杂史,颇难分析,今以官撰及原本正史重为整齐,关系一朝大政者入别史,私家纪录中多碎事者入杂史。"例如,《四库全书》中《逸周书》《东观汉记》《契丹国志》也入别史类。

别史类中,史籍一般按照涉及时代先后编次。

《中国古籍总目》的史部并不设置"正史类""别史类",而是仅仅设置"纪传类",用以涵盖包括正史类的所有纪传体史籍,而其余体例不完全典型、纯粹的史籍则多入杂史类,以示区别。

（五）杂史类

《隋书·经籍志》创设"杂史"一类,认定此类史籍"体制不经"。《四库全书总目》也明言此类"载籍既繁,难于条析","杂史"之名"义取乎兼包众体,宏括殊名",对"杂史"内容的界定则说道:"或但具一事之始末,非一代之全编;或但述一时之见闻,只一家之私记。要期遗文旧事,足以存掌故,资考证,备读史者之参稽云尔。"①这说明"杂史类"的涵盖范围并不明确,与子部小说家类乃至史部的别史、纪事本末、传记类均有牵涉②。

杂史类下的史籍,并不具备固定的体例特征。例如,《国语》位于《四库全书》杂史类第一,其本质与《春秋左氏传》有类似之处,但一般的目录均将其置于杂史类。

杂史类书籍的编次多以书籍内容涉及的时代先后为序。《中国古籍总目》中杂史类分事实之属与琐记之属。

(六)诏令奏议类

诏令与奏议实为两种。诏令乃皇帝对臣民的官方文告,奏议则是臣下对皇帝的陈言。《四库全书》中"诏令奏议类"被置入史部。而《千顷堂书目》中"制诏"位于集部,《文献通考·经籍考》集部又设"奏议"。古代个人文集也多收奏议的一种,故诏令奏议收入集部在一定程度上也不无道理。不过《四库全书总目》认定诏令奏议乃"论事之文,当归史部,其证昭然。今亦并改隶,俾易与纪传互考焉"③。

从图书分类角度来看,此类书籍较易辨识。诏令,如《唐大诏令集》,一般专集居前,总集在后;奏议,如《政府奏议》(王安石)、《包孝肃奏议》(包拯)。若奏议收入个人文集,依然多以文集著录于集部。

《四库全书总目》《中国古籍总目》均将诏令置于前,奏议居于后。

(七)传记类

对于一个人的记叙,称之为"传";对于一件事的记叙,称之为"记"。

---

① 纪昀《武英殿本四库全书总目》卷五一,国家图书馆出版社 2019 年,第 16 册,第 3 页。
② 黄永年《古文献学讲义》,中西书局 2014 年,第 54 页。
③ 《四库全书总目》卷五十五《史部·诏令奏议类》。

《四库全书总目》的传记类分为圣贤之属、名人之属、总录之属、杂录之属（主要为记事的书籍）、别录之属。总体来说,传记可分为三种类型:圣贤、名人、孝友、高士等人的传记,隐逸、高僧、鬼神的传记,"叛逆"人物的传记。从分类角度看,"圣贤"与"名人"是根据传记的人物属性加以分类,而总录、杂录、别录等是从传记的体例加以分类,分类标准不一。但实际上,传记类涵盖颇广,除去现今意义上的人物传记外,还包括年谱、日记、登科录等。

《中国古籍总目》主要根据书籍体例加以分类:总传之属、别传之属、年谱之属、日记之属、姓名之属、科举录之属、职官录之属、杂录之属。

（八）史钞类

史钞是摘录史籍而成的书。《宋史·艺文志》始列史钞一门,其后书目多因之。

（九）载记类

载记是记录非正统政权、地方政权的史书,《隋书·经籍志》作"霸史",其间亦包含涉及农民起义、少数民族的书籍。

现代的古籍书目多不设"载记"一类,而是根据书籍的内容或体例归入史部的其他子类中。

（十）时令类

记录有关时令节序的书籍,与农业的关系比较紧密。《四库全书总目》云:"其本天道之宜以立人事之节者,则有时令诸书。"[①]

时令类的书籍较少,《四库全书》仅收录《岁时广记》与《御定月令辑要二十四卷图说一卷》两部,存目也仅有 11 种。《中国古籍总目》于时令下不设三级分类。

---

① 纪昀《武英殿本四库全书总目》卷六七,国家图书馆出版社 2019 年,第20 册,第 93 页。

（十一）地理类

《四库全书总目》地理类下设十个子类：宫殿疏之属、总志之属、都会郡县之属、河渠之属、边防之属、山川之属、古迹之属、杂记之属、游记之属、外记之属。其中宫殿疏之属指的是记载帝王宫殿、门观、园囿的书籍，外记指的是记录外国情况的书籍。

由于古籍中方志的数量众多，《中国古籍总目》区分方志与地理类，把方志独立作为二级类目。地理类的分类有所简化：总志之属、杂志之属、专志之属（古迹、宫殿、寺观、祠庙、陵墓、园亭、书院）、山水志之属、游记之属、中外杂记之属。

（十二）职官类

记载官制、官佐的书籍。《四库全书总目》于职官类下设官制、官箴两类，前者乃记录官制、职掌类的书籍，而后者主要涉及为官的道德、教条。

《中国古籍总目》不以"职官"为史部的二级类目，而将之归入政书类之下。

（十三）政书类

政书是记载典章制度的书。《四库全书总目》中政书类不仅收录前代的政书，也纳入清代的政书，下分六目：通制之属、典礼之属、邦计之属、军政之属、法令之属、考工之属。通制指的是记载一朝或多朝各种制度的书籍，典型的例子如《通典》。典礼讲礼仪制度，包括谥法、祭祀、庙制等多方面。邦计主要涉及经济层面，军政指向军事层面，法令即法律层面①，考工则涉及造船、建筑、陶瓷等方面。

《中国古籍总目》政书类的分类更为精细：通制之属、仪制之属、科举学校之属、职官之属、邦计之属、邦交之属、军政之属、刑法之属、

① 子部法家类侧重于"法"的道理，而史部政书类下的法令之属则多录法令条文。

考工之属、水利之属、章则之属、公牍之属、档册之属、杂录之属。

（十四）目录类

《四库全书总目》于目录类下分经籍、金石两子类，前者收录书籍目录，后者收录考证、搜集金属器物和石刻上文字的书籍。

《中国古籍总目》将金石类独立作二级分类，称作"考古金石类"。三级分类亦较细致：丛编之属、总志之属、郡邑之属、金之属、石之属、钱币之属、玺印之属、玉之属、甲骨之属、陶之属、竹木之属。从三级分类看，"考古金石类"的分类细化与清代晚期金石学的大发展以及甲骨的发现有直接的关联。

而《中国古籍总目》目录类的三级分类也有进一步的细化：丛编之属、通论之属、总录之属、专录之属、版刻之属。

（十五）史评类

评论史事、评论史书的书籍入此类。

《中国古籍总目》的三级分类更为细致：丛编之属、义法之属、议论之属、考订之属、咏史之属。

三、子部

经史子集四部之中，子部是书籍最为繁杂、子类设置变化最多的一大类。从历史延续角度看，《汉志》中诸子略、方技略、数术略、兵书略的相关书籍后世均归入子部。此外，传统的四部分类法也多将丛书、类书，以及佛教、道教典籍归入子部。从内容角度来看，子部类似于大杂烩。

《四库全书总目》中子部分作十四类，依次是：儒家、兵家、法家、农家、医家、天文算法、术数、艺术、谱录、杂家、类书、小说家、释家、道家。

《中国古籍总目》基本上沿袭了《四库全书总目》的分类，但改变

213

了道家、释家的次序,并在其后新设诸教类、新学类。

下面根据《四库全书总目》的次序简析每一类的大致情况,之后根据《中国古籍总目》介绍诸教类、新学类。类书类则放到最后的"类丛部"讲解。

(一)儒家类

以儒家观点讲学论事、阐发观点的书籍入子部儒家类。需要注意的是,子部儒家类与其他多类有牵涉,尤其是经部各类和子部杂家类,有时难以明确区分。

源自早期儒家传统的书籍,如《荀子》《晏子春秋》《孔子家语》等,后代儒者的议论,以及宋、明以降的理学著作均入儒家类。

《四库全书总目》儒家类下不设三级类目,而《中国古籍总目》于儒家类下设儒学之属、礼教之属。

(二)兵家类

"兵者,所以禁暴静乱者也。"①《汉书·艺文志》设"兵书略",下分兵权谋、兵形势、兵阴阳、兵技巧四类。而自《隋书·经籍志》以下,四部分类法中兵家均隶属于子部。

《四库全书总目》及《中国古籍总目》于兵家之下不设置三级分类,收录用兵理论、军事战术、兵器、实战的书籍。

(三)法家类

"法者,人君所以禁淫慝,齐不轨,而辅于治者也。"②《汉志》中法家乃九流之一。法家在四部分类法中一直居于子部,且《四库全书总目》与《中国古籍总目》法家之下不设置三级分类。

法家类收录法制与法制技术之书。

子部法家类与史部政书类法令之属的差别在于,前者偏重法治

---

① 魏徵等《隋书》卷三十四,中华书局1973年,第1017页。
② 魏徵等《隋书》卷三十四,中华书局1973年,第1004页。

理论,后者偏重法令条文。

（四）农家类

"农者,所以播五谷,艺桑麻,以供衣食者也。"①《汉志》九流中的农家记录了战国时期的农家思想的学术派别。而后,农家的书籍更加偏重于农业技术。

《中国古籍总目》农家类下设:丛编之属、综论之属、耕作之属(附农田水利)、时序之属、农具之属、防灾之属、作物之属、桑蚕之属、园艺之属、牧养之属。这一分类基本涵盖了传统农业的方方面面。

（五）医家类

《汉书·艺文志》医不称家,相关著作收录于方技类。《隋书·经籍志》称为医方,清《千顷堂书目》始称医家。

本类收录关于病理、治疗、药物、针灸、方剂,以及兽医方面的书籍。《四库全书总目》对医家的处理比较简单:"诸家所著,往往以一书兼数科,分隶为难。今通以时代为次。"②《中国古籍总目》的分类较为详细,其三级类目作:综论之属、医经之属、本草之属、脏象之属、诊法之属、方论之属、针灸推拿之属、医案医话之属、养生之属。

（六）天文算法类

我国古代的天文算法又称为"天算之学",是一种十分专门的学问,与"术数"有一定的重叠。

《四库全书总目》分推步与算术两类,前者收录考测天象的书籍,后者收录数理算法之书。《中国古籍总目》亦承袭这一类名。

（七）术数类

《汉书·艺文志》设数术略。四部分类法将其归入子部,改称术

---

① 魏徵等《隋书》卷三十四,中华书局 1973 年,第 1010 页。

② 纪昀《武英殿本四库全书总目》卷一〇三,国家图书馆出版社 2019 年,第 28 册,第 83 页。

数类。

术数类主要收录使用阴阳五行以推论吉凶的书籍。《四库全书总目》云："术数之兴，多在秦、汉以后。要其旨不出乎阴阳五行，生克制化，实皆《易》之支派，傅以杂说耳。"①

《四库全书总目》的术数类下分数学、占候、相宅相墓、占卜、命书相书、阴阳五行、杂技术七类。《中国古籍总目》的三级分类则略有调整，分为：汇编之属、数学之属、占候之属、堪舆之属、占卜之属、命相之属、阴阳五行之属、杂术之疏。需要注意的是，术数类中的"数学"与现代汉语中的"数学"含义有别，指的是用数理推求"造化之源"的书籍。

（八）艺术类

《四库全书总目》艺术类下分书画之属、琴谱之属、篆刻之属、杂技之属。需要特别说明的是，艺术类下"杂技"指的是博弈、歌舞、射法、投壶诸项。

《中国古籍总目》基本沿用《四库全书总目》的三级分类，但将"杂技之属"改为"游艺之属"，其下分为：棋、诗钟、射书、投壶、博戏、酒令、谜语、杂艺。

（九）谱录类

谱录类书籍出现较晚。宋尤袤《遂初堂书目》创谱录一门，《四库全书总目》因之，并于谱录类下设器物、食谱、草木鸟兽虫鱼三属。器物之属指的是记载器物、文具、杂器物的书籍；食谱之属收录各种茶、酒、蔬、食谱各种饮馔的著作；草木鸟兽虫鱼之属收录讲动植物的书籍。谱录类是按照著作体例界定的，属于辨体类目，而其下的三级分类则是依据学科门类，难免与其他种类的书籍有所交叠。

---

① 纪昀《武英殿本四库全书总目》卷一〇八，国家图书馆出版社 2019 年，第 30 册，第 3 页。

《中国古籍总目》谱录类下设汇编之属、器用之属、饮食之属、花木鸟兽之属、观赏之属。

（十）杂家类

《汉书·艺文志》诸子略中的"杂家"系一家之言。而《四库全书总目》中的"杂家"涵盖面颇广，不但包含了原有九流中书籍较少的几类，也包括了意旨不限于一家的书籍。

《四库全书总目》中杂家下分杂学之属、杂考之属、杂说之属、杂品之属、杂纂之属、杂编之属。"以立说者谓之杂学"，先秦诸子中的名家、杂家、墨家入此类。"辩证者谓之杂考"，不限于四部之义的考证之书大多入此类。杂说近似于笔记体著作。杂品主要指品评书画、器物的书籍。杂纂指摘录古书以成编的书籍。杂编则近似于丛书。

《中国古籍总目》杂家类大致沿袭《四库全书总目》的分类，下设丛编之属、杂学杂说之属、杂考之属、杂记之属、杂品之属、杂纂之属。

（十一）小说家类

"小说"的概念古今有别。《汉志》中的"小说"源于"街谈巷语"，近似于现代汉语中的小品文、笔记文，与杂家有一定的交叠。而后，小说逐渐成为一种俗文学体裁，出现了志怪小说、章回体小说等。《四库全书总目》由于时代限制，不收录传奇、平话、章回体小说。

《四库全书总目》中小说分杂事、异闻、琐语三类。杂事收录类似笔记一类的书籍，与史部杂史类有交叠；异闻指的是有神怪性质的小说；琐语则指小品文一类的书籍。

《中国古籍总目》于小说类下设丛编之属、文言之属、白话之属，传奇、平话、章回体小说在其收录范围之内。

（十二）释家类

释家类专门收录佛教书籍。以往目录，道家多居释家前。《四库全书总目》则释家在前①。

《中国古籍总目》于释家类下设置大藏之属、汇编之属、经藏之属、律藏之属、论藏之属、密藏之属、疑伪之属、撰述之属。

（十三）道家类

四部分类法中的"道家"与先秦的"道家"有明显的差异。四部分类法中的道家类涵盖先秦的道家以及后世道教的书籍。就前者而论，《老子》《文子》《庄子》属道家经典，《管子》一书也经常被视作道家之作；就后者而言，《抱朴子》《云笈七签》属道教的经典。

值得注意的是，《四库全书总目》不收道教经典，而《中国古籍总目》则明确分为先秦之属与道教之属。

（十四）诸教类

《四库全书总目》不设此类，之前的古籍分类、古籍目录更无此名目。《中国古籍总目》设诸教类，下分基督教之属、伊斯兰教之属、民间宗教之属。

（十五）新学类

《四库全书总目》无此类。《中国古籍总目》设新学类，涵盖颇广，其下设丛编之属、史志之属（外国历史）、政治法律之属、学校之属、交涉之属、兵制之属、农政之属、矿物之属、工艺之属、财经之属、船政之属、格致之属、算学之属、重学之属、电学之属、化学之属、气学之属、天学之属、地学之属、全体学之属、动植物学之属、医学之属、图学之属、理学之属、幼学之属、游记之属、报章之属、议论之属、杂撰之属。

由是可知，若依据现代的学科分类与知识体系，"新学类"与传统的史部、子部、集部多有重叠。然而19世纪以来进入中国的新学书籍无法用传统的四部分类法类分，故于子部下设新学类以统摄之。

---

① 《四库全书总目》云："诸志皆道先于释，然《魏书》已称释老志，《七录》旧目载于释道宣《广弘明集》者，亦以释先于道。故今所叙录，以释家居前焉。"

四、集部

相较于经部、史部、子部，集部的分类相对简单。《四库全书总目·集部总叙》云："集部之目，楚辞最古，别集次之，总集次之，诗文评又晚出，词曲则其闰馀也。"《四库全书总目》即以楚辞类、别集类、总集类、诗文评类、词曲类为序。后续的古籍目录，亦大体以此为序。《中国古籍总目》则将"词曲类"拆分为"词类"与"曲类"，无其他实质性调整。

（一）楚辞类

"楚辞"最初有两种含义，一是指战国时期楚地的一种新诗体；二是指楚国以屈原为代表的一些诗人所写的一批辞作①，这一批辞作汇聚而成的特殊总集构成了目录中楚辞类的基础。《隋书·经籍志》单独设立"楚辞"一门，之后历代沿袭。《四库全书总目》云："盖汉魏以下，赋体既变，无全集皆作此体者。他集不与《楚辞》类，《楚辞》亦不与他集类，体例既异，理不得不分著也。"②

《楚辞》初为西汉刘向所辑，共十六篇：屈原《离骚》《九歌》《天问》《九章》《远游》《卜居》《渔父》七篇，宋玉《九辨》《招魂》两篇，景差《大招》、贾谊《惜誓》、淮南小山《招隐士》、东方朔《七谏》、严忌《哀时命》、王褒《九怀》、刘向《九叹》各一篇。东汉王逸将他本人撰写的《九思》以及班固撰写的二叙加入，并为之做注，编成《楚辞章句》十七卷。后世注本中，宋洪兴祖撰《楚辞补注》与朱熹撰《楚辞集注》③则最具影响力。

---

①　金开诚、葛兆光《古诗文要籍叙录》，中华书局 2012 年，第 16 页。

②　纪昀《武英殿本四库全书总目》卷一四八，国家图书馆出版社 2019 年，第 41 册，第 7 页。

③　实际上由三部分构成：《楚辞集注》八卷、《楚辞辨证》二卷、《楚辞后语》六卷。

凡是综合性解释《楚辞》，或是解释其中单篇之作，抑或是阐释、研究《楚辞》中的音韵、植物的皆入此类①。楚辞类的收录范围，同经部诗类颇为类似。

（二）别集类

收录个人诗文词者谓之别集。

《四库全书总目·集部总叙》云："古人不以文章名，故秦以前书无称屈原、宋玉工赋者。洎乎汉代，始有词人。迹其著作，率由追录。故武帝命所忠求相如遗书。魏文帝亦诏天下上孔融文章。至于六朝，始自编次。"②这大致介绍了别集的历史源流，也指出了别集的一大特质，即虽然现今最早的别集可以追溯到汉代，但汉人别集均非自编，而是由后人编集而成，如《贾长沙集》《司马相如集》《扬子云集》等。

从编纂情况看，别集有作者自编，有作者子孙、亲友、门生所编，有自编、他编结合者，有原集已佚、后人重辑者。总体来看，作者自编的文集质量较高，作者的子孙、亲友、门生所编者次之。

别集的书名也很驳杂，多以"集""文集""全集""全书""遗集"为名。值得注意的是，以"文集"为名者也可能包括诗词；以"全集""全书"为名的部分别集，不仅收录作者的诗文词，还把作者撰写的专书也收录其中，这类别集有着丛书的性质。

总体来看，四部之书，别集最杂。由于别集收录个人著作，其中或可涵盖经、史、子的内容。凡是单人的诗集、文集、诗文合集均入此类。目录中，别集的排序亦多据时代的先后。

---

① 历史上有不少解释《离骚》中植物之作，如《四库全书》收录的宋代吴仁杰《离骚草木疏》四卷。

② 纪昀《武英殿本四库全书总目》卷一四八，国家图书馆出版社 2019 年，第 41 册，第 3 页。

《中国古籍总目》复以时代为区分,设置别集的三级类目:汉魏六朝之属、唐五代之属、宋代之属、金元之属、明代之属、清代之属(其下进一步分为清前期、清中期、清后期)。

(三)总集类

与别集的概念相对,收录多人诗文词者谓之总集。《四库全书总目》云:"文籍日兴,散无统纪,于是总集作焉。一则网罗放佚,使零章残什,并有所归;一则删汰繁芜,使莠稗咸除,菁华毕出。是固文章之衡鉴,著作之渊薮矣。"①

总集的编纂始于先秦时期,《诗经》虽入经部,但实为我国第一部诗歌总集。位于集部之首的《楚辞》亦是总集。在这两部特殊的总集之外,一般以《文选》为总集之首。

总集的编集形态也颇为复杂。就时间属性看,总集有通代、断代之分,前者如《文选》,后者如《全宋词》。就文体看,有兼收诗文者,也有单收某一特定文体的。就编纂体例看,有以体标目、以人系体的;有以人标目、以文系人的。总集另有选集、全集之别,如《唐诗三百首》与《全唐诗》。另外也存在专门收集某一地区文献、专收某一家族诗文、专收一时唱和之作、专收某一流派、专收某一诗社的总集,种类繁多。

《中国古籍总目》中总集下的三级分类当在一定程度上有助于理解总集的构成:丛编之属(各体、分体)、通代之属、断代之属、郡邑之属、氏族之属、尺牍之属、课艺之属。

(四)诗文评类

论文章、诗词的体例、优劣、得失,论诗人、文人流派的书籍入此类。按照现代的概念,这一类近似于文学批评与文学理论。专门的

---

① 纪昀《武英殿本四库全书总目》卷一九五,国家图书馆出版社 2019 年,第 57 册,第 107 页。

诗文评论起源于魏晋时期。《四库全书总目》云："建安、黄初,体裁渐备。故论文之说出焉。"大致说来,这一类有论述诸种文体、评判优劣之作,有评论作者并指陈师承关系之作,有论述诗的技巧之作,有记录遗文逸事之作,有搜集作者故事之作。

总体来看,宋元以后此类书籍较多。一般情况下,书名中有"诗品""诗话"的入此类。《中国古籍总目》诗文评类下不再设置三级分类。

(五)词曲类

《四库全书总目》对词曲类书籍的整体性评价颇为严苛:"词、曲二体在文章、技艺之间。厥品颇卑,作者弗贵,特才华之士以绮语相高耳。"而依照现今的观念,词曲本就是重要的文学体裁。

《四库全书总目》对词曲类的三级类目安排是:"曰别集,曰总集,曰词话,曰词谱、词韵。曲则惟录品题论断之词,及《中原音韵》,而曲文则不录焉。"由此可见,词曲类下的分类相当于单独设置了一个缩小版的集部,别集、总集、词话与集部的二级分类基本对应,仅有"词谱、词韵"为词的特殊体例,故单独设置。而"曲类"则仅仅占据一个三级类目。

而在《中国古籍总目》中,词类、曲类均为二级类目。词类之下,词谱之属、词韵之属位于词话之属前。这当是借鉴集部本身的二级类目排序,文学批评类位于最末。而"曲类"之下则根据曲的体裁分为:诸宫调之属、杂剧之属、传奇之属、散曲之属、俗曲之属、弹词之属、宝卷之属、曲选之属、曲谱之属(附身段谱、锣鼓谱、脸谱)、曲律之属、曲韵之属、曲评曲话之属、曲目之属。

五、类丛部

在传统的四部分类中,类书、丛书均位于子部。但实际上,类书、丛书内容都可能涵盖四部，故应独立于子部。自张之洞《书目答问》在经、史、子、集四部以外另设"丛书"之部，之后的古籍分类法多有步其后尘者。近现代的《京师大学堂书目》《中国古籍善本书目》《中国古籍总目》均将丛书从子部析出，独立设部。最新编纂的《中华古籍总目》虽亦为五部分类法，但将"丛书部"改为"类丛部"，丛书之外，兼收类书。此节虽沿袭旧称，将《隋书·经籍志》以降的主流图书分类法称之为四部分类法，但考虑到新时代的分类要求，将"类丛部"独立于经史子集之外进行介绍。

我国类书编纂的历史可以追溯到魏晋时期，现存最早而较完整的类书之一，是隋唐间虞世南所编的《北堂书钞》。隋唐至明清，类书的编纂绵延不绝。类书是从各种书籍中采辑资料，按其性质内容分类编排以便查寻的工具书。其性质类似于现今的百科全书。差异在于，现今百科全书的词条多由专家撰写，而类书中的条目则是摘取书籍中既有的内容，而非出于编纂者之手。《四库全书总目》已然明言："类事之书，兼收四部，而非经非史，非子非集。四部之内，乃无类可归。"但仍效法《隋书·经籍志》，也列于子部。之后的书目大多依循四部分类法的目录，将类书置于子部之下。《中国古籍总目》亦然，并下设二子类：类编之属、韵编之属。这一区分是依据类书的编纂体例。《中华古籍总目》"类丛部"下设"类书类"，包括通类和专类两属。

丛书是汇集许多种重要著作，依一定的原则、体例编辑的书，又称丛刊或丛刻。总体来看，由于丛书的数量远远超过类书，故《中国古籍总目》将"同类合编"的书分别归于经、史、子、集四部，而将"总聚众书"且"子目跨部"的丛书著录于丛书部，下分杂纂类、辑佚类、郡邑类、氏族类、独纂类①。《中华古籍总目》"类丛部"则在"类书类"之后设"丛书类",包括汇编、辑佚、郡邑、家集和自著五属。

第三节 十进分类法解析

一、十进分类法的原理和发展源流

（一）《杜威十进分类法》的产生和原理

1876 年,美国著名图书馆学家、分类学家麦维尔·杜威（Melvil Dewey,1851—1931）创制了《杜威十进分类法》（Dewey Decimal Classification,DDC）。该分类法受美国圣路易斯市图书馆哈利斯（William Torrey Harris,1835—1909）分类法的影响,根据 17 世纪英国哲学家培根（Francis Bacon,1561—1626）的知识分类思想,将人类知识分为记忆（历史）、想象（文艺）和理性（哲学、即科学）三大部分,又将其倒置排列,变为理性（哲学、即科学）、想象（文艺）、记忆（历史）,然后展开为 10 个大类,下再分为 10 类,不管类目多少均限于 10 类,基本类号为 3 位数。DDC 采用的标记符号是阿拉伯数字,每三位数后用小圆点隔开。它以学术分科的原则构建分类体系,分为详、简两种版本,是一种等级列举式分类法。该分类法平均每六年就更新一个版本②,百余年来,经过杜威本人及相关组织的不断修订,到 2011 年,《杜威十进分类法》已更新至第 23 版。据统计,现在已有 139 个国家和地区的 20 多万所图书馆在利用,其中有 60 多个国家的国家书目采用该分

---

① 《中国古籍总目》编纂委员会《中国古籍总目·丛书部》,中华书局 2009 年,《编纂说明》第 1 页。

② 刘莎《〈杜威十进分类法〉第 23 版的新变化与发展研究》,《图书馆杂志》2015 年第 7 期,第 4—10 页。

类法①。现将第 1 版和第 23 版 DDC 类号进行对比,详见表4 – 2。

表 4 – 2 《杜威十进分类法》第 1 版与第 23 版 DDC 类号比照表

第 1 版	第 23 版
000 总论	000 计算机、信息及总论
100 哲学	100 哲学和心理学
200 宗教	200 宗教
300 社会科学	300 社会科学
400 语言学	400 语言
500 自然科学	500 自然科学
600 技术科学	600 技术
700 美术	700 艺术和娱乐
800 文学	800 文学
900 历史、地理	900 历史和地理

从表 4 – 2 可看出,DDC 从第 1 版到第 23 版,总体十进的分类安排未变,但在一些类目名称方面,有一些比较大的变化。例如,伴随着计算机科学、信息科学的兴起,"000 总论",更改为"000 计算机、信息及总论";随着娱乐文化生活的日益丰富,"700 美术"改为"700 艺术和娱乐"。其他的大类、小类亦有部分变化。由于能紧随时代发展的脚步,不断完善,DDC 得到了极高的评价。一般认为,《杜威十进分类法》有以下优点②:

● 体系结构完整、严谨,囊括所有的知识领域。类目详细,层次清楚,等级分明,易于掌握和使用;

● 首创以号码代表类目的方法——相关排列法,把图书主题的

---

① 田秀芳、丘东江《简述杜威十进分类法的历史、现状和发展》,《图书馆工作与研究》2013 年第 6 期,第 70—73 页。

② 侯汉清《图书馆分类工作手册》,中国科学技术出版社 1992 年,第 127 页。

排列、藏书及目录的排列三者统一起来，为排架、目录组织及检索提供了方便；

● 首次采用小数标记制，并初步应用了组配编号法（仿分、复分），易标、易检、易排；

● 为分类表配备了一个详细的相关索引，为用户提供了一条按照字顺检索的方便途径；

● 由美国国会图书馆、DDC 编辑方针委员会及森林出版社（现改为 OCLC）三者组成实力雄厚的管理机构，定期修订，使《杜威十进分类法》不断完善。

（二）十进分类法在我国发展的源流——"仿杜""改杜""补杜"

20 世纪初，随着西学东渐的大潮涌入，《杜威十进分类法》也随之传入我国。1910 年孙毓修将《杜威十进分类法》引入国内，列举其 10 大类体系及总论、哲学、宗教等 3 大类所属的二级类目，并对二级类目所包括的内容加以评述①。其后，我国以分类编目为志业的图书馆学家，根植于传统的四部分类法，结合新型的《杜威十进分类法》，开展了多个"仿杜""改杜""补杜"的分类法探索。据统计，大约有 22 部仿杜的分类法产生②，下面介绍一些较为有代表性的分类法。

1. 沈祖荣、胡庆生的《仿杜威书目十类法》

1917 年，沈祖荣的《中国书目十类法》出版，该法声明"以学科分类为准"。1922 年，沈祖荣又与胡庆生合作继续出版《仿杜威书目十类法》。面对大量产生的新学书籍，沈祖荣"勉竭心力，仿美儒杜威十类法，强分图书总目为十类，以一千号数为次序，如零数至九数，分总目为十项，每类分十部，每部分十项""此编法所有书籍，均以类、部、

① 孙毓修《图书馆（分类篇）》，《教育杂志》1910 年第 2 期，第 8—11 页。

② 傅荣贤《20 世纪初仿杜威书目对知识世界的近代化建构及其反思》，《大学图书馆学报》2017 年第 3 期，第 99—109 页。

项三者依次分列,以某数目代表某书名,开明某数,取阅某书,较为简便"①。该法分为 10 类:000 经部及类书 Chinese Classics and Reference Books;100 哲学及宗教 Philosophy and Religion;200 社会学及教育学 Sociology and Education;300 政法及经济 Political Science, Law and Economics;400 医学 Medicine;500 科学 Science;600 工艺 Useful Arts;700 美术 Fine Arts;800 文学 Literature;900 历史 History。下面各类下再分 10 部,每部下再分 10 项。其将传统的"经部"与"子部"的"类书",单独设为"000 经部及类书",其他"史部""子部""集部"也各入相关的类目下。作为十进分类法的首次本土化尝试,该分类法受到了极大的关注,也获得了极高评价。

2. 洪有丰的《图书分类法》

1919 年,洪有丰的《图书分类法》出版。其根据《四库全书总目》,参酌《杜威十进分类法》,将新旧图书分为(一)丛,(二)经,(三)史地,(四)哲学,(五)宗教,(六)社会科学,(七)自然科学,(八)应用科学,(九)艺术,也以十进进行。其"丛"类与杜威之"总类"相似,"经"类与四部分类法大体相同,部分做了调整。其他"史地""哲学"亦有调整,"文学类"亦"极仿四库全书集部"②。

3. 查修的《杜威书目十类法补编》

查修的《杜威书目十类法补编》③于 1924 年问世,曾在清华大学图书馆试用。1927 年基于该分类法编制的《清华学校图书馆中文书籍目录》出版,全书将清华学校图书馆收藏的中文图书分为 10 类,即总记、哲学、宗教、社会科学、语言学、科学、应用艺术、美术、文学、历

① 沈祖荣等《仿杜威书目十类法》(第二版),文华公书林 1922 年,中国书目十类法原序。

② 洪有丰《图书分类法说明及其简表》,《文物参考资料》1950 年第 8 期,第 138—141 页。

③ 查修《杜威书目十类法补编》,《清华学报》第二卷第 1 期。

史,卷末还有两个附表,即"类别索引表"与"类别号码表"①。

4.桂质柏的《杜威书目十类法》与《国立中央大学图书馆分类大全》

1925 年,桂质柏出版了其《杜威书目十类法》。《杜威书目十类法》将古今中外书籍分为 10 大类,分别是:000 普通图书;100 哲学;200 宗教;300 社会;400 语言学;500 自然科学;600 应用科学;700 美术;800 文学;900 历史。桂质柏照搬杜威成法,只将《杜威法》"000 总类"改为"000 普通图书",然后将中国旧有部类拆散归入杜威原设的中国类目下②。蒋元卿曾引用洪有丰之言,评价《杜威书目十类法》等分类法"摹袭西制,支离繁琐,强客观之书籍,以从主观之臆说,亦未免有削足适履之嫌也"③。

1931 年,桂质柏在美国芝加哥大学取得博士学位;1932 年,回国立中央大学图书馆服务,继续探究图书分类问题。1935 年其所编的《国立中央大学图书馆分类大全》刊行,仍将新旧书籍分为 10 大类,分别是 000 总类、100 经类、200 史地类、300 哲学宗教类、400 文学类、500 社会科学类、600 自然科学类、700 应用科学类、800 艺术类、900 革命文库,仍然是以十进分类法为基础的,把《四库全书总目》的"经部"改为"100 经类",分为"110 易""120 书""130 诗经""140 礼""150 春秋""160 四书""170 孝经""180 小学""190 纬书"④。其他史、子部的书籍再各入相关的类目。集部多对应于"400 文学类",为了容纳新书,特设了"490 各国文学"。

---

① 郑锦怀《查修的生平与图书馆学成就考察》,《大学图书馆学报》2011 年第 3 期,第 118—125 页。

② 刘应芳《桂质柏图书分类法本土化探索研究》,《图书情报知识》2019 年第 1 期,第 44—49,87 页。

③ 蒋元卿《中国图书分类之沿革》,中华书局 1941 年,第 204—205 页。

④ 桂质柏《分类大全简表》,《文物参考资料》1950 年第 8 期,第 147—150 页。

5. 杜定友《世界图书分类法》

1925 年,杜定友《世界图书分类法》出版。该法宣称"本世界主义,合并中西书籍""以中西书籍,合并庋藏,而归纳于同一分类之下"。《世界图书分类法》由大纲、类表、总表、助记表、索引等部分组成。类表分为 10 个大类,即 000 总记、100 哲理科学、200 教育科学、300 社会科学、400 艺术、500 自然科学、600 应用科学、700 语言学、800 文学、900 历史地理。所有类名与注释均为中英文对照。杜定友将杜威法做了较多的调整,酌量改动,以容纳中国图书。

6. 王云五的《中外图书统一分类法》

1928 年王云五创制的《中外图书统一分类法》问世。该法认为《杜威十进分类法》非常适用,并主张按照卡特的观点——"把性质相同的书放在一处",用" + "" 土 "" ++ "等符号来扩充杜威法的类号,并对使用方法做了规定:" + "号只能排在绝对相同的号码之前," 土 "号可以排在整数相同的任何号码之前;" ++ "号可以排在十位相同的任何号码之前①。例如,在"110 形而上学"前加" ++ 110 中国哲学"。又如,增加" +390 中国古礼仪"" ++ 420 中国语文学"" ++ 610 中国医学"" ++ 810 中国文学"" ++ 920 中国传记"" ++ 950 中国历史"等。这一分类法的灵感起源于门牌号的"增号""附号"的做法,亦非常有特点。

7. 刘国钧的《中国图书分类法》

刘国钧的《中国图书分类法》为其在金陵大学工作时编制的分类法,试用 3 年,借 1929 年中华图书馆协会在金陵大学举行第一次年会之机,作为该馆丛书之一出版。其编制原则是:"类目不宜含有批评褒贬之意""以学科分类为准绳……参以体裁的分别""不能利用四库

---

① 王云五《中外图书统一分类法》,商务印书馆 1928 年,第 14—15 页。

之部类而增减之""分类以详为贵""一方面须求理论上之圆满,一方面仍须求事实上之便利"①。该分类法分总表、简表、详表 3 部分,将图书分为 000 总部、100 哲学部、200 宗教部、300 自然科学部、400 应用科学部、500 社会科学部、600/700 史地部、800 语文部、900 美术部,后设多个复分表。

8. 何日章、袁湧进的《中国十进图书分类法》

1934 年,何日章、袁湧进的《中国十进图书分类法》刊行,为国立北平师范大学图书馆所实行的分类法。该分类法以刘国钧的《中国图书分类法》及《中文图书编目条例草案》为蓝本,做了一些适合于所在图书馆的修订。该分类法总体上仍分为十部,顺序也依从《杜威十进分类法》,依次为:0 总部;1 哲学部;2 宗教部;3 社会科学部;4 语言文字学部;5 自然科学部;6 应用科学部;7 艺术部;8 文学部;9 史地部。在部下所分之类,则参考多家分类法编制。在"凡例"中此分类法也讨论了四库部类在该分类法中的位置,也大体按书籍性质分入各部②。

9. 皮高品的《中国十进分类法》

1934 年,皮高品也编制成功了其《中国十进分类法》。该书分 2 卷:上卷为类表(中、英);下卷为索引。附录形式细分表等 4 种。大类为:000 总类 General Works;100 哲学 Philosophy;200 宗教总类 Religion;300 社会科学 Social Sciences;400 语言文字学 Philology Languages;500 自然科学 Natural Sciences;600 实业工艺 Productive Arts Industrial Arts;700 美术 Fine Arts;800 文学 Literature;900 历史

---

① 刘国钧《中国图书分类法》,金陵大学图书馆 1929 年,凡例。

② 何日章、袁涌进《中国图书十进分类法》,国立北平师范大学图书馆 1934 年,凡例。

History[①]。

其中关于中国古籍的类目有：070 国学；080 丛书；090 经学，经书；980 传记；110 东方哲学；210 孔教；220 道教；230 佛教；410 中国语言文字学；810 中国文学；910 中国史等。全表类目 13000 个，有些类目展开到 7—8 级。

10. 裴开明的《汉和图书分类法》

裴开明费时 15 年编制了《汉和图书分类法》，于 1943 年正式出版。该法分为 9 大类，分类的次序依照荀勖的"甲乙丙丁"（其中，乙相当于四库分类法的"子"部，丙相当于"史"部）再加西方学术类别而成。具体大类为：100—999 中国经学类；1000—1999 哲学宗教类；2000—3999 历史科学类；4000—4999 社会科学类；5000—5999 语言文学类；6000—6999 美术游艺类；7000—7999 自然科学类；8000—8999 农业工艺类；9100—9999 总录书志类。由于"历史科学类"的书籍较多，为"2000—3999"。《汉和图书分类法》划分层级一般到第 3 级。如"中国经学类"下划分"群经、易经、书经、诗经、三礼、春秋、孝经、四书"。"三礼"下再划分为"周礼、仪礼、礼记、三礼总义"。"四书"下分"总义、大学、中庸、论语、孟子"。

从《杜威十进分类法》发展而来的"仿杜""改杜""补杜"等分类法中，除以上 10 家外，还有安徽省立图书馆、陈子彝、陈天鸿、浙江省立图书馆采用十进为基础改编的分类法[②]。学界通常将沈祖荣、胡庆生的《仿杜威书目十类法》、杜定友的《世界图书分类法》、刘国钧的《中国图书分类法》、皮高品的《中国十进分类法》列为中国 20 世纪上

---

① 皮高品《皮高品集》，武汉大学出版社 2017 年，第 20—24 页。

② 《一九四八年以前各分类法大纲比较表》，《文物参考资料》1950 年第 8 期，第 156—157 页。

半叶最有影响力的四部分类法①。图书馆学家或将中外文书分别采用不同的分类法,如中文书仍用"四库法",西文书用十进制分类法;或将中西文书合二为一,扩充类号以容纳;或将四库法附属于十进制分类法的类目下,都可看出图书分类专家在当时的尝试。

当代在我国通行的还有《国际十进分类法》(Universal Decimal Classification,UDC),又名《通用十进制分类法》,于1899年由比利时学者奥特勒特和拉芳田在《杜威十进分类法》的基础上编制而成。UDC分类详细,详表约15万个类目,中表约5万类目,简表1.5万—2万类目。其基本大类最初为0总论,1哲学、心理学,2宗教、神学,3社会科学,4语音学,5数学、自然科学,6应用科学、医学、工业、农业,7艺术,8语言学、文学,9地理、历史。以下再细分,每三位数用一圆点隔开。UDC于20世纪60年代被我国多家图书馆采用。我国国家标准《科学技术报告、学位论文和学术论文编写格式》(GB 7713—87)还曾规定,科学技术报告、学位论文、学术论文的封面的分类号应尽可能注明UDC的类号。其自然科学部分分类非常详尽,因此在科技信息界影响较大。

二、十进分类法在古籍编目中的影响和应用

(一)十进分类法对中国古籍分类的影响

在1929年中华图书馆协会第一次年会上,分类编目组通过的四项书目编制原则为"一、中西分类一致;二、以创造为原则;三、分类标记须易写易记易识易明;四、须合中国图书情形"②。1933年中华图书

---

① 俞君立《中国文献分类法百年发展与展望》,武汉大学出版社2002年,第15页。

② 《中华图书馆协会第一次年会纪事》,《中华图书馆协会会报》1929年第4期,第5—14页。

馆协会又举办了第二次年会,分类编目组的主要工作是审定《杜威十进分类法》于中国历史、地理、语言、文学、金石、字画等项之分类细目①。1950 年,图书分类法委员会第一次会议还组织了一场对图书分类法的讨论,其中就有对 1949 年以前的多种"仿杜""改杜""补杜"分类法的讨论。杜定友还提出要"活用十进法"②。可见,十进分类法成了我国学界的一个重要话题。

根据 1950 年图书分类法调查,采用刘国钧《中国图书分类法》的有 21 家,采用杜定友的《世界图书分类法》的有 9 家,采用王云五《中外图书统一分类法》的有 12 家,采用何日章、袁湧进《中国图书十进分类法》的有 5 家,采用皮高品《中国十进分类法》的有 6 家③,直接采用《杜威十进分类法》的有 11 家,其他采用自编分类法的 21 家里也多改编自"杜威法",等等。可见,我国的图书分类受到了《杜威十进分类法》的深刻影响。

(二)十进分类法在古籍编目中的应用

从以上这些"仿杜""改杜""补杜"的分类法可以看出,十进制分类法对我国传统的四部分类法形成了很大的冲击。裘开明的《汉和图书分类法》虽然在国内当时只有燕京大学图书馆采用,但在海外对中文书(包含中文古籍)的分类产生了较大的影响。据 1972 年赖永祥先生所做的调查,全球除非洲外,计有 25 所图书馆使用或曾经使用过裘开明的《汉和图书分类法》(具体分布是亚洲和大洋洲有 7 所,欧

---

① 严文郁《中国图书馆发展史——自清末至抗战胜利》,枫城出版社 1983 年,第 217 页。

② 杜定友《新图书分类法刍议》,《文物参考资料》1950 年第 8 期,第 63—69 页。

③ 《最近全国各大图书馆图书分类调查》,《文物参考资料》1950 年第 8 期,第 158—161 页。

洲 3 所,美洲 15 所)①。该分类法较为适合类分中国古籍及日文图书,但现在已逐渐被美国国会图书馆分类法等分类法取代。从该分类法亦可看出图书馆学家在为解决中西新旧图书的分类问题所做的种种努力②。在对古籍的分类过程中,不同分类法采用了不同的处理方式,如杜定友的《世界图书分类法》,将经书仍单独列为一类,刘国钧的《中国图书分类法》则将经部分散列类,但通论群经之书则列为专类。

不得不承认,以十进分类法等西方化的分类法来类分中国传统古籍,也产生了"以中国学术强就西方学理之'范'、导致理性的独断化、导致人的单向度发展"③等问题。十进分类法只有 30 多个关于中国的类目,且多在三级类位,确实不适用于我国古籍的分类。十进制分类法虽对我国古籍的分类产生了很大的冲击,但在古籍分类领域仍然未能动摇四部分类法的根本地位。

第四节　《中国图书馆分类法》解析

一、《中国图书馆分类法》的编制原理及发展

(一)《中国图书馆分类法》的编制原理

《中国图书馆分类法》(Chinese Library Classification,CLC)原称《中国图书馆图书分类法》,简称《中图法》,是 1949 年后我国以国家名义编制出版的一部具有代表性的大型综合性分类法,由 36 个单位

---

① Lai Yung-hsiang. "Cataloguing at Harvard-Yenching Library:Accomplishments and Prospects."See:Harvard-Yenching Institute Archives:File:Library Managing Committee-Minute 1972.

② 周余姣《裘开明〈汉和图书分类法〉研究》,《国家图书馆学刊》2016 年第 3 期,第 95—101 页。

③ 傅荣贤《近代图书分类西方化及其对传统知识体系的重建》,《图书馆建设》2014 年第 11 期,第 1—5 页。

合作编制完成,是当今国内图书馆使用最广泛的分类法体系。《中图法》是文献分类标准化的产物,基于统一分类法的目的而编制。专家在总结我国"四部分类法"等分类法编制经验的基础上,吸收国外DDC编制技术,以马克思主义的唯物辩证思想为指导,形成了类目详细、逻辑清晰的知识结构和灵活完备的组配方法①。在"第一版编制说明"中,该分类法声称其分类以学科分类为基础,将知识门类按哲学、社会科学、自然科学三大部类归类。另基于马列主义、毛泽东思想是我国的理论基础,再加一基本部类"马克思主义、列宁主义、毛泽东思想",后再加一大部类"综合性图书"。至第五版时形成"马克思主义、列宁主义、毛泽东思想、邓小平理论;哲学;社会科学;自然科学;综合性图书"这五大部类。此外在社会科学部类下,展开为9大类;在自然科学部类下,展开为10大类,以汉语拼音字母和数字的组合为标记符号,共同构成从A到Z的22大类②。每一类都依据上下位类、同位类之间的排列形成具有严密逻辑的树形等级结构。

《中图法》(第五版)的22个基本大类如下:

A 马克思主义、列宁主义、毛泽东思想、邓小平理论

B 哲学、宗教

C 社会科学总论

D 政治、法律

E 军事

F 经济

G 文化、科学、教育、体育

---

① 王雪荻、潘薇《"四库分类法"和〈中图法〉对古籍文献分类的局限与关联探讨》,《四川图书馆学报》2014年第1期,第80—83页。

② 国家图书馆《中国图书馆分类法》编辑委员会编《中国图书馆分类法(第五版)》,国家图书馆出版社2010年,第1—11页。

H 语言、文字

I 文学

J 艺术

K 历史、地理

N 自然科学总论

O 数理科学和化学

P 天文学、地球科学

Q 生物科学

R 医药、卫生

S 农业科学

T 工业技术

U 交通运输

V 航空、航天

X 环境科学、安全科学

Z 综合性图书

(二)《中图法》的发展

1975 年《中图法》出版,1980 年出版第二版,1985 年荣获国家科学技术进步奖一等奖。1990 年出第三版,1999 年出第四版,2010 年出第五版,大约每十年更新一个版本。其修订的原则为"稳定性与发展性"。"稳定性"体现在"列举式分类体系及大类序列不变,字母—数字混合制的标记符号及层累小数制的标记制度不变"[1]。"发展性"集中体现在分类技术、类目内容与人类知识积累保持同步[2]。

---

① 国家图书馆《中国图书馆分类法》编辑委员会《中国图书馆分类法(第五版)》,国家图书馆出版社 2010 年,第 5 页。
② 李轩《〈中图法〉分类理论与技术的发展研究》,河北大学 2019 年硕士学位论文,第 17—19 页。

《中图法》第五版的修订特点是：

- 确定了特别处理的大类、重点修订大类和局部调整大类。
- 增加复分标记、"一般性问题"的禁用标记。
- 完善类目的参见注释，补充类目反向参照。
- 合并使用频率过低的类目。
- 完善附表类型，补充共性复分的新主题；通过主表类目注释解决附表连续复分的使用问题。
- 其他的常规性修订①。

经过国家图书馆《中国图书馆分类法》编辑委员会对该分类法的不断修订，该分类法现已较为完善，比较切合学术发展的需要。

二、《中图法》在古籍编目中的应用

（一）《中图法》在古籍分类中的应用

《中图法》设计的是新旧书籍统一分类，声称尽可能地考虑古籍的分类问题。与古籍分类相关的处理如下：

1. 类目设置对古籍相关类目的特殊处理

《中图法》对"四库法"采取了四种处理方法：

- 使用原有类目。如"K204 古代史籍"下设 K204.1 纪传体史书合刻，K204.2 纪传，K204.3 编年，K204.4 纪事本末，K204.5 杂史、史钞；"K206 史料"下设 K206.3 公牍、档案，K206.4 典章制度、政书，K206.5 诏令、奏议，K206.6 笔记、掌故、旧闻、回忆录，基本沿用了传统的类目。

- 凡重要的古籍都直接设置类目。如 I222.2 诗经、H113.1《切韵》、H161《说文》、R222.3《金匮要略》。

---

① 国家图书馆《中国图书馆分类法》编辑委员会《中国图书馆分类法（第五版）》，国家图书馆出版社 2010 年，第7—11 页。

- 将原有类目名称用括号注明于《中图法》类目之后。

- 以注释方式将原有类目列在《中图法》类目之下①。如"B992. 2 占卜"下注释"易占、占候、龟卜、奇门遁甲、测字、扶乩、占星术等入此","K204.1 纪传体史书合刻"下注有"《十七史》《廿四史》《廿五史》等史书合刻入此","K204.3 编年"下注有"《竹书纪年》《资治通鉴》《通鉴纲目》等入此"。

《中图法》继承了关于四部分类法分类的一些做法。例如,在"Z 综合性丛书"下设"Z1 丛书",下设有"Z12 中国丛书",再下分为 Z121 普通丛书(杂纂丛书)、Z122 地方丛书、Z123 族姓丛书、Z124 自著丛书、Z125 辑佚丛书、Z126 旧经籍,基本还是按照四部分类法的类目进行划分。

2. 不再以"尊经"为指导思想

对于最为重要的经部古籍,《中图法》从学科性质出发将其归入各类,如"十三经"中的《周易》入"B221 诸子前哲学",《尚书》入"K221.04 古代史籍",《周礼》入"K224.06 史料",《左传》《公羊传》《穀梁传》入"K225.04 古代史籍",《诗经》入文学类[I222.2 诗经,与原来集部的《楚辞》(I222.3)等为同位类],《尔雅》入训诂类"H131.2《尔雅》"。

3. 以时代先后对相应的古籍复分

例如,"B2 中国哲学"下,与古籍相关的类目有 B20 唯物主义与唯心主义,B21 古代哲学,B22 先秦哲学(—前 220 年),B232 秦汉哲学(总论)(公元前 221—公元 220 年),B233 秦代哲学(公元前 221—前 207 年),B234 汉代哲学(公元前 206—公元 220 年),B235 三国、晋、南北朝哲学(220—589 年),B241 隋、唐、五代哲学(581—960

---

① 张国娟《〈中图法〉与经部古籍分类》,《社会科学辑刊》1994 年第 3 期,第 156—158 页。

年），B244 宋、元哲学（960—1368 年），B248 明代哲学（1368—1644 年），B249 清代哲学（1644—1840 年），B25 近代哲学（1840—1918 年）。

其他类目也多有变动。《中图法》还把同一学科的新旧图书集中在一起，对一些类目做了增删调整工作。也采用了交替类目（互见）和参见类目，编制了索引，附有多种复分表，更具实用性。

（二）利用《中图法》类分古籍的优点

一些学者主张用《中图法》类分书籍，如廖延唐、曹之就在《图书馆古籍整理》①一书中做了较多的论述。其他学者也认为，利用《中图法》类分古籍有其潜在价值和必然趋势，建立在科学知识基础上的分类体系以及严谨的十进制类号结构，既满足了现代读者的使用习惯，又为数字化工作全面展开后古籍资源的计算机管理、计算机检索提供条件。同时《中图法》划分古籍资源促使《中图法》向着"包含一切知识门类、容纳古今中外图书资料"这一更高要求迈进②。

主张利用《中图法》类分古籍的学者，制作了"《四库全书总目》分类法与《中国图书馆图书分类法》对照表"③，以供参考。其他学者也都就《中图法》与"四库法"④的关联和对应做了探索，即从"四库分类法"的二级类目甚至是三级类目的每个具体类别入手，依次向《中图法》二十二个大类及其属类对应，可以较为全面地达到《中图法》和

---

① 廖延唐、曹之编《图书馆古籍整理》，湖北省高等学校图书馆工作委员会 1986 年。

②⑤ 王雪荻、潘薇《"四库分类法"和〈中图法〉对古籍文献分类的局限与关联探讨》，《四川图书馆学报》2014 年第 1 期，第 80—83 页。

③ 张润生、胡旭东等《图书情报工作手册》，黑龙江人民出版社 1988 年，第 209—213 页。

④ 在以往《中图法》与"四库法"的大争论中一般采用"四库法"的说法。所以本书在单独论述时，使用"四部法"的说法，在与《中图法》相对论述时多用"四库法"的说法。

"四库法"的融合⑤。采用《中图法》类分古籍的原则,据李明杰总结为:①不能循名分类;②析出篇章依内容归类;③哲学家的非哲学类著作,依其内容分,不入哲学家专类;④各代三体史书(编年体、纪传体、纪事本末体)先入各代史,再按体裁分类;⑤文集不全入文学类;⑥注释类作品依作者时代分类;⑦考证类作品依研究专题分类;⑧纬书随原书归类;⑨按类将某书中的资料(如典故、名物、词句等)抄纂在一起,按类编书的性质归类,不随原书分①。

在古籍编目中,采用《中图法》可以比较好地容纳古籍中的新学内容;采用"四库法"则需要扩充分类表,增加类目,如加"丛部"或"类丛部",近年来还有加"新学类"以容纳西学书籍的举措。就国家图书馆而言,普通古籍编目使用刘国钧《国立北平图书馆普通图书分类表》的十五大类分类法②,善本特藏部采用传统的"四库法"。但在为新印古籍编目时,还是采用的《中图法》编目,以便与其他图书集中在一处,更好地被利用。是否采用《中图法》对古籍分类,还有待更深入的实践探索。

(三)《中图法》在古籍分类应用中的不足

尽管《中图法》的立意很好,但是否利用《中图法》来类分古籍,还是有很大争议的。客观而言,《中图法》在具体应用中,有些类目设置过于粗疏,不敷应用。如古籍中的史部、集部书较多,而《中图法》的类目设置相对简单,不能再予以细分。对大型丛书的分类而言,也不能再按学科性质分类,只能另设"综合性图书"大类。传统的史部古籍分类级别非常低,而史部的书籍非常之多,如详加细分,会使此处非常庞杂。如"Z126.2 群经总义"注"经解入此",下分"Z126.21 汇

---

① 李明杰《简明古籍整理教程》,武汉大学出版社 2018 年,第 312—314 页。
② 鲍国强《北图工作产品(1):〈北京图书馆普通古籍总目(目录门)〉》,《北京图书馆通讯》1987 年第 3 期,第 48—52 页。

辑;Z126.22 辑佚;Z126.23 专题选辑;Z126.24 表谱、图说;Z126.25 音义、校勘;Z126.27 研究、评论、考证",一直划分到了 5 级类目,这对于研究传统学术的学者来说极为不便。因此,也有学者如韩锡铎[1]、傅荣贤[2]等,认为中国古籍有其特殊性,不宜使用《中图法》分类。

综上,以古籍分类理论为研究重心的学者主张用《中图法》类分古籍,而古籍编目的实践工作者仍主张用"四库法"类分古籍。目前,大部分图书馆基本仍采用以改良"四库法"的分类法进行分类,如《中国古籍善本书目》的分类表(经部、史部、子部、集部、丛部)以及近年来编制《中华古籍总目》的分类表[3](分为经部、史部、子部、集部、类丛部)等,虽有部分改动,但其主体仍然是"四库法"。

第五节　其他分类法解析

一、刘国钧国立北平图书馆"普通图书分类表"

除上述分类法外,在图书馆古籍界颇有影响并使用至今的一部古籍分类法就是刘国钧先生的《国立北平图书馆普通图书分类表》。

刘国钧先生于 1929 年至 1930 年担任国立北平图书馆编纂部主任,负责该馆的图书分类编目工作。其上任伊始,鉴于当时馆内要求将线装书和平装书分别分类庋藏,于是编制了这个分类表,专门用于类分馆藏中文线装书。该表共分 15 个基本大类,即目录门、经籍门、

---

① 韩锡铎《图书馆古籍编目亟待解决的问题》,《图书馆论坛》2003 年第 6 期,第 143—145 页。

② 傅荣贤《论中国古籍分类》,《图书馆理论与实践》1996 年第 4 期,第 24—27 页。

③ 国家古籍保护中心《中华古籍总目编目规则》,国家古籍保护中心 2009 年,第 24—43 页。

史乘门、地志门、传记门、古器物学门、社会科学门、哲学门、宗教门、文字学门、文学门、艺术门、自然科学门、应用科学门、总记门。分类表后附录列有 7 项：①时代表；②简明时代表；③分国表；④书号编制法；⑤著者号码；⑥岁阳，岁阴表；⑦通论复分表，专书助记表。

为了与馆藏平装书所用分类表相区别，该表采用混合编码制，以文字（类名的一个字）和数字相结合作为分类号，数字基本上采用十进制。类表的层级较少，所以号码比较简短，非常便于使用。

该分类表的附录 4《书号编制法》还指导如何编制书号，书号由类别号和书次号组成，类别号表明一书之类属，书次号表明此书在本类中序次之先后。附录 5《著者号码》配合《书号编制法》使用。

该分类表的实质，是将四部分类法原有类目参考现代科学的性质，加以分散或合并，同时增加一些新式名称的类目如"自然科学""社会科学"等。其中，经籍门、文字学门可以对应四部分类法中的经部，目录门、史乘门、地志门、传记门可以对应四部分类法中的史部，古器物学门、社会科学门、哲学门、宗教门、艺术门、自然科学门、应用科学门、总记门可以对应四部分类法中的子部，文学门可以对应四部分类法中的集部。该分类表体系兼采中外学科分类之长，既有对十进位制分类法的改造，又有对四部法的改造，并将现代科技图书与传统文化古籍的类别混合在一起①，可以妥善而灵活地处理内容丰富、形式多样的中国古籍，加之采用了现代的图书分类技术和各种辅助表格工具，方便易用，所以国家图书馆至今仍沿用该分类表类分普通古籍。

该表初版于 1929 年，为毛笔字体蜡版油印本，初名《国立北平图书馆普通图书分类表》，并无"古籍"或"线装书"等名目。因为当时的国立北平图书馆馆藏主体仍为中文线装书，没有必要强调"中文"和

---

① 王菡《中国古籍联合目录与目录学史研究》，《国家图书馆学刊》2003 年第 1 期，第 45—48 页。

"线装书","普通"一词是针对古籍"善本"而言的。1957 年 6 月,该表经修订后用硬笔字体蜡版油印,改名为《国立北京图书馆中文普通线装书分类表》。1964 年 10 月,又用硬笔字体蜡版再版油印,仍名《国立北京图书馆中文普通线装书分类表》,在总门类中增加了"特"字头的"马克思列宁主义门",合原有之十五门类,成为十六门类的分类表。

1934 年,萧璋编制《国立北平图书馆书目·目录类》完成,此书为国立北平图书馆第一部采用该分类表的书目。从此,十五大类分类法开始为该馆普通古籍编目所沿用,直至今日,现名为《国家图书馆普通古籍分类表》。

二、北京大学《中国古籍分类法》

1993 年,北京大学信息管理系姚伯岳获批国家教委"八五"人文、社会科学规划项目"《中国古籍分类表》的研制",并于 1996 年顺利结项,项目成果名为《中国古籍分类法》,是一部专门用来类分中国古代图书的分类法。该分类法在分类体系上,借鉴传统的四部分类法,尽可能采用四部分类法的类名,但在总体框架上尽可能向在中国图书馆界影响最大的《中国图书馆分类法》靠拢,按照社会科学、自然科学、综合性图书的序列安排类目。

该分类法的编制者认为,20 世纪上半叶编制的各种分类法都强调古今图书的统一分类,其出发点是建立在当时各图书馆藏书多以古籍为主的现实基础之上的,故其动机无可厚非。但时至今日,情况已发生变化,古籍已被各图书馆作为特藏单独对待,此时若再片面强调古今图书的统一分类,除了适用于现代重版新印的平、精装古籍外,对于线装古籍的保管和利用则是弊大于利。理由如下:

- 古籍的种数已不再增加,目前各图书馆的古籍收藏也大多进入稳定状态,而现行的《中图法》由于新的学科门类的图书不断产生以及分类法自身存在的种种不足之处,需要不断修订。以不稳定的分类法类分稳定的古籍藏书,只会增添麻烦,造成混乱。

● 由于古籍都是分专库单独保管,如果用古今图书统一分类的分类法类分古籍,那么分类排架的古籍势必会出现分类号不断跳跃、不相连贯和类目设置不平衡的现象,减弱了分类排架的意义,为图书馆古籍藏书的保管和利用带来不便。

● 如果图书馆将古今图书统一分类编目而不设立单独的古籍分类目录,则读者必须从古今图书的大量书目记录中去找寻某一类或某一部古籍,这势必要影响其检索速度和查准率,加大检索难度,导致事倍功半。

现代各种古籍目录的编制和古籍数据库的建设,也需要一个统一的、标准的古籍分类法。传统的四部分类法至今没有一个符合要求的、规范的、稳定的文本,不能担当起统一古籍分类的重任。现实需要呼唤着这样一部古籍分类法的问世:

● 它是专门用于类分组织古籍的,应该充分考虑古籍内容、形式各方面的特点和现存状况,适合于古籍分类。

● 它必须做到分类体系完备、严密,类目设置系统、合理,适用面广,能充分满足国内外对中国古籍典藏整理和开发利用的需要。

● 它是为现代人服务、供现代人检索利用的,应该符合现代人的思想方法和思维方式,方便现代人使用。

● 它应该充分采用现代先进的图书分类法编制技术和手段,如标记符号、注释、说明、仿分、复分、参见、互见、组配、索引等各种方法,成为一个技术方法先进、完善、高水平的古籍分类法。

● 它应该力争成为国家标准,以提高其权威性,担当起统一古籍分类法的历史重任。

基于上述认识,该分类法分为20个大类,并用20个英文大写字母作为类目标识,分别为 A 语言、B 经部、C 子部、D 政部、E 军事、F 史部、G 地志、H 集部、I 说部、J 艺术、K 宗教、N 术数、P 历算、Q 格致、R 医药、S 农业、T 工艺、X 金石、Y 目录、Z 丛部。

以上全部20个大类中,A—N 大致属于今天的社会科学范围,P—T 类约略相当于自然科学范围,X、Y、Z 类属于综合性图书。该分类法在按照科学分类体系序次类目的同时,在类名的设置上,比较多地采用传统的名词,像经部、子部、史部、集部这四大部的名称,该分类法都照搬了过来。有些大类类名的选用,如"艺术""格致"等,是为了使某些类目相应地集中,并符合古人的说法。其他如"说部""丛部"等大类的名称也都是为了体现其古籍分类法的特色,在照顾现代人思维方式的同时,尽可能地尊重传统,保持古籍分类方法的延续性。

对各大类的设置,该分类法的编制说明给出具体解释:

欲读古籍,必先识古字,懂古文,古代"小学"之书隶属经部,今特抽出,设"语言"大类,安排在各大类之首。

经书是先秦儒家经典,产生时代较早,在中国古代具有权威地位,历代研究不衰,形成"经学",不便拆散,故"经部"单列为一大类,序列第二。

诸子之书产生时代既早,又多属哲学著作,故"子部"序列第三。

政书包含政治、经济、法律等方面内容,四库分类法中多列于史部之中,其实与史书体裁不合,今单列为"政部"大类,序列第四。

兵书旧隶子部之下,军政之书又在政书之中,今合为一处,设为"军事"大类,序列第五。

史书纵贯历朝各代,包罗万象。以往之四部分类法,史部收书浩繁,内容庞杂,今将政书、地志、目录等大类析出别置,其余以国史、传记为核心,仍设"史部",序列第六。

地志旧属史部，但其性质独特，数量庞大，故别列"地志"大类，序列第七。

集部之书不尽属文学，但也不宜拆散，应予保留，仍以"集部"之名序列第八。

笔记小说性质属于文学，而旧多列于子部，实为不妥，但列于集部亦属不伦，加之数量庞大，故单列为"说部"大类，序列第九。

古代"艺术"兼指书画、音乐、体育、游戏等方面内容，功能与文学相近，故序列第十。

宗教类书内容复杂，数量极大，故不列于子部之中，单设一类，序列第十一。

术数以阴阳五行数理预测人事，其说介于社会与自然之间，其书多属糟粕，然亦有一定科学因素在内，故列于宗教之后，自然科学各类之前，序列第十二。

中国古代天文、历法、算术三者密不可分，故以"历算"之名归于同一大类，序列第十三。

近代西方声、光、电、化、博物之学传入中国，近人以"格致"之名总称之，清末此类图书亦颇为不少，故沿用其旧称，总括为一类，序列第十四。

中国古代医药学发达，向来自成一家，故以"医药"为类名，序列第十五。

古代"农家"，现称农业，故以"农业"为类名，序列第十六。

古代"考工"之书，实即今之工业，旧隶"政书"之下，今别立为一大类，因多涉技术，故以"工艺"名之，序列第十七。

金石器物考古之学，具有综合的性质，而《四库》分类法隶属于史部目录类下，《中图法》中归于"历史"类下，均有不妥之处，今别立"金石"一类，置于综合性类目之首，序列第十八。

目录之书,更具综合的性质,且种类繁多,数量亦大;目录之学,尤为学者所重,今以其书冠于诸种书目之前。大类仍以"目录"名之,序列第十九。

丛书、类书、杂著均属综合性图书,而旧四部分类法中实无可归属,今取"丛杂"之意,名曰"丛部",序列最后。

该分类法在标记制度上,完全采用《中图法》的做法,取混合制号码,即用汉语拼音字母与阿拉伯数字相结合,每个字母标志一个大类,用字母顺序反映大类的序列,在字母后用数字表示大类下各级类目的划分。

数字的编号制度使用小数制,并遵从层累制的编制原则,尽可能使号码的级数代表类的级数,在同位类超过十个时,亦同《中图法》一样,采用八分制(1……8、91、92)或双位制(11、12……99)的编号法。为了使号码易于辨识,在分类号码的三位数字后,隔以小圆点"·"。其他符号如"—"为总类复分号,"/"为起止符号,表示号码范围。

该分类法附有 5 个辅助表,即《总类复分表》《中国时代表》《国际时代表》《中国地区表》《世界地区表》。其中,除《总类复分表》在分类时,可以根据图书的具体情况随时使用外,其他各辅助表均只适用于分类表中规定用以复分的类目。

此外,该分类法还采用了仿分、参见等分类技术和注释、说明等方法,作为分类的辅助手段。

由于该分类法并未得到实际的应用,所以没有设计使其成为完整典藏体系的书次号。当然,这在书次号技术已经比较成熟的当下不是什么大的问题。例如,采用按照同类书中编目先后顺序给出的种次号,或者采用著者名称的四角号码等,都是可选的方案。

思考与练习：

1. 简述《隋书·经籍志》的重要意义。

2. 简述四部分类法的源流。

3. 简述古籍分类方法的演变。

4. 古代图书分类法有哪些不足？

5. 简述十进分类法对中国古籍分类的影响。

6. 试析《中图法》类分古籍的利弊。

7.《中图法》在古籍分类中的应用情况如何？

8. 近现代的古籍分类存在哪些问题？

延伸阅读：

1. 国家图书馆《中国图书馆分类法》编辑委员会. 中国图书馆分类法(第五版)
   [M]. 北京:国家图书馆出版社,2010.

2. 国家图书馆《中国图书馆分类法》编辑委员会.《中国图书馆分类法》第五版使
   用手册[M].北京:国家图书馆出版社,2012.

3. 刘国钧. 现代西方主要图书分类法评述[M].长春:吉林人民出版社,1980.

4. 黄建国.试论中国古籍四部分类与西方分类的根本差异[J].传统文化与现代
   化,1995(5):86 – 89.

5. 楚庄. 经史子集——我国的古籍及其分类 [J].天津师大学报,1982
   (5):83 – 92.

6. 曹之.关于古籍分类的几个问题[J].武汉大学学报(社会科学版),1987(2):
   118 – 123.

7. 傅荣贤.论中国古籍分类[J].图书馆理论与实践,1996(4):24 – 27.

8. 王文英.略论中国古籍的分类[J].图书馆学刊,2006(4):116 – 117.

9. 姚伯岳.试论中国古籍分类的历史走向[J].图书馆理论与实践,1993
   (4):13 – 16.

10. 郑明.中国古籍分类的历史及未来发展趋势研究[D].北京:北京师范大
    学,2009.

11. 卫建忠.从十七个图书馆看古籍分类的现状[J].晋图学刊,1986(4):41 – 44.

12. 李玉荣. 对古籍分类工作的几点看法[J]. 锦州师院学报(哲学社会科学版),1984(4):85-87.

13. 余东. 古籍分类应在四库法基础上进行发展[J]. 广东图书馆学刊,1986(4):76-77.

14. 陈超. 古籍分类不宜只采用四库法[J]. 图书馆理论与实践,1987(4):28-32.

15. 王雪荻,潘薇."四库分类法"和《中图法》对古籍文献分类的局限与关联探讨[J]. 四川图书馆学报,2014(1):80-83.

16. 严代荃.《中图法》关于古籍分类的得失[J]. 杭州师范学院学报(社会科学版),1990(2):123-126.

17. 张国娟.《中图法》与古籍子部分类如何对应[J]. 图书馆杂志,2001(2):62,64.

18. 张国娟.《中图法》与集部古籍分类[J]. 社会科学辑刊,1999(2):158-159.

19. 张国娟.《中图法》与经部古籍分类[J]. 社会科学辑刊,1994(3):156-158.

20. 张国娟.《中图法》与史部古籍分类[J]. 社会科学辑刊,1995(2):116-117.

21. 邓贵忠,钟稚鸥.《中图法》类分古籍略论[J]. 图书馆论坛,1999(5):95-91.

22. 董桂兰. 关于《中图法》类分古籍图书的思考[J]. 镇江师专学报,1996(4):105-107.

23. 李琳,曾惠琼.《全国古籍普查平台分类表》对古籍分类的意义[J]. 兰台世界,2017(23):47-49.

24. 刘英洁. 全国古籍普查登记平台古籍分类义理探析——与四库分类法相比[J]. 四川图书馆学报,2017(5):79-82.

25. 陈晓春,白玉琪. 论地方高校图书馆古籍的分类[J]. 河南图书馆学刊,2015(3):91-93.

26. 邓景鹏,张宇,李鸿涛. 中医古籍目录分类的演变研究[J]. 图书馆学研究,2021(15):48-53.

27. 刘培生,张伟娜,李鸿涛,等.《中医古籍分类表》的研制及应用[J]. 中国中医药图书情报杂志,2017(2):52-54.

28. 郑贵宇. 书目数据库建设中的古籍分类问题[J]. 图书馆理论与实践,2000

（5）:23 - 25.

29. 朱赛红. 古今图书分类语言兼容与互换问题探讨[J]. 中国图书馆学报,2000
（6）:77 - 79.

30. 姚小燕. 中国古籍分类现状及研究综述[J]. 大学图书馆学报,2023,41（5）:
75 - 82.

第五章　古籍主题标引

导论：

　　本章需重点理解主题法的原理和方法，认真思考主题法应用于古籍编目之必要性，熟悉《中国分类主题词表》的内容体系和使用方法，并能使用非控主题词做古籍的主题标引。主题法的原理较为艰深，使用主题词表进行主题标引也需要掌握其技巧，特别是在没有专门的古籍主题词表的情况下，如何将古籍的主题标引工作做得准确到位，是一件很不容易的事情。建议课时为 6 学时。

　　主题标引是与分类标引并列的另外一种重要的文献标引方法，是用语词标识来表达文献主题的操作过程，其中的语词可以是受控语言，也可以是自然语言。与分类标引一样，它的目标也是揭示文献的内容特征，但与分类标引方法又有明显的区别。

　　古籍主题标引方法的作用与目的是揭示古籍的内容与形式特征，以便用户检索利用。在我国古代目录学史上，没有明确的主题标引案例存在。但是在类书编纂等方面可以发现主题标引的思想方法，以及其与中文古籍编目的适配。现今古籍书目数据库的蓬勃发展，为主题标引与古籍编目相结合提供了很好的机会。《中国分类主题词表》是目前最常用的主题词表之一，可以为古籍工作者所使用。非受控主题词也由于自由、灵活、便于使用，而在古籍编目中受到青睐。如何更好地发挥主题标引的作用，使其服务于古籍编目与检索，是古籍编目人员需要进一步探讨与研究的问题。

第一节　主题法与古籍的主题标引

一、主题法及其在古籍编目上的应用

主题法是直接以表达文献主题内容的语词作为检索标识,将其按字顺排列用以检索文献资源的方法。它是分类法以外,另一种从内容角度标引和检索文献资源的方法,在西方图书馆学与情报学界应用更为广泛。

主题法主要是从具体事物、对象和问题的主题名称、字顺系统来揭示古籍的知识内容,能够把同一主题的古籍加以集中,以适应人们对事物现象与问题进行特性检索的需要。主题法的基本原则是知识的特指性,就是特别指明文献所论述、研究的对象。知识总是关于一定对象的。主题法就是按照知识对象来集中资料,而不管它和其他对象的关系。

传统的中国古籍编目方法以分类为主,但主题理念的运用在我国古代学术体系中也并非全无踪迹可寻,古代的类书其实就用到了主题的思想和方法。类书虽然以"类"为名,但是实际上,其所谓的"类",是以事物性质拟定主题作为类别,以"类"为目汇辑有关资料,其理念与主题法颇为接近。我国现代目录学家姚名达曾有过一段经典论述:

著者认类书为主题目录之扩大。盖分类之道,有时而穷,惟以事物为主题,汇列参考资料于各主题之下,使读者一目了然,尽获其所欲见之书。此其功用较分类目录为又进一步。倘删其繁文,仅存书目,即现代最进步之主题目录也。①

从这段话也不难看出,姚名达开始注意到主题目录相较于传统分类目录所具备的先进性,并在中国文献学传统中为主题目录寻根溯源,认为我国古代的类书编纂实际上就是"主题目录之扩大"。因此姚名达提出:

在目录学史上,苟能闯出偪仄之分类目录樊篱,而远瞩高瞻,则此种接近主题目录之类书,亟宜研究之、改良之,使与主题目录相应,与分类目录相助。则目录学之范围于以扩张,而其功用亦更加显著矣。②

姚名达可以说是近代学术界将主题目录与中国文献编目相结合的提倡者与先驱者。他在《目录学》中举例说明:关于四川地区的史料,有《华阳国志》《四川通志》《蜀简》《蜀难叙略》等各种门类的书籍,用分类不能把它们集中在一起,而使用主题词"四川",就能将其聚合在同一位置。从这个例子可以看出,姚名达已经在探索将主题目录运用于古籍编目的可能性与特殊性。

姚名达的观点并非个例,同时期另一位著名图书馆学家刘国钧也在论述中涉及主题目录与古籍编目的结合:

自有主题款目,而关于一事之资料,举手即得。向之需翻阅数十册之分类目录乃始得之者,今展卷即可得之;向之需淹博之学识以为背景者,今乃可以检字得之。③

近年来,各类古籍数据库的建设与发布给古籍工作者与研究者

---

① 姚名达《中国目录学史》,上海古籍出版社 2007 年,第 57 页。
② 姚名达《中国目录学史》,上海古籍出版社 2007 年,第 58 页。
③ 刘国钧《图书目录略说》,《刘国钧图书馆学论文选集》,书目文献出版社 1983 年,第 44 页。

使用主题法提供了更大更多的舞台。许多古籍书目数据库如"高校古文献资源库"等都提供了主题词检索服务。古籍知识库理念的提出与实践工作的展开更是凸显了主题标引的重要意义。正如有学者所说,古籍叙词表是支持古籍知识库建设的核心所在:基于古籍的叙词表不仅是古籍知识库建设的需要,也是解析标引古籍的一个导航系统;是沟通古籍文献工作者和用户的桥梁;还可通过古籍叙词表的建设,客观体现知识聚类增长所形成的学术体系构架①。

在我国,古籍的主题标引才刚刚起步,面临着诸多问题,目前业界还没有统一的解决方案。如何把主题法与古籍工作更紧密地结合起来,使其为古籍工作者、研究者、使用者提供更方便的服务,有着很大的探索空间。目前,国内的古籍书目数据库大多采用《中国分类主题词表》作为主要的规范化主题标引依据。该表具有较强的权威性与兼容性,可以实现分类法与叙词表的对照,以及分类语言与主题语言的互通,能够满足用户的一般需求。但是该表毕竟不是专门针对古籍编制,无法充分反映古籍的特殊性。所以,将古籍的主题标引研究从学科主题拓展到内容主题,编制独立的、脱离书目的古籍主题法及国家标准,应是今后古籍编目重点努力的方向之一②。

二、主题法的源流

主题法的出现是在 19 世纪。1856 年,英国人安德里亚 · 克里斯塔多罗(Andrea Crestadoro) 出版了《目录编制技术》(*Art of Making Catalogues*) 一书。书中克里斯塔多罗提出,字顺标识系统应从文献的

---

① 《中医古籍叙词表的构建研究》,中国中医科学院中国医史文献研究所 2009 年。

② 鲍国强《中国古籍编目标准化工作的回顾与展望》,《古籍保护研究》(第六辑),大象出版社 2020 年,第 49—62 页。

书名或者篇名中取词,作为概括文献内容的"标题",并将此标题应用于文献编目与标引工作。一般认为,该书的问世标志着标题词法的正式形成①。

1876 年,美国目录学家查尔斯·卡特(Charles Cutter)编制了《印刷本字典式目录规则》(*Rule for a Printed Dictionary Catalogue*),正式创立了字典目录的组织形式。1874 至 1882 年,担任波士顿图书馆馆长的卡特编制完成并出版了五卷本的《波士顿图书馆目录》(*Catalogue of the Library of Boston Athenaeum*),这是一部馆藏印刷本字典式目录,将主题、著者、书名按字母顺序相结合,统一混排,组成了一套可资检索的字顺系统,从实践层面对主题法进行了实验,验证了其实用程度与使用效率。

1895 年,美国图书馆协会根据卡特的字典式目录思想,发表了世界上第一部用于目录标引的权威性的主题词表《美国图书馆协会标题表》。

1909—1914 年,美国国会图书馆以本馆藏书目录为基础,编制和出版了 2 卷本的《美国国会图书馆字典式目录用标题表》,1975 年第八版改名为《美国国会图书馆标题表》(*Library of Congress Subject Headings*,LCSH),至 1991 年已出 14 版。LCSH 是世界标题语言乃至主题语言发展史上最具里程碑意义的词表,它以完善的管理机制以及与书目数据的捆绑发行,成了标题词语言的重要参考标准。至今许多英美图书馆著录"主题标目"时,依然是按照 LCSH 的标题展开工作的②。

随着标题语言的适用范围越来越广,相关研究也日趋深入。1959 年,澳大利亚图书馆学家约翰·麦特卡尔费(John Metcalfe)撰写的

① 刘湘生《主题法的理论与标引》,书目文献出版社 1985 年,第 24 页。
② 张燕飞《信息组织的主题语言》,武汉大学出版社 2005 年,第 276 页。

《图书馆文献主题的分类与标引》出版,成为标题语言研究的集大成之作。

由于汉语语词和我国学科体系的特殊性,主题法在中国的发展相对较晚,而《汉语主题词表》堪称汉语主题法发展史上的一个重要里程碑。该表是"汉字信息处理工程"的配套项目,1975 年由中国科技情报研究所和北京图书馆主持,开始编制,1980 年出版,历时五年,是一部汉语语境下的大型综合性主题词表。该表标引和检索范围包括各类型文献中所涉及的一切知识与信息内容,其来源包括图书资料、期刊、论文集、会议录、技术标准等各种类型的印刷文献和手稿、缩微复制文献、机读磁带文献等非印刷型文献。该表的编制向集中统一汉语文献的主题标引、建立全国主题检索系统、实现电子计算机检索迈出了坚实的第一步①。

1994 年,由《中国图书馆分类法》编委会主持出版了《中国分类主题词表》,该表为《中国图书馆分类法》与《汉语主题词表》的对照型词表。《中国分类主题词表》在我国主题法的发展历史中扮演了更为重要的角色,下节将专门说明。

三、主题法的类型

主题法分为多种不同的类型。按语词标识的组配特点可分为先组定组式、先组散组式、后组式;按使用时是否控制可分为受控主题法、非控主题法;按选词方式可分为标题词法、元词法、叙词法(主题词法)、关键词法。其中,按选词方式的划分最能反映其各自的特点。

(一)标题词法

标题词法是以标题词作为检索标识的文献标引与检索方法,是

---

① 周宁《信息组织》,武汉大学出版社 2002 年,第 93 页。

最早出现的一种主题法。标题词是一种检索标识,分为主标题词和副标题词,主标题词表示主体,一般为名词;副标题词对其进行修饰,一般为动词或形容词,与主标题词组配使用。标题词法是一种规范的检索标识,主、副标题词经规范处理后按固定的顺序排列于标题词表中,是一种先组定组式的主题标引方法。从前述主题法发展史可以看出,主题法的早期实践与研究大多以标题词为中心展开。

大多数情况下,标题基本上是用事物的名称直接表达文献主题,因此相对直接且直观。标题词法以主题事物为中心,将与该事物主题有关的各种信息聚合,用户可根据字顺检索词表中的主标题词或副标题词,检得所需文献。标题词法的通用性、直接性、直观性、专指性,以及方便选取、容易使用均为其优点。但是标题词表中的主、副标题词是提前拟定并设置组配的,标引文献时,只能依赖相对固定或者说受限的标题词作标引点。而在学科拓展与交叉高速发展的今天,使用标题词作为标引词,会导致主题词表达概念受限,许多语义更为复杂的主题无法通过主、副标题词的简单组合予以完整、准确地表达。因此,在当今的社会生活与技术环境下,标题词法的使用逐渐被其他类型主题法取代。

(二)元词法

元词法,又称单元词法,是一种以元词作为文献主题标识的主题词法。

元词,又称单元词,是指描述信息所涉主题的最基本、最小的词汇单位。所谓"最基本、最小",也就是说该词不能再次分化,否则将破坏语义的表达,削弱语义的准确度,甚至使其在专业领域内丧失意义。例如,"古籍"是一个元词,它表现了一个独立的概念,又是一个单元概念,不能再拆分为"古"与"籍";"古籍善本"则不是一个元词,它虽然表现了一个独立的概念,但可以进一步拆分为"古籍"与"善本"两个元词。元词具有概念的独立性与概念的单元性。概念的独立性指元词所表现的概念具有独立而完整的含义。概念的单元性指元词所表现的概念是一个最基本的概念单元,即无论在含义上还是在字面上都不能再拆分。

元词法的基本原理是任何一个完整的、具体的、复杂的复合概念都可以分解成若干个更为一般的、单纯的单元概念,而单元概念都只需用一个单元词表达。元词法的基本原则是尽量避免选用词组或短语去表达复杂概念,尽量选用最基本的词汇单位,并通过简单词汇间的组配去表达复杂概念,这也是它与标题法的主要区别。

元词法通过若干单元词的组配来表达复杂的主题概念,它采用自然语言的形式,在由元词组成的检索系统(即元词索引)中,把各元词按字顺排列,供用户使用。元词法适用于较为专门、专业的信息检索与标引。

元词法有两个最为显著的特点。第一是元词必须是规范词,一个检索系统所使用的全部元词均应记录在规范的元词表中。元词表是元词索引语言的主要组成部分,可提供用作标引和检索的规范化元词。第二是采用后组配方式,即在编排检索款目时不予组配,而在检索时才将有关元词下所列的文献号加以对照,号码相同者表明有组配关系。

元词法的优缺点鲜明。一方面,元词法可以充分体现组配功能,因此,它可以用较少的词量反映较多的主题概念,词表体积小,标引专指度高,便于从不同主题词角度检索。另一方面,由于元词法采用后组配形式,而且常常采用字面组配,容易产生组配误差,检索中查准率也较低,因而在现今的编目与标引实践中使用较少。

(三)叙词法

叙词又称作描述词、叙述词,指从文献内容中概括出来的能表达文献主题并经过严格规范化处理的词或词组,属于后组式检索语言。检索时一般需将两个或两个以上的叙词予以组配。叙词的职能是描述文献资料的主题,用以标引和检索。叙词首先是从概念性质出发,作为事物概念的表达形式而存在。

叙词法出现于 20 世纪五六十年代,它是为适应电子计算机在图书情报工作中的应用而逐步发展起来的。作为出现较晚的标引方法,它可以融合和吸收此前多种标引方法的原理和优势:在词汇选择和控制方面,它吸收了标题法的严格规范,以确保词汇和概念的一一对应;在组配技术方面,它吸收了组配分类法的概念组配法、元词法的后期组配法和标题法的先组配法;在词间关系显示技术方面,它使用并完善了标题法的参照系统,并引进了分类法的学科分类原理和键词法的轮排原理①。

叙词法的基本原理,是通过概念组配来表达文献的主题,提高标引的专指度,实现多途径、多因素检索,它能够适应计算机情报检索的需要,是检索效率较高的一种索引方法。叙词法的具体构成原理有以下几点:

- 按文献资料的主题集中文献;
- 用规范化的、可以通过组配方式来表达复杂概念的语词直接标引文献主题;
- 用参照系统、分类索引、等级索引、轮排索引和主题词关系图等多种方式来显示主题概念之间的相互关系;
- 用字顺序列直接提供主题检索途径;
- 用于标识单元方式手工检索系统或用于计算机检索系统时,标引深度大,能够实现多途径检索,扩大、缩小或改变检索范围时较

---

① 过仕明《信息管理概论》,黑龙江科学技术出版社 2005 年,第 36 页。

为灵活,能够适应多种检索要求。

叙词法具有严密的语义关系,根据词义的需要,叙词相互之间有 3 种语义关系:

- 等同关系(用—代),指叙词与非叙词之间的关系,以符号 Y(用)、D(代)来表示,其中 Y 项为标引词、D 项为引导词。

- 等级关系(分—属—族),指隶属关系,以符号 F(分)、S(属)、Z(族)来表示。F 项是狭义词,属下位概念;S 项是广义词,属上位概念;Z 项是最上位概念,为一族之首。

- 相关关系(参—参),指词间的相互关系,即互为参照,以 C(参)来表示。叙词间的语义关系是叙词法的一个特点。

用叙词法编制的叙词索引(主题词索引),是一种有效的文献检索工具。叙词法的具体体现是叙词表(主题词表),如 1980 年出版的《汉语主题词表》等。

(四)键词法(关键词法)

键词法,又称作关键词法,是以键词作为检索标识的文献标引与检索的方法。所谓键词,是指从文献题名或内容中直接选取的表示文献关键主题内容的词或词组。键词多采用自然语言形式,是未经规范化的、无词表限制的标引词,选取较为自由,便于用户使用。一个文献可以有多个键词,在由键词组成的检索系统(关键词索引)中,各键词按字顺排列。

键词法有其显著的优点,如标引速度快、时差短、对从业人员的要求比较低、检索途径较多、表达主题的方式比较直观、查准率相对较高等。关键词法使用自然语言,因此每一个作者都是按自己的习惯选词用词,这造成了关键词标引的不统一,所以查全率较低。

键词的使用虽然比较广泛,但由于键词检索系统的查全率受到限制,因而在现代文献检索系统中,多同时采用叙词和键词作为检索标识。这种系统的优势在于可以兼具键词与叙词的优势，使键词成为叙词的补充，既可用叙词检索，又可用键词检索，使系统的功能大为提高。

第二节　主题标引方法

一、《中国分类主题词表》

《中国分类主题词表》是一部以《中国图书馆分类法》和《汉语主题词表》为基础编制的分类主题一体化词表，可同时作为分类标引和主题标引的工具，进行分类标引和主题标引，为实现分类主题一体化标引、机助标引、自动标引提供了便利条件，降低了标引难度。其电子版则为信息资源标引系统和检索系统提供了公共应用接口和通俗易懂友好的用户检索界面，使其成为知识检索和文献主题检索平台的重要工具。

《中国分类主题词表》第一版于 1994 年出版，分 2 卷 6 册，收录分类法类目 5 万余个，主题词及主题词串 21 万余个，其中正式主题词 101376 个。首卷为"分类号—主题词对应表"，是从分类到主题、从类号到叙词的对照索引体系。它以《中国图书馆分类法》系统为主体，将《汉语主题词表》的主题词全部纳入《中图法》的分类体系中，并依据类目概念对应规则，把《中图法》所用类目都以主题词或主题词串对应标出。该卷分左右两栏，左栏为《中图法》类表，右栏为与相关类目对应的主题词或主题词串。其主要功用是通过分类查找主题词，实现分类标引到主题标引的转换，完成高效准确的主题标引。第二卷为"主题词—分类号对应表"，是从主题词到分类号、从标题到分类号的对照索引体系。它按主题词款目和主题词串标题的字顺排列，其后列出对应的一个或多个分类号。主要功用是进行文献主题标引,并通过主题词查出其对应的分类号,作为分类标引的辅助手段。

2000 年 4 月,《中图法》第六届编委会成立,决定开始修订《中国分类主题词表》,并确立了《中国分类主题词表》修订工作的指导思想与修订原则。2001 年 5 月,国家社科基金委员会批准"数字信息资源组织工具的研发与应用"项目立项,《中国分类主题词表》第二版和电子版是该项目的主要研制成果,于 2005 年 9 月由当时的北京图书馆出版社出版。第二版以第一版编制规则和"主题词机读规范数据",以及《中图法》第四版机读数据库为基础,为适应计算机时代编目的需求,定位为满足电子版功能为主、兼顾手工印刷版需求。

《中国分类主题词表》第二版全面系统地修订了第一版的内容,尤其是根据新时代的特点,增补了两万余条有关新学科、新事物与新概念的,删除使用频率极低的旧词(含修改为入口词①者)共 12000 余条,增补自然语言形式的入口词共 21000 余条,修改和完善主题词的参照关系,其中有属分关系或相关关系的参照的主题词达到了 77%。此外,《中国分类主题词表》第二版根据《中图法》第四版所列的类目做了部分修订和调整,总共收录分类法类目 52992 个、主题词 110837 个、主题词串 59738 条、入口词 35690 条。

《中国分类主题词表》电子版采用多文档界面,其主界面包含了所有的子界面:①分类—主题词对应表子界面,简称分类表;②主题—分类对应表子界面,简称主题表;③词族表子界面,简称词族表。主界面还包括一个不属于子界面类型的一般界面,仿印刷本式对应显示,称为浏览表。主窗体还包括菜单栏、快捷工具栏、检索栏、检索

---

① 入口词也称为非正式主题词,即非标引用词,只是供查词检索用的一个入口,是不能用来标引和检索的词。入口词包括在规范化处理中落选的同义词和近义词,被合并和被组代的专指词。

结果栏和状态栏。

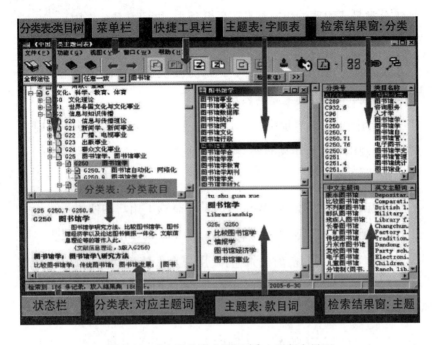

图 5 – 1 《中国分类主题词表》电子版主界面

为了进一步适应与利用互联网技术与条件,2010 年 3 月 18 日《中国分类主题词表》Web 版通过国家图书馆验收后于互联网正式发布,以期为用户提供各类信息资源的知识组织、知识检索、学科导航和实时更新的通用数字型知识组织服务。Web 版在第二版《中国分类主题词表》基础上增补 7000 余条学科主题、个人名称、地理名称、机构名称等概念款目,并更新了所有数据的关系系统。Web 版访问地址为 http://cct. nlc. gov. cn/default. aspx,提供如下服务:

• 提供各类知识内容、主题词、分类号的在线浏览、互动显示和多途径检索服务。

• 为广大读者和参考咨询人员提供文献检索服务,可与多个WebOPAC(联机公共检索目录)连接,提供文献信息内容的多库实时检索和学科导航服务。

● 为分类标引用户提供利用分类号和主题词标引发送服务,把所需分类号或主题词快速粘贴于剪贴板中,供标引系统使用。

● 为各类用户提供评论注释服务,支持对知识款目、主题词、类目添加评注,方便用户建立个人书签,方便快速了解读者及用户使用信息,提高《中国分类主题词表》的数据质量。

● 为图书馆业界提供《中国分类主题词表》第二版和数据实时更新服务,利用其网络更新系统、检索词统计系统和评注系统可实时更新数据。

《中国分类主题词表》Web 版的设计兼顾了用户的使用习惯和使用效率,延续印刷版基本特点的同时,也充分发挥了网页的优势。主界面分上下两栏,上栏为检索途径、用户个人使用功能设置及管理;下栏分左右两栏,左栏为《中图法》及与主题词对应表即"分类主题对应表",右栏初始页面为"《中国分类主题词表》Web 版使用说明",选定类目后,页面变更为《汉语主题词表》及与分类号对应表,即"主题分类对应表"。

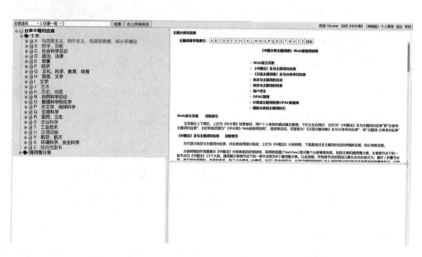

图 5-2 《中国分类主题词表》Web 版主界面

《中国分类主题词表》电子版、网络版的发布与出版，不仅满足了图书馆界关于分类主题一体化机助标引和检索文献的需求，而且也解决了《中国分类主题词表》日常维护更新滞后的难题，确立了日常修订发布与系统性修订换版的修订方式，建立起日常维护积累与换版更新相结合的修订机制。在此修订机制作用下，《中国分类主题词表》第三版于 2017 年 4 月出版发布。

《中国分类主题词表》第三版收括类目共 51873 条，优选主题词120818 个，非优选主题词 46434 条，主题概念短语 66373 条（指向主题词组配式 61892 条），涵盖了哲学、社会科学和自然科学等各领域学科与主题概念。第三版的更新重点在于增改主题词，与《中图法》第五版类目相对应。《中国分类主题词表》第三版与《中图法》第五版类号对照索引、类目主题词与关键词索引、自然语言与规范主题词对照索引、主题词中英对照索引等。这些索引的编制目的在于同一主题概念不同检索标识的同步揭示，满足不同用户的检索需求。

《中国分类主题词表》为实现分类主题一体化标引、机助标引、自动标引提供便利条件，降低了标引难度，特别是电子版为信息资源标引系统和检索系统提供了公共应用接口和通俗易懂友好的用户检索界面，使其成为知识检索和文献主题检索平台的重要工具。

《中国分类主题词表》虽然并非针对古籍工作编制发布，但其对古籍编目同样具有重要意义。它能为古籍研究者和读者提供检索或查找古籍相关信息提供更多、更直接、更准确的入口。故而有学者认为："在古籍书目数据库的建设过程中，利用《中国分类主题词表》对古籍进行主题标引非常有必要，实践上也是可行的。古籍主题标引的目的是建立古籍主题检索系统；以古籍主题标引为基础的主题检索是读者查找、检索古籍文献的重要途径，主题检索以其直观、专指以及特性检索之特点必将在古籍资源的开发中发挥越来越大的作用。"①

二、非控主题词的标引

非控主题词指在标引过程中使用的词表中未收,可随需要增补,能确切表达文献主题的未经规范的语词。非控主题词属于自然语言范畴,其专指度一般高于词表中的正式词。对于一般中文编目工作而言,非控主题词不是取自《中国分类主题词表》,而是从著作题名、章节或文献内容中选取可揭示或反映文献主题内容的关键词,通常为名词、名词性词组或术语。

主题标引的目标是方便从读者视角检索文献,而非控主题词的使用不要求读者了解与熟悉词表,降低了读者检索文献信息的门槛,更贴近读者的检索习惯,能够尽可能地准确满足读者对提高查全率与查准率的需求。此外,当词表中的词无法通过组配实现准确标引时,一般会使用上位标引或者靠词标引作为替代手段,这会不可避免地降低检索的准确率与专指度。此时非控主题词不借助词表、无需控制词汇量的优势便充分展现,它可以通过与文献主题直接相关的自然语言完成标引,从而保证检准率。

回溯历史,检索语言发展的总体趋势是自然语言化。结合中外检索系统的研发经验可以发现,自然语言与受控语言的结合使用已经成为一个显著的趋势。许多书目数据库由原来主要采用受控语言已逐步过渡到自然语言与受控语言结合使用,其方式就是增加自由词标引,即非控主题词标引。引入非控主题词标引有三个主要作用:①加深数据库的检索深度,帮助读者精准检索;②优化读者界面,更

---

① 张洪茹《浅谈古籍书目数据库建设中的主题标引》,《江西图书馆学刊》2008 年第 1 期,第 38—39 页。

方便读者使用所熟悉与了解的自然语言进行检索;③为主题词表的增补修订提供文献数据保证和分析对象。

非控主题词标引是为了弥补受控的主题语言表达新概念滞后和专指度低的缺点而采取的一种辅助标引的方法。"辅助标引"决定了它既不能采用受控语言严格的词汇控制方法,又不能像关键词那样不受任何约束。使用非控主题词应遵循下列原则:一是非控主题词应选择词义清晰、概念明确的名词或名词性词组标引;二是不选被代用的非正式主题词标引;三是非控主题词只能作为补充的标引方法使用①。

以 CNMARC 为例,CNMARC 中的"610"字段是专门为标引"非控主题词"设置的。该字段记录的主题词是根据文献主题内容选取的关键词,也称非控词或自由词,是指词表中未收录,但对揭示、识别和检索文献起关键性作用的名词术语。610 字段的基本信息与结构如下:

610 非控主题词

出现情况:选择使用,可重复(注:如需多个自由词主题标引的可重复使用"610"字段)

指示符 1:主题词主次等级。填"0":主题词不分主次或难分主次。填"1":主要词,表示该主题词或可概括图书的中心主题内容。填"2":次要词,表示该主题词只能概括图书的非主要内容。

指示符 2:未定义、填空格。

@a 主题词。(注:分配给文献的术语多于 1 个时,本子字段可重复。)

---

① 宋学清、王双《信息工作概论》,西安地图出版社 2008 年,第 172 页。

CNMARC 中非控主题词的使用有以下规定：

● 凡词表中已收入的有用代关系的主题词，被代用的非正式主题词（入口词）不能作为非控主题词标引。

● 如果有多个非控主题词需要标引，可以重复使用"610 非控主题词"字段的"＄a"子字段。

● 如果某些专有名词（个人名称、团体名称、题名、地理名称）由于受到主题词增词规则的限制，不易增词标引，在采取上位词标引、组配标引后，应为专有名词增加非控主题词标引，以增加文献的检准率，也为日后的主题词表增词提供文献保证。

在使用 CNMARC 格式进行古籍编目工作时，也可以充分发挥非控主题词的作用。有观点认为，610 字段（即非控主题词）可以较好地解决古籍出版者、出版年的问题①。非控主题词的自由度，可以保证学术性较强、牵扯要素较多、内容关系比较复杂的古籍能够被赋予一般词表缺收的主题词，并保障主题词与古籍内容之间较为密切的对应关系。

非控主题词标引在其他格式的古籍编目中也得到了使用。如以 DC 元数据格式为基干的文化行业标准《古籍元数据规范》，其中主题元素即规定可采用非控主题词标引。

三、主题目录与分类目录的区别

通过对分类法与主题法这两大标引方法的使用，可以形成分类目录与主题目录两种目录类型。分类目录与主题目录的根本区别是目录组织方法的不同，因此两者之间的目录体系也呈现出巨大的差异，主要有以下几点：

---

① 郭立暄《古籍善本的 CNMARC 试论》，上海图书馆历史文献中心《历史文献的开发与利用论文选集》，上海书店出版社 2000 年，第 114 页。

1. 目录组织方法的不同

分类目录主要以体系分类法为原则,以分类号为排检项,按逻辑次序逐级逐层细化分类而形成目录。主题目录不受分类体系与分类层级的约束,以标目字顺为排列依据,读者可通过主题所反映的标目检索到所需书籍。

2. 性能与作用的不同

分类表的结构是依照人类的认识规律,把所有的知识按一定的科学系统划分为多层级的内在严密的各级类目,具有较强的逻辑性、系统性,适合读者进行族性检索。

主题目录是对图书内容分析、判断,尽量选择准确的词或词组作为标目,以反映与某一主题相关的文献。在使用上,它不需要查找分类表与分类号,具有较强的专指性、灵活性、直接性。

3. 发展空间的不同

分类目录在编目时需严格服从分类法,受到分类层级的限制,目录体系相对稳定,不会轻易地增删。

主题目录以内容分析与归纳为宗旨,因此不受分类层级与逻辑系统的束缚,对于编目员和读者来说都更具灵活性与实用性。

4. 使用效率的不同

分类法的结构与类目是针对较为稳定的知识系统编纂的,分类较为截然,有时甚至绝对。例如一些理论性与实用性兼备的文献,就会面临被分类目录分散处理的情况。

主题目录能够较好地把分散在不同类目但主题相关的馆藏文献集中起来,但是由于是按照标目字顺排列,书籍之间的学科相关性被淡化甚至割裂了,不利于进行族性检索①。

----

① 曹光霞《试论分类目录和主题目录》,铁路高校图书情报协作委员会《铁路高校图书情报研究(第1辑)》,西南交通大学出版社1989年,第60—61页。

思考与练习：

1. 主题法有哪些类型？它们各有哪些长处与不足？

2. 主题目录与分类目录有何区别？

3. 引入非控主题词做古籍的主题标引有什么作用？

4. 简述《中国分类主题词表》的发展历程。

5.《中国分类主题词表》第二版较第一版有何变动？

6. 简述《中国分类主题词表》电子版的情况。

7. 编制古籍主题词表有何必要？有何困难之处？

8. 试析古籍主题标引在古籍编目中的地位和作用。

延伸阅读：

1. 国家图书馆《中国图书馆分类法》编辑委员会. 中国分类主题词表［M］. 北京：北京图书馆出版社,2005.

2. 陈树年. 中国分类主题词表 标引手册［M］. 北京：北京图书馆出版社,1998.

3. 全国信息与文献标准化技术委员会. 文献主题标引规则：GB/T 3860—2009［S］. 北京：中国标准出版社,2009.

4. 刘湘生. 主题法的理论与标引［M］. 北京：书目文献出版社,1985.

5. 马张华,侯汉清. 文献分类法主题法导论［M］. 北京：北京图书馆出版社,1999.

6. 黄建平. 主题标引差错 1000 例［M］. 北京：国家图书馆出版社,2013.

7. 盖春彦. 谈分类法与主题法的比较研究［J］. 黑龙江史志,2012(15)：84－86.

8. 胡明. 分类主题一体化词表的理论及研制述评［J］. 图书情报工作,1994(5)：19－23.

9. 姜冠兰,张敏. 分类主题一体化词表的国内研究进展述评［J］. 数字图书馆论坛,2020(8)：15－21.

10. 刘五一. 使用《中国分类主题词表》进行主题标引的思考［J］. 情报理论与实践,1999(4)：43－45.

11. 侯旭红,龙世彤.《中国分类主题词表》Web 版的应用实践与思考［J］. 内蒙古科技与经济,2019(23)：123－124.

12. 孙迪.《中国分类主题词表》(Web 版)学科主题词相关问题探析[J].图书馆理论与实践,2019(7):62-66.

13. 陈树年.面向机检的中文图书主题标引技术研究[J].图书馆理论与实践,2000(4):6-9.

第六章　特种古籍编目

导论：

　　本章讲述舆图、民间历史文献、金石拓片、少数民族文字古籍等类型文献的编目情况。这些文献通常不被归类于狭义的古籍概念中，但又是古籍存藏机构的收藏对象，必须对之进行编目整理。对于舆图，要了解舆图的概念和范围，注意舆图著录的特殊要素，重视舆图的定级问题。对于金石拓片，要了解其编目方法的特殊性，重点掌握著录对象之间的各种关系，理解拓片元数据标准的内容结构。对于民间历史文献，要深刻理解其多样性和复杂性，切实掌握民间历史文献元数据规范的结构和内容。对于少数民族文字古籍，要了解其基本情况，关注其编目特点以及定级、分类问题，懂得灵活处理各种不同语种古籍出现的各种问题。建议课时为 6 学时。

第一节　舆图编目

一、舆图的称谓

　　舆图其实就是地图，但为了与现代的地图相区别，我们将古代的地图称为舆图。

　　地图在中国起源很早，但秦以前，并没有专门的名词来指称地图，如《周礼》中将各种地图分别称作"土地之图""九州之图""天下之图"等。在中国，地图最早的专有名称是"舆地图"，该称谓始于汉代，《史记》《汉书》中频频出现此词。《史记·三王世家》："御史奏舆地图。"司马贞索隐:"谓地为舆者,天地有覆载之德,故谓天为盖,谓地为舆。""舆"字本来有多种意思,与"盖"相对应的"舆"字,原意指车厢的底板。五代徐锴《说文系传·车部》:"舆,车底也。"将天和地比喻作一部车子的顶盖和底板的关系,反映了中国古人的天地运动观。

"舆地图"这一专有名词从汉代一直沿用到清末。元代朱思本的《舆地图》、明代赵怀可摹刻利玛窦的《山海舆地图》、清末杨守敬的《历代舆地图》,都是极为重要和影响巨大的地图作品。其间,"舆图""地图"的称谓也时常混用,如明代罗洪先的《广舆图》,明末陈祖绶的《皇明职方地图》,清代的《大清一统舆图》《长城地图》,等等。但总的说来,"舆图"之名的使用还是较"地图"为多。直到清末光绪年间,为了编制《大清会典图》,清廷还下令各省成立舆图局。但进入民国时期,新地图的编制更多使用"地图"的名称,"舆图"名称的使用日益减少,对世人来说反而显得陌生了。

按照 1982 年版的《辞海》定义,地图是"按一定法则,显示地表面自然和社会现象的图。概括地反映它们的地理分布、相互联系和相互制约的关系"。这个定义完全可以涵盖舆图的内容。但在现代图书馆编目界,"地图"一词则被另外一个名称——"测绘制图资料"所取代。据 2005 年颁布的国家标准《测绘制图资料著录规则》(GB/T 3792.6—2005),"测绘制图资料,是指按照一定的数学原理,用形象化的符号(或影像),经过科学综合,显示地球(或其他星球)表面现象的信息载体。它反映各种自然和社会现象的空间分布、组合、联系及其在时间中的变化和发展"。表面上看,这个概念在表达上似乎更确切、更严谨、更具科学性,但用来描述很少应用数学原理绘制的中国古代地图,则显得格格不入了。中国古代绘制舆图时多采用形象画法,或称"写景法"。许多地图都会将山、水、建筑等形象地表现出来。

273

有些舆图已近似图画,但还有地图的性质,如清代绘制的《万寿山图》《盘山图》《玉河图》等,都是以描绘地貌景物为主旨的图画,但传统上都会将这类作品划归舆图的范围。

因此,我们可以这么认为:"测绘制图资料"更适合用来指称现代地图,而不适合用来指称中国古代的地图。"地图"虽然古今通用,但由于现代也很流行,体现不出古代地图的特指性,也不宜采用。相较而言,"舆图"一词现代使用很少,用来指称中国古代的地图更贴切一些。

舆图并非地图的全部,可将其定义为1949年以前在中国绘制、印刷的地图,其实就是指古旧地图。古籍编目中的舆图编目对象,主要是1949年以前绘制、印刷于中国的古旧地图,所以采用"舆图"一词也更符合其要求和特点。

"舆图"这一概念是中国式的,但在1949年以前,外国人也绘制了许多中国地图,中国国家图书馆及国内许多图书馆都有收藏。因此,"舆图"既包括用中文及少数民族文字绘制的地图,也包括用外文,如英文、德文、法文、俄文、日文等绘制的与中国有关的地图。

二、舆图的著录编目

古今中外,地图都是图书馆收藏的重要文献类型。因此,地图的著录也一直受到图书馆界的重视。1977年,国际图书馆协会与机构联合会(IFLA)编制出版了《国际标准书目著录(地图资料)》[ISBD(CM)],1987年又出版了第二版《测绘制图资料国际标准书目著录》。我国早在1986年就颁布了国家标准《地图资料著录规则》(GB/T 3792.6—1986),比国家标准《古籍著录规则》(GB 3792.7—1987)的正式颁布还早了一年。2005年,国家标准化管理委员会又将之更新为《测绘制图资料著录规则》(GB/T 3792.6—2005)。这为地图资料的编目著录提供了权威依据。

在舆图编目方面，中国国家图书馆目前已初步建立起中文地图书目数据库，现有地图数据主要采用 CNMARC 格式编制，遵循《新版中国机读目录格式使用手册》《测绘制图资料机读目录格式使用手册》等文件的规范；著录规则采用与《测绘制图资料国际标准书目著录》接轨的《测绘制图资料著录规则》（GB/T 3792.6—2005）。

目前，我国只有中国国家图书馆在古籍馆下设单独的舆图组，为国内各图书馆所仅见。舆图组的历史可以追溯到 70 多年前。1929年，国立北平图书馆和北海图书馆合并，特设舆图部，并陆续将所藏地图全部编目，先后出版了《馆藏清内阁大库及特藏地图目录》《国立北平图书馆中文舆图目录》《馆藏中文舆图目录续编》《中国地图史料辑略》《中国地学论文索引初二篇》等书本式目录、索引。1949 年舆图部改为舆图组，之后又陆续编制了馆藏《边疆地图目录》《有关中印边界及印度的中外文地图目录》《北京地区地图目录》等专题目录。1994 年又编辑了《舆图要录：北京图书馆藏 6827 种中外文古旧地图目录》（北京图书馆出版社，1997 年出版）。这些专题目录为舆图编目工作提供了极好的参考工具书。

三、舆图元数据标准规范的制订

在使用计算机处理地图资料的最初阶段，人们仍然尝试用传统的元数据表示方法来描述地理空间信息。由于元数据中加入了大量的有关计算机处理方法和介质方面的信息，如磁带信息、磁带数量、数据在磁带中的组织形式等专业内容，无论是用户还是数据操作人员，都必须掌握相应的专业知识，或依赖详细的产品说明才能理解数据信息，这在现实中很难让普通工作人员接受。随着遥感（RS）、全球定位系统（GPS）以及地理信息系统（GIS）等技术的迅速集成，也迫使人们要利用新的元数据表示方法来理解地理信息,即用元数据载入数据体的方法来表示信息产品。由此可见,传统的元数据表示方法已不能适应信息化社会对空间数据信息的需求了。当越来越多的部门开始意识到地理空间元数据标准的重要性时,元数据标准化作为一项独立研究内容,对其的需求也变得越来越迫切。1994 年,美国联邦地理数据委员会(The Federal Geographic Data Committee,FGDC)开始了元数据的研究,制定了《数字地理空间元数据内容标准》(The Content Standard for Digital Geospatial Metadata,CSDGM),以便实现数据定位、共享、减少重复以及促进其合理使用。欧洲标准化委员会地理信息技术委员会(CEN/TC 287)也制定了地理信息元数据标准。国际标准化组织(ISO)作为全球标准的权威机构,对地理数据标准化问题一直比较重视。1994 年后期,国际标准化组织面对地理信息数据标准化的趋势,成立了地理信息/地球信息技术委员会(ISO/TC 211),编号为 ISO 15046,专门从事研究和建立地理信息标准。

2003 年,中国国家图书馆善本部依据 2001 年版的《中国机读目录格式使用手册》,编制了《测绘制图资料机读目录格式使用手册》,地图文献也有了中国的机读目录格式标准(CNMARC 格式)。这可以说是中国图书馆界用计算机处理地图资料的早期阶段。

虽然 CNMARC 格式对地图特性的揭示和反映是充分的、详尽的,可以很好满足地图资料的著录需求。但随着互联网以及我国地图文献资源数字化的飞速发展,需要一种更为简便易行的元数据格式与之相适应。与此同时,国际元数据标准化的发展也冲击着中国图书馆界,制定基于最新计算机网络技术、适应地图文献数字化需求的新型元数据标准一事势在必行。舆图描述元数据标准的制定就是在这种大的背景下被提上了议事日程。

新的舆图描述元数据标准的设计可上溯到 2000 年 9 月,当时北京大学古籍数字图书馆的建设项目正在筹划中。该项目中,古旧地图被列为北京大学图书馆馆藏古文献最基本的数字化对象。为描述这些地图,就需要为其设计出适合本馆使用的元数据标准。于是,北京大学图书馆的工作人员在对国外数字对象描述元数据标准以及国内数字资源对象及其元数据标准发展状况进行比较分析研究的基础上,制定了适合于本馆使用的舆图元数据标准。2003 年,编制舆图描述元数据标准又被列入科技部重大项目"我国数字图书馆标准规范建设"的子项目"专门数字对象描述元数据标准"中,目的是在已有的规范基础上,将舆图描述元数据标准的设计纳入更为通用的设计原则和总体框架下,为全国范围内的实体舆图和数字化舆图的描述整理提供更标准、更通用的元数据标准。2005 年,《舆图描述元数据标准》及其著录规则顺利完成并通过鉴定。

2009 年,国家数字图书馆工程规划研制的专门元数据标准规范之一《专门元数据标准与著录规范—舆图》,与古籍、拓片等古文献类型元数据标准规范一起,交由北京大学图书馆负责研制。该项目于 2014 年完成,并于同年正式出版了《国家图书馆舆图元数据标准与著录规则》[①]一书。

四、舆图元数据标准规范的设计思想

（一）舆图元数据标准规范制定原则

1. 简单性与准确性原则

舆图的编目需要编目人员具有相关方面的专业知识,但也不能要求舆图编目员都是舆图专家。所以在制定舆图元数据标准规范

[①]　肖珑、苏品红、姚伯岳《国家图书馆舆图元数据标准与著录规则》,国家图书馆出版社 2014 年。

时,要对舆图进行深入研究和分析,找出舆图中最重要的著录事项,过滤掉那些不很重要的内容,使之与 MARC 格式著录事项的烦琐细密区别开来,实现舆图著录的简约化和准确化。

2. 专指度与通用性原则

舆图描述元数据标准规范的设计,本身就是对专指度原则的落实,所以其通用性就更需要加以强调。“舆图”一词虽然是中国古代对地图的指称,但考虑到舆图的复杂性,舆图描述元数据标准的设计应该有一定的兼容度,不能将著录对象严格限制在中国古旧地图的范围内。如部分早期的外文中国地图或者新中国成立初期的一些中文地图等,经常需要与中国古代舆图一同处理,这就需要舆图描述元数据标准具有一定的通用性。

3. 互操作性与易转换性原则

在舆图元数据标准的制定过程中,无论是元素的界定,还是各著录事项的设置,都需要参照国家标准《测绘制图资料著录规则》(GB/T 3792.6—2005)和采用 CNMARC 格式的《测绘制图资料机读目录格式使用手册》,以保证今后可以很容易地实现与 CNMARC 格式的数据相互转换。舆图元数据内容描述也应尽可能使用标准的内容编码体系,包括主题或分类词表、资源类型、语种、国别或地区、日期或时期等,从而保障舆图内容描述方式的标准化和描述内容的可交换性,可以充分利用已有的舆图书目数据,而不必做大量的数据改造工作。

4. 可扩展性原则

舆图元数据标准在遵从《国家图书馆核心元数据标准》的总体框架要求,复用 DC(Dublin Core)全部 15 个元素作为核心元素集的同时,还根据古文献类型资源总体特点以及舆图自身的特点,作相应的扩展,制定其所需的元素或修饰词。

(二)舆图藏本之间的关系

舆图藏本间存在包含、继承、并列、主从等关系,在著录时也应对这些关系加以揭示。

1. 包含关系

如丛编与子目的关系,有两种处理方法:一是为丛编及其子目各自编制一条条独立的元数据,并在"相关资源"元素彼此进行链接;一是只为子目编制元数据,在"附注"元素的"丛编附注"修饰词中反映其所属丛编,这是在没有丛编总记录情况下采取的方法。

类似的还有总图与分图的关系。总图和分图一般在一部舆图原物中,但在转化为数字舆图资源后,有时需要将总图、分图分开为单独的数字化舆图藏品,并各自拥有单独的元数据,这时就应该建立彼此的链接。更多的情况是在同一条元数据中,在"附注"元素的"分图附注"中著录分图的图名等情况。

2. 继承关系

如摹绘、摹刻、影印舆图与原图的关系。摹绘、摹刻、影印舆图应在"附注"元素的"原作版本附注"修饰词中指出摹绘、摹刻、影印所依据的底本。如果底本也有数字化资源,还应该对该底本的元数据进行链接。摹绘的舆图在执行上述操作之外,还应该在责任者元素中予以反映。

3. 并列关系

如合订舆图之间的关系。合订的舆图藏本在内容上通常有一定的关联,如果各自都有元数据,应该彼此建立链接。

4. 主从关系

如主图与附图的关系。主图是单本舆图中最主要的图幅。附图是单本舆图中附属于主图,用以补充、说明、诠释主图的图幅。虽然很少为附图制作独立的元数据,但在主图的元数据中,应该对附图有所反映,将其情况著录在"附注"元素的"附图附注"修饰词中。

(三)舆图著录单位

一个内容、形式相对独立的文献,图书馆称之为一个藏本。舆图元数据的著录单位通常是舆图的一个具体藏本。

(四)舆图著录的特殊要素

舆图的著录,是对其内容和形式的全面揭示,涉及地图学的各个方面。一条合格的舆图书目记录(或称元数据),应该让人们可以通过这条记录,基本了解和想象出这幅图的大概面貌,从而对其内容、外形及价值有一个基本的判断。例如:"题名""主题词""时空范围"等元素,是对其内容的揭示;"主要责任者"和"其他责任者"元素是对编绘人情况的揭示;"出版者"元素、"日期"元素是对舆图制作情况的揭示;"载体形态"元素是对舆图形制的揭示。在这些方面,舆图的著录与古籍以及其他类型文献的著录是相同或相近的。之所以要为舆图设计单独的元数据标准,是因为舆图本身独具的特点。因此,应设立"制图技法"元素,将比例尺、投影、地形表现法等内容纳入著录事项。

并非所有重要的地图要素都要在元数据中予以揭示。例如,地图符号和地图注记也都是重要的地图要素,但似乎没有必要在元数据中著录,所以不必在舆图描述元数据标准中为其设置相应的著录事项。

此外,在地图要素中看似并不重要的东西,在舆图的元数据中却显得必不可少。例如,舆图载体材料的质地,关系到读者对一幅舆图的直观感知和价值判断,以及收藏机构对其应采取的保护措施等,因此有必要在"载体形态"元素中增设"质地"这一修饰词。

在其他文献类型中不很突出的事项,有时在舆图记录中却非常重要。例如,应该在"载体形态"元素中为"色彩"增设一个修饰词,以帮助读者建立对欲查看舆图的直观印象。

元数据标准的设计,不仅要解决舆图的著录问题,还应该考虑元数据的检索和相关的知识体系组织。尽管关键词检索应用越来越普遍,但还应考虑过去大多采用规范主题词的做法,将《中国分类主题词表》《中国图书馆分类法》等设为编码体系修饰词,以便于日后更规范、更有条理的知识组织。

五、舆图元数据标准的内容结构

在《国家图书馆舆图元数据标准与著录规则》一书中,舆图描述性元数据标准由 15 个核心元素、6 个古文献类型核心元素、1 个舆图个别元素组成,共 22 个元素,其中部分元素扩展了若干元素修饰词及编码体系修饰词。

表 6－1　舆图元数据标准元素及修饰词列表

序号	元素	元素修饰词	编码体系修饰词	复用标准
核心元素(15 个)				
1	题名			dc：title
		并列题名		
		其他题名		
2	主要责任者			dc：creator
		责任方式		
		责任者说明		
3	其他责任者			dc：contributor
		责任方式		
		责任者说明		

续表

序号	元素	元素修饰词	编码体系修饰词	复用标准
4	日期			dc：date
			年号纪年	
			公元纪年	
		测绘日期		
		出版日期	dcterms：issued	
		印刷日期		
5	出版者			dc：publisher
		出版地		
		印刷者		
		印刷地		
6	附注			dc：description
		缺字附注		
		相关文献附注		
		丛编附注		
		子目附注		dcterms：tableOfContents
		总图附注		
		分图附注		
		附图附注		
		提要		dcterms：abstract
7	相关资源			dc：relation
		丛编		dcterms：isPartOf
		子目		dcterms：hasPart
		总图		
		分图		
		合订题名		
		书目文献		dcterms：isReferenced
		版本关联		dcterms：hasVersion
			URI	dcterms：URI

序号	元素	元素修饰词	编码体系修饰词	复用标准
8	主题			dc：subject
			中国分类主题词表	
			中国图书馆分类法	
			地图分类法	
9	时空范围			dc：coverage
		地名		dc：coverage. spatial
		年代		dc：coverage. temporal
			公元纪年	
			年号纪年	
10	来源			dc：source
11	语种			dc：language
12	类型			dc：type
13	格式			dc：format
			IMT	dcterms：IMT
14	标识符			dc：identifier
			URI	dcterms：URI
15	权限			dc：rights
古文献类型核心元素（6个）				
1	版本类型			mods：edition
		版本说明		
2	载体形态			
		装订方式		
		数量		
		质地		
		色彩		
		尺寸		
		附件		

续表

序号	元素	元素修饰词	编码体系修饰词	复用标准
3	馆藏信息			mods：location
		典藏址		
		典藏号		
		其他编号		
4	收藏历史			dcterms：provenance
		获得方式		
		题跋印记		
5	文献保护	文物级别		
		破损级别		
6	其他复本信息			
舆图个别元素（1个）				
1	制图技法	比例尺		
		投影方法		
		地形表示法		

六、舆图的定级与著录

（一）舆图的定级

舆图也有定级的问题。2015 年,由文化部提出、全国图书馆标准化技术委员会(SAC/TC 389)归口,提出了《古地图定级规则》的初稿,准备作为文化行业标准发布实施。但由于各方面意见不统一,故一直没有定稿问世。

该规则没有采用"舆图"的名称,而是使用了"古地图"的说法,规定了古地图的术语和定义,以及古地图的级别。该规则确定 1912 年以前绘制或印制的地图为古地图,其定级对象为单幅或成册的古地图,不包括文献中作为插图和附录的地图。

该规则从文物、学术、技术和艺术方面评价古地图的价值:文物价值侧重古地图制作的时代及存世状况;学术价值侧重古地图承载内容的学术地位及资料性;技术价值侧重古地图制图技术的科学性;艺术价值侧重古地图具有的绘制特色和艺术水准。

以上4个方面衡量尺度首重文物价值,其次考虑其学术价值、技术价值、艺术价值及存世状况。故在实际定级时,应先强调古地图制作的时限。同时,坚持不唯时限的原则,凡古地图按时限衡量应属某一级别,而按学术、技术、艺术等价值衡量应列入上一级别者,可将其定为上一级别;反之,若实际存况过差,失去应有价值者,应定为下一级别。

该规则按特别重要、重要、比较重要和一般等标准,将古地图价值划分为一、二、三、四共4个级别。具体规定如下:

一级古地图

——明代及以前制作的地图。

——清顺治至乾隆官府组织编绘的大部帙地图。

——清顺治至乾隆官府重要彩绘地图。

——清顺治至乾隆图幅纵和/或横长5米及以上制作精美的地图。

——清顺治至乾隆摹绘、印制清以前地图而成为现存最早的重要版本。

——清顺治至乾隆重要批校题跋的地图。

——清顺治至乾隆采用经纬网控制方法绘制的重要地图。

——清顺治至乾隆有计里画方或其他比例尺形式且具代表性的地图。

——清顺治至乾隆有详细图说、注记、图例、设色等重要地图。

——清顺治至乾隆在某一地图系统中具有重要学术地位的地图。

——清顺治至乾隆使用拓印、套印、铜版印等特殊技法印制的重要地图。

——清顺治至乾隆使用绫绢等特殊材料绘制的地图。

——清顺治至乾隆有少数民族文字的重要地图。

——清顺治至咸丰印制的重要孤本地图。

——原物已毁佚的稀见的拓本地图。

二级古地图

——清顺治至乾隆制作的地图。

——清嘉庆至咸丰官府组织编绘的大部帙地图。

——清嘉庆至咸丰官府重要彩绘地图。

——清嘉庆至咸丰图幅纵和/或横长 5 米及以上制作精美的地图。

——清嘉庆至咸丰摹绘、印制嘉庆以前地图而成为现存最早的重要版本。

——清嘉庆至咸丰重要批校题跋的地图。

——清嘉庆至咸丰采用经纬网控制方法绘制的重要地图。

——清嘉庆至咸丰有计里画方或其他比例尺形式且具代表性的地图。

——清嘉庆至咸丰有详细图说、注记、图例、设色等重要地图。

——清嘉庆至咸丰在某一地图系统中具有重要学术价值的地图。

——清嘉庆至咸丰使用拓印、套印、铜版印等特殊技法印制的重要地图。

——清嘉庆至咸丰使用石印等技法印制的最早重要版本。

——清嘉庆至咸丰使用绫绢等特殊材料绘制的重要地图。

——清嘉庆至咸丰有少数民族文字的重要地图。

——清同治至宣统印制的重要孤本地图。

——原物已毁佚的重要拓本地图。

三级古地图

——清嘉庆至咸丰制作的地图。

——清同治至宣统官府组织编绘的大部帙地图。

——清同治至宣统官府重要彩绘地图。

——清同治至宣统图幅纵和/或横长 5 米及以上制作精美的地图。

——清同治至宣统摹绘、印制同治以前地图而成为现存最早的重要版本。

——清同治至宣统重要批校题跋的地图。

——清同治至宣统采用经纬网控制方法绘制的重要地图。

——清同治至宣统有计里画方或其他比例尺形式且具代表性的地图。

——清同治至宣统有详细图说、注记、图例、设色等重要地图。

——清同治至宣统在某一地图系统中具有重要学术地位的地图。

——清同治至宣统使用拓印、套印、铜版印等特殊技法印制的重要地图。

——清同治至宣统使用石印、影印、珂罗版印等技法印制的最早重要版本。

——清同治至宣统使用绫绢等特殊材料绘制的重要地图。

——清同治至宣统有少数民族文字的重要地图。

——1912 年以前刻制,1912 至 1949 年拓印的代表性地图。

四级古地图

——清宣统三年(1911)前制作的地图。

——1912 年以前刻制,1912 至 1949 年拓印地图。

(二)舆图定级的著录

对于舆图定级的具体著录,目前只有《国家图书馆舆图元数据规范与著录规则》中有相关设计和规定。2014 年正式出版的《国家图书馆舆图元数据规范与著录规则》是国家数字图书馆工程标准规范项目研制成果。该项目名称为"专门元数据标准与著录规范——舆图",研制机构为北京大学图书馆。《国家图书馆舆图元数据规范》在"文献保护"元素下设计了2个元素修饰词,即文物级别、破损级别。文物级别是根据舆图原物珍贵程度所划分的级别。破损级别是根据舆图原物损坏程度所划分的级别。与其相配套的《国家图书馆舆图元数据著录规则》则规定:文物级别可依据《舆图定级标准》中的规定级别进行认定后规范著录;破损级别可依据中华人民共和国文化行业标准《古籍特藏破损定级标准》(WH/T22—2006)进行规范著录。

第二节　金石拓片编目

一、金石拓片概述

金石拓片是利用捶拓的方法,将金石等器物的铭文、图案复制在纸面上的一种文献类型。拓片所反映的原器物多种多样,如甲骨、青铜器、铜镜、石刻(包括石碑、墓志、摩崖、洞窟刻经、造像、法帖等)、玉器、陶瓷、砖、瓦、竹版、木版、墨锭、漆器、钱币、玺印,等等。从捶拓方法和墨色上来分,有全形拓、套拓、朱拓、乌金拓、蝉翼拓等。从外貌来看,大多数拓片是阴文,即黑底白字;也有一些拓片是阳文,亦即白底黑字。

拓片是原器物的一种纸质复制品,像图书一样具有便于携带、保存、传播、展示的优点,但又较图书更具有历史文物性。拓片使器物上的文字或图像更为清晰明确。拍摄器物上的图文照片,往往要经过拓片这一媒介,才能得到清晰的图文。

拓片保存了中国几千年来丰富的文字资料,同时也是优秀的书法作品,已成为中国文字研究和书法研究、书法学习的主要依据。拓片中保存了大量的历史资料,是学术研究的重要参考文献。拓片黑白分明的特点,使其具有独特的审美价值,成为别具一格的艺术作品。拓印技巧有一定难度,也使得拓片的制作成为一种艺术再创造过程。

中国的拓片制作始于南北朝时期。隋唐之际雕版印刷术的发明,显然是受了拓片制作方法的启发。由于载体材料和保存条件的限制,现存的拓片基本上都是宋元以后的,尤以清代、民国时期的拓片为数最多。

金石拓片涉及的原器物时代,上起殷商下迄当代,绵延数千年;其刻立、出土与所在地,遍布全国,甚至还有一些外国金石品种;其铭文语种,主要为汉文,也有很多民族古文字和外国文字拓片;文字类拓片之外,还有大量画像、图像类拓片。总之,金石拓片内容丰富,包罗万象,涉及政治、经济、文化、历史、地理、军事、民族、民俗、文学、艺术、科技、建筑等方方面面,可为各类读者、研究者提供所需的材料。表6-2所列金石原器物的种类,可帮助了解认识拓片的类型。

表6-2　金石原器物种类表

器物类型	代表种类
乐器	钟、镈、铙、铃、铎、征城
炊器	鼎、鬲、甗、匕
盛食器	簋、盨、簠、敦、豆
酒器	卣、尊、觯、觚、爵、角
水器	斝、觥、盉、鋚、壶、罍、方彝、勺、杯、瓿、瓶、罐、缶、盘、匜、鑑、盂、盆、铫
兵器	戈、戟、矛、剑、斧、弩机、炮、杂兵
车马器	
度量衡器	尺、权、量器
其他生活生产用器	铜镜、带钩、饰物、灯、熨斗、农具、工具

续表

器物类型	代表种类
庙宇、祭祀、镇守用器	钟、云版、香炉、鼎、醮盆、浮图铭、塔铭、镇兽
造像	造像、造像碑、造像题记
墓碑	墓碑、墓表、墓碣、墓阙、墓幢、塔铭(舍利塔、葬塔、灵塔、功德塔)、神道碑、神道阙、诰封碑
墓志(有墓志性质者)	墓志、墓记、墓铭、圹记、棺椁题字、墓门题字、画像石题记
功德碑	纪功碑、功德碑、德政碑
儒家经典	石经、儒家典籍
道家经典	道家刻经、道家经咒真言
释家经典	摩崖刻经、佛经、佛经幢、佛经咒真言
图像、雕塑	画像石、图像、天文地理图、花纹图案、浮雕、雕塑、器物全形
题名题字(科举、捐资等题名碑入纪事类)	题名、题字(含摩崖、桥梁、井栏、柱础、石人、石兽、石盆、香炉、灯台、食堂等)、黄肠石题字、画像石题榜、榜书、题词、舍利石函铭
艺文碑刻	诗词、歌赋
纪事碑刻	A.圣旨、诏书、敕文、诫言、文书、符牒、剳子、法令、告示 B.纪功(修桥铺路、祈福求雨) C.科举题名、文化书院、教育碑刻 D.庙观寺院、宗教碑刻 E.行会及同乡会馆、行规、经济碑刻 F.族谱、族规、典章、民俗碑刻 G.地界(界至)、租约、契约 H.医方、药方、书目、书札、典籍、字书 I.其他

器物类型	代表种类
杂刻	买地券、镇墓券、符牌、匾额
法帖(丛帖)	
钱币	钱币、泉范
玺印	玺印、封泥、边款
砚台	
其他	

  金石拓片是国内外许多图书馆的重要特色专藏。国内方面,中国国家图书馆收藏有历代各类拓片26万余件,数目之多,居国内外各典藏机构之首。其收藏的拓片涵盖了甲骨、金器、石刻等全部金石类型,其中甲骨拓片数量12万余件、石刻和金器拓片数量13万余件。上海图书馆收藏拓片多达22万件。北京大学图书馆收藏有包括缪氏艺风堂、张氏柳风堂专藏在内的历代金石拓片约4万种8万余份,收藏数量居国内高校图书馆之首。台湾"中央研究院"历史语言研究所收藏有拓片2.8万余份,4万余幅,是台湾地区收藏拓片最多的机构。国外方面,美国加州大学伯克利分校东亚图书馆收藏中国拓片约有1500多件,美国哈佛大学哈佛燕京图书馆藏有金石拓片1066种。这些图书馆同时也在拓片整理编目方面取得了显著的成绩。

二、金石拓片编目的实践与研究

  中国对于金石的编目历史悠久,早在宋代就有欧阳修《集古录》一千卷、赵明诚《金石录》三十卷、郑樵《金石略》三卷,清代有王昶《金石萃编》一百六十卷,现代有容庚编《丛帖目》、王壮弘撰《增补校碑随笔》等金石目录文献。金石目录通过录目、题跋、录文等对石刻文献的信息加以全面的著录和揭示,实现其"经史辅翼"的学术功用。

金石拓片的编目整理和研究出版,也是图书馆古籍工作的重要内容。例如:徐自强等编的《北京图书馆藏北京石刻拓片目录》,对馆藏北京地方的石刻拓片做了充分的揭示;《北京图书馆藏中国历代石刻拓本汇编》①则是迄今已出版的石刻文献中收集史料最多的古代石刻资料集,为展现石刻拓片、繁荣学术作了出色的贡献。

金石拓片的数据库建设也在不断发展中。目前,国内较有规模的有:中国国家图书馆中文拓片资源库,北京大学数字图书馆古文献资源库之拓片库,台湾"中央研究院"历史语言所藏佛教石刻造像拓本资料库、汉代石刻画象拓本资料库、辽金元拓片数位典藏资料库、傅斯年图书馆金石拓片精品选粹。国外有日本京都大学人文科学研究所所藏石刻拓本资料库等。

拓片编目、数字化所用规范文件有《中文拓片机读目录格式使用手册·中文拓片编目规则》②,又见于《中国文献编目规则》(2005 年第二版)③。二者的差异较大,如对于"正题名"的选定,前者是自拟题名,后者则完全沿用客观题名。

国家图书馆是国内外收藏拓片最多的单位,也是开展拓片编目数字化工作最早的单位。其建立拓片资源数据库采用的是 CNMARC格式,目的是与全馆各类型资源编目取得一致,能够在馆藏中文资源系统中统一发布。国家图书馆 CNMARC 格式对拓片特性的揭示和反映是相当详尽的,可以满足拓片资料的传统著录需求。但是,MARC格式的异常繁复及其在计算机技术上的相对落后,使得它在目前计

---

① 北京图书馆金石组《北京图书馆藏中国历代石刻拓本汇编》(全 101册),中州古籍出版社 1989 年。

② 中国国家图书馆《中文拓片机读目录格式使用手册·中文拓片编目规则》,北京图书馆出版社 2002 年。

③ 富平、黄俊贵《中国文献编目规则》,北京图书馆出版社 2005 年。

算机网络时代数字图书馆飞速发展的情况下,显得过于迟缓和不够实用。

除了系统发布之外,国家图书馆的拓片数据在 CNMARC 格式基础上对照转换处理后,还在"碑帖菁华"和"甲骨世界"两个平台上发布。这两个数据库使用的是国家图书馆自创的互不通用的两套元数据格式,因此碑帖和甲骨拓片的编目在著录事项的设置和名称上差异很大。

国家图书馆"碑帖菁华"拓片元数据元素有拓片题名、其他题名、责任者、年代、地点、拓片原物状况、附刻、拓片版本、拓片特征(包括拓片描述,书体与行款,装裱与获得方式)、数量与尺寸、题跋印记、文种、拓片内含书目索引、关联关系、拓片录文、馆藏信息,共16 项。"碑帖菁华"的著录事项,较传统编目事项和 CNMARC 格式事项虽有所扩充,但受二者影响十分明显。例如,在"拓片原物状况"事项中,有些内容信息非常重要,如客观题名、翻刻时间、金石收藏地点、递藏情况、原器物收藏者、材质、版刻、版本特征等,但读者从现有检索点中却无法检索出来,这就是沿袭传统著录模式所致。

要将以往单独著录的甲骨拓片纳入新的拓片元数据格式,就必须考虑甲骨拓片特殊性,如对通用编号的著录。按照甲骨著录惯例,甲骨名称依据编号,甲骨实物的编号原则世界统一,国家图书馆的通用编号就是这种统一原则的编号,甲骨拓片和实物均以此编号作为名称。国家图书馆"甲骨世界"拓片元数据元素有通用编号、资料类型、拓片制作年代、地点、时代、数量与尺寸、内容主题、地点主题、参考信息、旧藏及编号、馆藏信息,共11 项。

在金石拓片新型元数据格式的研究方面,北京大学图书馆表现突出。同大多数拓片收藏单位一样,北京大学图书馆藏金石拓片的编目长期采用卡片目录的形式。1997 年,该馆金石组与自动化部曾尝试用自创的格式编制机读目录,因缺乏计算机系统的有效支持而停止。之后,该馆也曾考虑使用 CNMARC 格式著录拓片,终因不能很好适应拓片的著录特点而搁置。1999 年,北京大学数字图书馆暨数字图书馆研究所成立,数字图书馆前期建设的重要项目"中文文献元数据标准研究"便将拓片元数据标准的设计放到了首要位置。2000 年,北京大学数字图书馆研究所基于 DC 格式创制了《北京大学图书馆古籍数字图书馆拓片元数据标准》(RBDL Rubbing Metadata),并据此委托 CALIS 开发了拓片著录系统和发布系统"秘籍琳琅"(与古籍共享一个平台),建立了具有层级结构的目录,著录系统实现了版刻级同步改动和复本间链接的横向联系,到 2003 年基本完成了拓片编目数字化工作。

2003 年,科技部科技基础性工作专项资金重大项目《我国数字图书馆标准规范建设》子项目《专门数字对象描述元数据规范》之一的《拓片元数据规范》由北京大学图书馆承担,并于次年研制完成。

2009 年,国家图书馆委托北京大学图书馆制定基于 DC 元数据标准的《国家数字图书馆拓片元数据标准》,在《国家数字图书馆核心元数据标准》框架下,以 DC 元数据的 15 个核心元素为框架,扩展所需的元素及修饰词。通过对元数据应用现状和管理、使用者对拓片元数据的需求的调研,最终确定了国家图书馆拓片元数据标准的设计原则,以及元数据设计中应当注意的事项。该项目于 2014 年完成,并于同年正式出版了《国家图书馆拓片元数据标准与著录规则》[①]一书。

----

① 肖珑、苏品红、胡海帆《国家图书馆拓片元数据标准与著录规则》,国家图书馆出版社 2014 年。

三、研制拓片元数据标准需特别关注的问题

(一)著录单位的确定问题

著录单位的确定是拓片元数据标准设计中的一个关键问题。

金石器物可以翻制,翻制产生的石刻叫做翻刻品,金器叫做翻制品。因原刻(制)、翻刻(制)不同而产生的不同拓片类型,称之为版刻,同一器物上捶拓的拓片版刻相同。相同版刻拓片因捶拓时间早晚以及技法、墨色变化不同而产生的不同拓片类型,则可称之为版本。

貌似相同的两件金石拓片虽然题名、责任者、内容、书体、行款、尺寸、题写的金石年代等都相似,但不一定捶拓自同一金石,二者可能存在着原刻(原制)与翻刻(翻制)等版刻因素的不同。而捶拓自同一金石,即相同版刻的拓片,也会因捶拓时间、技法、墨色的变化,存在着版本上的不同。相同或不同版本的拓片还会因各自拓制、装裱、收藏的不同而产生差异。

拓片元数据标准的设计若能体现著录对象版刻、版本的层次关系,会给拓片编目工作带来明显的好处。譬如,系统设计时,每条记录可以拆分成版刻项目和版本项目两部分,同一版刻的多条记录可以横向链接,共同使用相同的版刻项目。当修改一条记录时,同一版刻的所有记录,其版刻项目部分同步改动,这样就不必逐条修改,可以大大减少重复的著录工作,并保证同一版刻的所有记录的版刻信息准确一致。在显示数据的时候,同一版刻的不同版本记录都可以集合在同一版刻记录之下,这样可避免不必要的冗长和重复,检索结果范围也可以大大缩小,提高检索速度和查准率。

如果以版刻或版本作为著录单位,将无法全面揭示不同复本之间的差异。拓片的制作是一种纯手工操作,不是批量化的生产,可以说每一份拓片都是一个独立的艺术作品,都有其特殊性,即使是相同

版本的拓片,也不能忽视其间的差异,应该予以专指性的著录。因此,为了充分反映拓片的具体特征,应该以单个藏本为著录单位。

(二)著录对象的关系问题

1. 金石原器物与拓片之间的关系

拓片元数据标准主要用于对拓片实体的著录,由于金石原器物的相关信息,如金石产生年代、金石所在地等信息,对拓片的认识具有非常重要的意义,因此拓片元数据标准还涉及对金石原器物情况的著录。金石原器物与其拓片所记载的内容有许多是相同的,其主要区别是载体不同。拓片复制了原器物的内容,而原器物的有关信息对研究利用拓片又有重要意义。

规范而准确的著录是金石拓片数据库建设的重要基础,对金石拓片的著录一定要反映原器物的各方面情况才会有实质性的意义。虽然拓片本身作为著录对象是最为直接的信息源,但金石目录也是拓片著录的重要信息源。金石目录对题名、时间、空间、人物、史事、形制、行款、释文等信息的揭示,对于拓片著录有极大的帮助。

2. 拓片之间的关系

拓片之间有时也存在复杂的关联,这些关联关系会影响著录这些拓片资源时的处理方法。

(1)包含关系:丛编与子目

丛编与子目既要集中著录,也要各自单独著录。集中著录时,子目著录在丛编记录的子目附注中。单独著录时,每条子目分别做单独记录,同时在各自丛编附注中注明所属丛编名。系统设计可以实现丛编和子目在各自"相关资源"元素中的相互链接。

(2)继承关系:原刻与翻刻

各方均应单独著录,在"附注"元素中说明相关继承关系,可在"相关资源"元素中互相链接。

（3）并列关系：合刻、合拓、合裱、合订等

各方均应单独著录，在"附注"元素中注明合刻、合拓、合裱、合订情况，在"相关资源"元素中相互链接。

（4）附加关系：附刻

应视情况决定附刻是否单独做记录。一般情况下，对于金石器物上附刻的题跋、观款，不建立单独的记录，而是著录在所依附的主刻记录的金石附注中。如需要建立单独的记录，参照合刻情况处理。

四、拓片元数据标准内容结构的举例说明

在比较有代表性的《国家图书馆拓片元数据标准与著录规则》一书中，拓片描述性元数据规范由 14 个核心元素、6 个古文献类型核心元素和 4 个拓片个别元素组成，共 24 个元素。为进一步精确描述的需要，部分元素又扩展了元素修饰词及编码体系修饰词，见表 6-3。

表 6-3　拓片元数据规范元素及修饰词列表

序号	元素	元素修饰词	编码体系修饰词	复用标准
核心元素 14 个				
1	题名			dc:title
		首题		
		额题		
		阴首题		
		阴额题		
		盖题		
		中题		
		尾题		
		卷端题		
		其他题名		

续表

序号	元素	元素修饰词	编码体系修饰词	复用标准
2	主要责任者			dc：creator
		责任者说明		
		责任方式		
3	其他责任者			dc：contributor
		责任者说明		
		责任方式		
4	日期			dc：date
		金石日期		
		传拓日期		dcterms：issued
			年号纪年	
			公元纪年	
5	类型			dc：type
6	语种			dc：language
7	附注			dc：description
		金石附注		
		丛编附注		
		子目附注		dcterms：tableOfContents
		提要		dcterms：abstract
		著录文献		
8	主题			dc：subject
			中国分类主题词表	
9	时空范围			dc：coverage
		地名		dcterms：spatial
		年代		dcterms：temporal
			年号纪年	
			公元纪年	

序号	元素	元素修饰词	编码体系修饰词	复用标准
10	相关资源			dc：relation
		金石原物		
		拓片底本		dcterms：hasVersion
		合刻		
		合拓		
		合裱		
		合订		
		丛编		dcterms：isPartOF
		子目		dcterms：hasPart
		书目文献		dcterms：isReferencedBy
		录文		
			URI	dcterms：URI
11	来源			dc：source
12	格式			dc：format
13	标识符			dc：identifier
			URI	dcterms：URI
14	权限			dc：rights

古文献类型核心元素6个

序号	元素	元素修饰词	编码体系修饰词	复用标准
1	版本类型			mods：edition
		版本说明		
2	载体形态			
		装裱方式		
		数量		
		尺寸		
		附件		
3	收藏历史			dcterms：provenance
		获得方式		
		题跋印记		

续表

序号	元素	元素修饰词	编码体系修饰词	复用标准
4	文献保护			
		文物级别		
		破损级别		
5	馆藏信息			mods：location
		典藏址		
		典藏号		
		其他编号		
6	其他复本信息			
拓片个别元素4个				
1	金石所在地			
		金石收藏地		
2	金石材质			
3	书刻特征			
		书体		
		镌刻特征		
		铭文行款		
		字数		
4	录文			

第三节　民间历史文献编目

"民间历史文献"这一概念的提出,主要是与所谓官方修纂的文献相区别,长期以来虽然被广泛使用,但实际上并没有明晰的界限。大多数时候,民间历史文献与地方文献、民间文书、民间文献等说法并列使用,一般用来泛指包括契约、族谱、账本、日记、书信、唱本、药方、科仪等在内的各种文献形式。这些文献大多产生于广大民众的生产生活之中，反映了他们的生产生活方式，是研究社会生活的最直接史料，可以说是引领学者进入历史现场的一条捷径。

正因为其特殊的学术价值，对民间历史文献编目的方法、特点、形式以及发展趋势进行探索，于今显得尤为重要。

一、民间历史文献目录的编纂

民国时期，顾颉刚、傅斯年提倡在社会史研究中贯彻"眼光向下"的学术理路，因此以基层社会为研究对象的研究成果越来越多，对非传统史料的发掘也逐渐深入。顾颉刚认为："在故纸堆中找材料和在自然界中找材料是没有什么高下的分别。"[①]20 世纪 30、40 年代，历史学家傅衣凌利用在福建永安黄历乡发现的土地契约进行明清社会经济史研究，并倡导学界重视"民间记录的搜集"[②]。沿着这一理路，陈高华、刘重日、杨国祯乃至如今成果丰硕的"华南学派"学者均对民间历史文献这一富矿进行了不同程度的挖掘。

正是由于学界对民间历史文献的价值日益关注，对相关文献的搜集和典藏也逐渐得到重视。最明显的表现就是收藏单位的逐渐增多。诸如中山大学、上海交通大学、邯郸学院等高校以及各地方图书馆、档案馆等机构均在民间历史文献管理方面积累了丰富的经验，形成了不少民间历史文献编目的项目及成果，从中可以发现民间历史文献编目的特点。

民间历史文献的编目总体上就是按照一定的编目规则，分析、描

---

① 顾颉刚《1926 年始刊词》,《北京大学研究所国学门周刊》1926 年第 13 期。

② 傅衣凌《明清农村社会经济》,生活·读书·新知三联书店 1961 年,第 191 页。

述和著录每一种民间历史文献信息资源的形式与内容特征,并按照一定的顺序组织著录款目从而形成目录,实现文献的典藏管理、信息揭示和检索利用。民间历史文献编目虽然在原理上与一般的古籍编目有很多相通之处,但由于民间历史文献相较于古籍存在着"原始性""过程性""关联性"的显著特征①,导致两者在编目实践的具体操作上有着一定的差异。因此,民间历史文献的编目不仅是民间历史文献整理工作中的重要一环,也兼具了古籍编目与档案编目的特点,某种意义上可以视作是古籍编目的一种变体。

在民间历史文献整理的历史上,收藏该类型文献的公藏机构或私人收藏家通过目录汇编、全文释录、图录汇编等方式对其进行目录信息和内容揭示,以供学者检索和研究,这些都是民间历史文献整理的传统方式。而在这些传统方式开展的过程中,往往会伴随着目录索引工具的编制与形成,用以帮助用户准确、快速地了解文献内容,检索文献实物。

目录汇编是对某一主题或类型的民间历史文献编制目录,揭示其基本信息的一种方式。目录汇编一般只著录民间历史文献的最基本信息,如文献的编号、标题、收藏单位等。其中,编号不仅是简单的数字排序,而是通过收藏单位或收藏者制定的凡例与规则按一定方法组配而成,通过数字编号反映文献的种类、年代等相关情况。而民间历史文献的标题往往来自编目或整理人员的自拟,因此在一定程度上直接反映了文献的内容。

例如,中国社会科学院历史研究所自 20 世纪 50 年代起开始收购徽州文书,迄今收藏逾万件,并据其所藏整理编纂为《徽州文书类目》。该书目所采用的文献编号即体现了该所所藏文献的信息:每件

---

① 王蕾、申斌《徽州民间历史文献整理方法研究——以中山大学图书馆馆藏为例》,《图书馆论坛》2014 年第 4 期,第 120—126 页。

文书的编号均为 12 位阿拉伯数字,依次代表种类、朝代、年号、年份、月份和馆藏契纸序号,各数位均有其含义:第一位数字代表种类,如"1"为散契、"2"为簿册、"3"为鱼鳞图册等;第二、三位数字代表朝代,如"14"为元代、"15"为明代等;第四、五位数字表示年号,每朝每代按皇帝年号的顺序予以排列,如清代康熙为"02"、乾隆为"04"等,民国以后这两位数字则均为"0";第六、七位为数字代表年份,该年号第几年即为几号,年份不详者为"00",新中国成立以后的年份则采用公元年的最后两位表示,如 1950 年则为"50";第八、九位为月份,几月即为几号,月份不详则为"00";第十、十一、十二为契纸的馆藏流水号,以入藏顺序排列①。

近年来,以民间历史文献为主要研究对象的课题日趋增多,其中规模较大、成果较多者如浙江大学地方历史文书研究与编纂中心对龙泉司法档案的研究,王振忠等对徽州文书的研究,陈支平对台湾地区社会经济史的研究,以及对石仓书契、清水江文书等民间历史文献的研究。这些研究成果无不建立在对大量民间历史文献的整理之上。由于研究需要,目前民间历史文献整理成果的形式从目录汇编逐渐转变为图录汇编、全文释录和图文并采,使用者的需求从获取目录以按图索骥,提高到直接获取民间历史文献本身的内容乃至形制。对内容的重视并没有降低民间历史文献编目的难度,反倒给其提出了更高的要求。无论图录汇编、全文释录还是图文并采,其前提都是翔实可靠且精细准确的目录。编制目录的基本原则是使用者可以通过目录了解文献的基本信息、类型与内容,并且通过目录定位到自己感兴趣的民间历史文献。

国家社会科学基金重大项目"龙泉司法档案整理与研究"的进行

---

① 参见王钰欣等《徽州文书类目》,黄山书社 2000 年。

过程,就充分体现了民间历史文献编目的特点。该项目以整理为研究的基础,对海量的司法档案原件展开了选编工作。项目成果之一为《龙泉司法档案选编》①,形式近似于古籍的图录,区别是相较于古籍图录选取关键书影予以扫描,民间历史文献的图录往往是利用扫描、拍照等技术将与某一主题相关的文献予以聚合,并按照一定次序排列。《龙泉司法档案选编》即以案件为中心,由编者根据文献相关内容拟定案名,每宗案件下都包含内容提要、档案索引、文书图版三大部分。内容提要用于简单说明案件涉及所有文献的概况,包括所属卷宗、文书类别、数量和保存情况,并撮要介绍案情内容与诉讼过程。档案索引用于据实录入案件相关文献的时间、作者、内容、类型、所属卷宗号和相应原卷编码,并按时间先后排序。文书图版则将原文书的影印件按照档案索引重新编排,并为每件图版拟定精炼的题名。《龙泉司法档案选编》分卷编写,各卷所有文书的目录附于各卷之后,以便读者查阅。由此可见,《龙泉司法档案选编》的编目工作分为每一案件相关文献的索引和每一卷后的总目,不仅要对原始文献编目排序,还要将其归到相对应的案件之下,具有相当难度。该项目为编目工作制定的流程与原则,对于民间历史文献的编目颇具参考价值。详见如下:

第一,编目以展现原貌为原则,必须在保持档案的馆藏现状、不打乱卷宗原貌的前提下重新编目。整理时,要求梳理全部存档文书,按原卷宗号顺序逐卷录入所有案件的相关信息,与诉讼案件无关的其他各类文书亦予以录入。

---

① 浙江大学地方历史文书编纂与研究中心、浙江省龙泉市档案局《龙泉司法档案选编》,目前已由中华书局出版 5 辑,第一辑(晚晴时期)2012 年出版,第二辑(一九一二至一九二七)2014 年出版,第三辑(一九二八至一九三七)2018 年出版,第四、五辑(一九三八至一九四五、一九四六至一九四九)2019 年出版。

第二,编制索引以方便利用为目标,尽可能考虑阅读者的不同需求,在信息录入的基础上建立多重检索途径。例如,编目内容除诉讼案件基本信息外,还重点列出能够反映案件重要信息的关键词;在内容繁杂的众多文书中选取更具可跟踪性的信息录入相应各栏。

第三,内容以丰富多元为要义,向读者提供最大的信息量。编目包括卷宗号、每一案件的起始时间、两造信息、案由、类型、诉讼结果、律师姓名、档案编码以及文书保存状况等,使读者根据目录能大概了解每一卷宗的核心内容。

第四,流程以高效科学为宗旨,保障整个编目工作的有序开展。因案卷交错混乱、内容驳杂、头绪众多,整个编目需制订周详的工作计划,分步推进。在形成详细初稿的基础上,进行多番核对,逐步充实内容、梳理体系、完善目录。

第五,统计以准确多样为前提,实现档案整理工作的提高与深化。这批档案资料本身既具备了数量庞大和内容多元的先天优势,可进行多样化的数据统计和综合分析,以突破常规的整理瓶颈,尝试更具研究目标和问题意识的档案整理方式。

以上五条原则,比较全面地考虑到了读者及研究者的使用需求,从司法档案这一民间历史文献特殊类型的自身特点出发,在厘清次序的前提下,尽量保证更多、更准确的信息点和著录项目。

类似的整理编目工作屡见不鲜,相关成果如熊敬笃编《清代地契档案史料》、杨国祯编《闽南契约文书综录》、中国社会科学院历史研究所编《徽州千年契约文书》、杨有赓等编《贵州苗族林业契约文书汇编(1736—1950)》、贵州省档案馆等编《贵州清水江文书》等,充分发掘了民间历史文献的历史价值,为进一步研究开拓了空间。民间历史文献编目工作的规范化与专门化不能过分依赖大型目录、图录、汇编的出版工作展开,更需要从收藏单位层面探求其规律与方法。尤其是在数字时代、网络时代的背景下,如何有效地开展民间历史文献的馆藏编目工作,更是值得探讨的问题。

二、民间历史文献的元数据设计与著录

民间历史文献的大规模发现与出版已然硕果累累。面对海量的民间历史文献,作为收藏单位,如何在日常管理工作中推动规范化、标准化的编目工作,为用户随时提供检索服务,目前还没有一个统一的解决方案。

民间历史文献数字化与数据库建设的基础与前提是元数据规范和著录规则的建立。尽管业界对于民间历史文献元数据设计的统一标准尚莫衷一是,但大多数重要的民间历史文献收藏机构都不同程度地在此方面做出了有益的探索,体现了各自的特点。

徽州文书向来是民间历史文献收藏与研究中的热门,它主要指古代徽州地区遗存的民间历史文献,是该地区居民在社会生产、日常生活与人际交往中形成的原始记录。黄山学院图书馆收藏逾七万件徽州文书,该馆参考 DC 元数据与 CDWA 两种常用元数据标准定义徽州文书元数据,共设计了 5 个项目 15 个元素:①标识项元素,包括统一标识、类名、类型;②内容可选项元素,包括人名、地域、年代、来源;③外观可选项元素,包括形制、物理特征;④文档结构项元素,包括图片数量、图片顺序;⑤实例说明项元素,包括图片编号、图像格式、文件大小、使用权限[1]。

"中国地方历史文献数据库"被历史学、政治学、社会学、人类学等各领域学者所关注。该库以上海交通大学历史系多年来搜集与整理民间历史文献的成果为基础,以图像出版为主,每幅图配以尽可能详尽的目录。文献总量约为 35 万件,150 万页。所收地方文献包括

---

① 张晓峰、何广龙《徽州文书数字图书馆元数据标准设计》,《图书馆工作与研究》第 12 期,第 47—49 页。

以下 13 类：契约、账本、赋役、行政、诉讼、信函、日用类书与工具书、家礼、宗教、家谱、戏剧、教育考试和医药。该数据库的建设以构建可互操作的契约文书数据库服务系统为目标，设计构建了三个属性模块共 18 个描述型元数据元素集：①内容特征模块，包括名称、事主、归户、事由、描述、地域、年号日期、公历日期、标的、金额；②物理特征模块，包括页数、尺寸、材质、附注；③身份识别特征模块，包括类型、标识符、档案号、语种。其中，事主、归户、标的、金额是自定义元素①。

"清水江文书"又称"锦屏文书"，是有关贵州清水江流域苗族、侗族居民生活的民间历史文献，主要内容是民间契约与交易记录。在清水江文书数据库系统建设中，该项目组以 DC 元数据为参照，设计了描述型元数据，复用其 7 个核心元素，即：题名、主要责任者、其他责任者、日期、出版者、附注、关键词，并创建 3 个清水江文书类型核心元素：载体形态、收藏历史和馆藏信息②。

对于民间历史文献的编目整理，目前各收藏机构大多围绕着契约文书设计元数据框架，只有中山大学图书馆将民间历史文献作为整体设计了元数据与著录规则。该馆根据对所藏类型多样、内容丰富的民间历史文献予以分析和总结，设计了针对民间历史文献的描述型元数据规范，形成了 3 个模块 21 个元素的元数据集。具体包括：①内容特征模块，包括题名、人物或机关团体、时间、涉事地点、内容提要、附注、录文、主题/关键词、相关资源、语种、归户、谱系、金额、赋役；②物理特征模块，包括载体形态信息、保存状况信息；③文献资源管理模块，包括标识符、资源类型、馆藏信息、收藏信息、权限。详见表 6－4：

---

① 张洁、李芳、汤萌《契约文书描述元数据规范设计与应用》，《图书情报工作》2017 年第 8 期，第 106—111 页。

② 王英学《清水江文书数字对象描述元数据设计及著录规范》，《原生态民族文化学刊》2015 年第 3 期，第 59—62 页。

表6-4　民间历史文献元数据规范元素总表①

模块	序号	元素及子元素		元素修饰词	必备性可重复性
内容特征模块	1	题名（Title）		正题名	必备、可重复
				客观题名	
	2	人物或机关团体（Creator or Contributor）		名称	有则必备、可重复
				身份角色	
				户籍/所在地	
				其他属性	
	3	时间（Date）	文献产生时间		有则必备、可重复
			其他涉及时间	时间	
				时间说明	
	4	涉事地点（Place）	涉事地名	类属/字号/土名/四至（面积）/其他	有则必备、可重复
			地点说明		
	5	内容提要（Abstract）			非必备、可重复
	6	附注（Description）		钤印/花押注	非必备、可重复
				书写文字注	
				著录考释/考证注	
				著录项补充说明	
	7	录文			非必备、不可重复
	8	主题/关键词（Subject/KeyWords）			必备、可重复
	9	相关资源	相关文献资源	所属包信息附注	非必备、可重复
				附属资料	
				契尾/执照/并契	
				丛编/合订	
				与其他文献关系	
			相关研究资源		

① 王蕾等《民间历史文献整理概论》，广西师范大学出版社2020年，第93—95页。

模块	序号	元素及子元素		元素修饰词	必备性可重复性
内容特征模块	10	语种（Language）			必备、不可重复
		文书特别元素4个			
	11	归户			有则必备、可重复
	12	谱系（Pedigree）		姓名	非必备、可重复
				亲属关系	
				所属支系	
	13	金额（Amount of Money）		金额数量	非必备、可重复
				金额说明	
	14	赋役（Corves and Taxes）		徭役	非必备、可重复
				税种/税额	
物理特征模块	15	载体形态信息（Physical Description）		材质	必备、可重复
				载体形式	
				尺寸	
				页数/数量	
				附件	
				其他	
	16	保存状况信息（Preservation and Conservation）		破损描述	必备、可重复
				破损定级	
文献资源管理模块	17	标识符（Resource Identifier）		财产登记号	必备、不可重复
				其他编号	
	18	资源类型（Type）			必备、不可重复
	19	馆藏信息（Location）		分类号	必备、不可重复
				馆藏地点	
				电子图像编号	

续表

模块	序号	元素及子元素		元素修饰词	必备性可重复性
文献资源管理模块	20	收藏信息（Collection Information）	原始保存地		非必备、可重复
			征集时间		
			征集方式		
			价格		
	21	权限（Rights）			非必备、可重复

此外，中山大学图书馆还制定了完整详细的元数据著录规则，在民间历史文献编目规范化的进程中扮演了重要的角色。

第四节　少数民族文字古籍编目

我国是一个多民族的国家。各个民族的历史文化构成了中华民族的历史记忆，也留下了众多的典籍文献。妥善地整理和保护少数民族文字古籍，是传承少数民族文化、促进多民族和谐共同发展的重要任务。

一、少数民族文字古籍及其整理

（一）少数民族文字古籍的基本情况

中国少数民族文字古籍（简称民族古籍），是指中国55个少数民族在历史上形成的文献典籍和口头传承及碑刻铭文等。其内容涉及政治、哲学、法律、历史、宗教、军事、文学、艺术、语言文字、地理、天文历算、经济、医学等领域。民族古籍主要分为两大类：一是有文字类，二是无文字类。有文字类的民族古籍包括：①各少数民族文字及少数民族古文字记载的历史文书和文献典籍；②用汉文记载的有关少数民族内容的古代文献典籍；③用少数民族文字和汉文记载的有关少数民族内容的碑刻铭文。无文字类的民族古籍主要是指各少数民族在历史上口头传承下来的具有历史和文化价值的各种作品，应抓紧对其进行文字记录和系统整理，并纳入民族古籍的范畴。

在中国境内，历史上先后创制或使用过30多种民族文字，形成了种类多样、数量惊人、丰富多彩的民族古籍。从语言上看，这些民族文字可分为四种类型：①象形文字，如纳西族东巴文、四川尔苏沙巴文；②音节文字，如纳西族哥巴文、彝文、朝鲜族训民正音文字（即谚文）；③字母文字，如来源于阿拉美字母体系的佉卢文、粟特文、回鹘文、回鹘式蒙古文、满文、锡伯文、突厥文，来源于阿拉伯字母的察合台文，来源于印度婆罗米字母体系的焉耆－龟兹文、于阗文、古藏文、八思巴文、四种老傣文；④类汉字文字，如契丹大字、女真大字、西夏文、水书、白文、方块壮字、侗文、布依文、仫佬文、哈尼文、方块苗文、方块瑶文等。

我国民族古籍历史悠久，部分民族文字的使用可以追溯到秦汉时期，藏文、西夏文、女真文、契丹文等也有着千余年的历史。在众多民族古籍中，藏文、蒙文、满文、西夏文、傣文等文字撰写的典籍尤为丰富。在这些民族古籍中，佛教经典占有很大比重，如藏文大藏经、蒙文大藏经、满文大藏经、西夏文大藏经、傣文大藏经等。少数民族文字古籍的形制也多种多样，既有较为人所熟悉的纸质写本、印本（雕版、活字），也有不少贝叶经、铭刻等载体形式。此外，20世纪以来，日益发展的考古工作也挖掘出了大量各种形制的少数民族写本文献。

我国对少数民族文字古籍的时间限定有别于汉文古籍，一般以1949年作为时间节点。1949年之前的民族典籍文献均纳入少数民族文字古籍的范畴中。1949年以后按原文抄录或复制的古籍，原件已遗失者,新抄本或复印本也可以进入民族古籍的范畴之中。

(二)对少数民族文字古籍的整理和编目

对少数民族文字古籍的系统收集整理工作开始于1949年新中国成立之后。例如中央民族学院少数民族语言研究所彝族历史文献编译组编、1981年内部出版的油印本《北京现存彝族历史文献的部分书目》,收录北京图书馆、民族文化宫图书馆、中央民族学院民族博物馆所藏彝文经书659部,地域覆盖云南、贵州、四川、广西4个省区。

1984年以来,我国全面开展少数民族文字古籍整理工作,并成立了由国家民委牵头,十几个相关部委参与的少数民族文字古籍抢救、整理、保护机构①。目前,我国正在进行《中国少数民族文字古籍总目提要》的编纂出版工作,是"国家'十一五'时期文化发展规划纲要""国家'十二五'时期文化改革发展规划纲要"和"少数民族事业'十二五'规划"项目,将收录我国55个少数民族以及古代民族古籍文献和口传资料。《中国少数民族文字古籍总目提要》的编纂工作于1997年正式立项,全书总体设计约60卷、110册。截至2019年底,已出版如下各卷:《纳西族卷》《白族卷》《东乡族卷·裕固族卷·保安族卷》《土族卷·撒拉族卷》《锡伯族卷》《哈尼族卷》《回族卷:文书类、讲唱类》《回族卷·铭刻》《维吾尔族卷:铭刻类、文书类、讲唱类》《哈萨克族卷》《柯尔克孜族卷》《塔吉克族卷》《乌孜别克族卷·塔塔尔族卷·俄罗斯族卷》《羌族卷》《毛南族卷·京族卷》《仫佬族卷》《土家族卷》《达斡尔族卷》《鄂温克族卷》《鄂伦春族卷》《赫哲族卷》《苗族卷》《瑶族卷》《侗族卷》《黎族卷》《朝鲜族卷》《贵州彝族卷(毕节地区)》《彝族卷:讲唱类》《仡佬族卷》《布依族卷》《畲族卷》《拉祜族卷·景颇族卷·阿昌族卷》《佤族卷·布朗族卷·基诺族卷·德昂族

---

① 余盼兮《〈中国少数民族古籍总目提要〉:中华民族文化的奇葩》,《中国民族报》2011年8月12日第7版。

卷》《傈僳族卷·普米族卷·怒族卷·独龙族卷》《壮族卷》《蒙古族卷:文书类》《蒙古族卷:书籍类(综合)》《傣族卷:讲唱类》《满族卷》《藏族卷:铭刻类》《海南[藏族]卷》《四川阿坝藏族卷》《西夏卷》。

鉴于少数民族文字古籍文献载体的形式不同,《中国少数民族文字古籍总目提要》每卷一般包括4篇:甲篇为文字古籍(书籍)类,收录该民族的文字书籍、该民族地区流传的经卷经文和地区的方志野史以及该民族的文人著述等;乙篇为金石文录(铭刻)类,收录该民族的有关墓志铭、摩崖石刻、宗族碑、功德碑、地界碑、村规民约碑等碑刻铭文;丙篇为文书类,收录内容十分丰富,多为长期散存于民间的乡规民约、房产地契、各类呈文、婚姻合约等;丁篇为口头文献(讲唱)类,包括史诗、神话、传说、民间故事、民间歌谣等。各篇再按具体内容分类排列。每卷中的条目内含条目汉语名称及其民族文字原文、拉丁字母转写,概述语,流传地,内容提要,研究价值,卷册,作者(讲唱者、笔录及翻译者),版本,保存和收藏情况等内容。

《中国少数民族文字古籍总目提要》的编纂出版,是我国少数民族文字古籍编目的重要成果,对于界定少数民族文字古籍的范畴,理解其体例、形制、文化均有着显著的推进作用。

二、少数民族文字古籍编目的特点

(一)少数民族文字古籍编目工作的特点

少数民族文字古籍中有不少文字早已停止使用,如佉卢文、焉耆－龟兹文、粟特文、于阗文、古突厥文、回鹘文、契丹文、西夏文、女真文、八思巴文古籍。此类古籍多是近代考古出土或发现,人们对其中记载的内容较为重视,编目反倒是次要的工作。此类古籍残叶较多,编目工作可借助专家学者的研究成果而进行。个别少数民族文字,如契丹文,尚未发现纸本书籍,但有这类文字的拓片存在,也会有编目的需求。

一些少数民族文字创制、使用时间较早,且行用至今,如藏文、蒙古文等,其早期古籍年代久远,存量相对较少,但后期存量丰富,各馆馆藏中时有发现。一些少数民族文字,如满文,虽然其创制、使用时间较晚,但存世数量较大,分布较广,全国各地很多收藏机构都有收藏。所以应重视这两类少数民族文字古籍的编目整理。

一些少数民族文字创制、使用时间较早,如彝文、傣文、纳西文、尔苏沙巴文、水书、仡佬文、察合台文等;一些少数民族文字系借用或改制汉字而成的方块字,如古白文、古壮文、老布依文、老侗文、老瑶文、老苗文等。这两类少数民族文字古籍典籍的分布主要集中在对应民族的聚集区,编目整理时需要借助当地人才资源,进行有针对性的整理编目。这类文字古籍往往难以断定其文献形成时间,需依据多方面特征进行鉴定。

两种或两种以上文字合璧的古籍为多文种古籍,包括汉文和少数民族文字合璧的古籍,也应算作少数民族文字古籍,编目时对其文字情况予以充分揭示。

(二)少数民族文字古籍的著录特点

少数民族文字古籍的著录项目与汉文古籍的著录项目大体一致,主要包括题名、卷数、著者(责任者)、册函数、版本、行款、版式、收藏单位。汉文古籍著录中用以反映收藏情况的批校、题记、钤印等内容,在少数民族文字古籍中则不太常见。

此外,还有以下几点需要注意。

其一,众多少数民族文字古籍文献的著者,或者说责任者难以确定,著录时只能付之阙如。在这种情况下,少数民族文字古籍目录难以使用著者为检索词加以检索,更难以编制出著者索引。

其二,少数民族文字古籍的形制有别于汉文古籍,故在描述古籍之时,量词多用"页"而非"叶",有时候也使用"纸"。

其三,需要特别著录语言项。一部分少数民族文字古籍是汉语转写本,也需明确标注。

其四,少数民族的古籍,著录时应尽量给出可以查考的相关文献资源来源。由于少数民族文字古籍普遍流传不广,且大多为写本,缺少复本,故给出可供读者、研究者利用的影印本信息或是电子图像资源链接是颇为必要的。

三、少数民族文字古籍的定级

古籍定级也是少数民族文字古籍著录的一项重要内容,其著录依据是 2018 年 9 月 17 日发布、2019 年 4 月 1 日实施的国家标准《中国少数民族文字古籍定级》(GB/T 36748—2018)。

该标准参照国家标准《汉文古籍特藏藏品定级 第 1 部分:古籍》(GB/T 31076.1—2014),兼顾全国少数民族文字古籍现存状况,依照"三性"原则、有时限又不唯时限原则和各少数民族文种平等原则制定,其所规范的少数民族文种名称则来源于国务院公布的《国家珍贵古籍名录》中所定义的文种名称。

该标准只分级不分等。佉卢字古籍、焉耆 – 龟兹文古籍、突厥文古籍、于阗文古籍、粟特文古籍、回鹘文古籍、契丹文古籍、西夏文古籍、女真文古籍、八思巴字古籍只分一、二两级:具有特别重要历史、学术、艺术价值和代表性,且内容比较完整或存留部分较多的稀见版本为一级;具有重要历史、学术、艺术价值的残本为二级。

藏文古籍、察合台文古籍、蒙古文古籍、满文古籍、彝文古籍、傣文古籍、东巴文古籍、哥巴文古籍、玛丽玛萨文古籍、尔苏沙巴文古籍、水文古籍、古壮字古籍、古白文古籍、古瑶文古籍、古布依文古籍、古侗文古籍、古哈尼文古籍、古苗文古籍、朝鲜文古籍、多文种合璧古籍等,均按一、二、三、四级划分,但各文种古籍的级别划分随不同文种而变化,情况不一,划分著录时要特别注意其具体要求。

少数民族用梵文、波斯文、阿拉伯文等外国文字与本民族文字合璧撰著的古籍,参照本民族文字古籍标准定级。

少数民族用外国文字创作的反映本民族历史与传统文化的古籍,参照本民族文字古籍标准定级。

有的少数民族自治区也制定了本自治区的少数民族文字古籍定级标准。例如,由新疆维吾尔自治区人民政府审批、2013 年 1 月开始实施的《新疆维吾尔自治区少数民族文字古籍定级标准》。该标准主要规定了察合台文、蒙文、藏文古籍的定级标准。察合台文古籍之所以列于首位,是因为直到公元 19 世纪末,察合台文一直是维吾尔、乌兹别克、哈萨克、柯尔克孜、塔塔尔等民族的共同书面语。因此,对于抄写、刻印时期在公元 19 世纪末之前的多个少数民族的古籍文献,均可依据《新疆维吾尔自治区少数民族文字古籍定级标准》中有关"察合台文古籍定级标准"来确定等级。

四、少数民族文字古籍的分类

少数民族文字古籍无法直接利用适用于汉文古籍的传统四部分类法加以分类,也不宜直接以常用的《中国图书馆分类法》作为分类的依据。蒙古文、满文古籍存量较大,在 20 世纪已经有了一定的分类实践,如 20 世纪 30 年代出版的李德启编、于道泉校《国立北平图书馆、故宫博物院图书馆满文书籍联合目录》便已经有了具体的分类标准。

近年来出版的《中国少数民族古籍总目提要》使用两个层面的分类原则。

其一,在宏观层面依照文献的载体形式分类。将一个民族或一

个语种、一个区域的民族古籍分为甲、乙、丙、丁四大类。即,甲编为
一古籍(书籍),乙编为金石文录(铭刻),丙编为文书,丁编为口头文
献(讲唱)。从此分类看,民族古籍已经涵盖了一般古籍、民间历史文
献、出土文献等多个层面。从涵盖范围看,比一般的汉文古籍编目要
更广。

其二,在甲、乙、丙、丁四大类下,书籍依据《中国图书馆分类法》
分类排序。如果某一民族语种的文献有传统的分类方式,还可以依
据传统的分类模式对古籍文献进行分类。例如,纳西族的东巴文文
献传统上有"五分法"(祈福延寿、禳鬼消灾、丧葬超度、占卜和其他)
的分类方式,《中国少数民族古籍总目提要·纳西族卷》即沿用此分
类方式。

下面以《中国少数民族古籍总目提要·土家族卷》[①]为例简单
说明:

甲编书籍类分类:经卷、史志、谱牒、艺文、科技及其他;

乙编铭刻类分类:石碑、牌坊、匾额、楹联、墓碑、墓志、摩崖石刻、
其他铭刻;

丙编文书类分类:朝廷文书、地方文书;

丁编讲唱类(口传传统文化资料)分类:神话、传说、故事、歌谣。

可以清楚地看到,甲编的分类方式类似于汉文古籍的分类模式,
把民族文化中有关宗教信仰的一类文献置于首位。其次是有关历史
记载与民族的文学、艺术创作的文献,最后是有关科技的文献。乙编
以铭刻的物理形态作为二级分类的标准。丙编、丁编均以文献的内
容类型作为区分。

每一类下的文献,可以依据字母顺次、年代先后的方式排序,也

---

① 国家民族事务委员全国少数民族古籍整理研究室《中国少数民族古籍
总目提要·土家族卷》,中国大百科全书出版社 2010 年。

可遵循传统的排序方式排序。

五、少数民族文字古籍的统一化处理问题

编目的过程中,应在尊重少数民族文化的基础上,严格遵照尊重原著和客观著录的原则,对同一民族卷的古籍版本年代、编撰者、译者和出版者,以及同一种古籍的不同版本或抄本的同一专有名词按照原著中抄录的汉文字,保留原始形态,不作译名统一①。

考虑到古籍使用、目录检索的需求,少数民族的古籍编目还要考虑统一化、标准化的问题。除去体例、语言风格统一外,部分人名、学术性名词也需要统一,以便检索。如彝族"呗耄""布慕""白马""溪波""毕摩"等应统一写作比较通用的"毕摩"。部分地名也需要做统一化的处理。

已有较为成熟的罗马化方案的维吾尔语、藏语、满语等民族语文,应在汉语拼音之外,同时著录其罗马化方案转写,以供检索或索引,有利于少数民族文字古籍研究、利用、保护的国际化进程。

如果是书本式目录,还需要编制索引。《中国少数民族古籍总目提要》的索引是以条目名称的汉语拼音为序。

综上所述,少数民族文字古籍的外在形态、文字,以及其中的知识体系,在一定程度上有别于汉文古籍;同时,各少数民族文字的古籍的数量、内容、整理情况也有明显的不同。这就意味着,少数民族文字古籍的整理、编目工作无法也不宜使用固定的标准,应该针对具体民族、具体语种、具体地区的典籍文献做出切合其情况的调整与规划,对不同民族古籍的著录、分类、编目做出具体的规定。此外,由于少数民族文字古籍的编目兼具古籍编目、出土文献编目、金石拓片编

---

① 严峻《〈中国少数民族古籍总目提要〉编辑探微》,《中国新闻出版报》2015 年 6 月 29 日第 6 版。

目、民间历史文献编目等多种特征,需要各种专门的知识与技能方能胜任。从事少数民族文字古籍的编目,最好是在熟悉目标文献的语言与历史并具备相应民族学、民俗学理论素养的专家的指导下进行。

思考与练习：

1. 舆图元数据标准规范制订原则是什么？

2. 简述舆图藏本之间的各种关系。

3. 金石拓片的编目已有哪些成果？

4. 金石原器物与拓片之间的关系是怎样的？

5. 谈谈各相关收藏机构对民间历史文献的编目整理情况。

6.《龙泉司法档案选编》的编纂体例对于民间历史文献的编目有哪些参考价值？

7. 谈谈中山大学图书馆设计民间历史文献元数据格式的情况。

8. 简述少数民族文字古籍的著录特点以及与汉文古籍著录的区别。

9. 试述少数民族文字古籍的分类

10. 谈谈你对少数民族文字古籍编目的认识。

延伸阅读：

1. 苏品红,陆希泰.测绘制图资料机读目录格式使用手册[M].北京:北京图书馆出版社,2004.

2. 全国信息与文献标准化技术委员会.测绘制图资料著录规则:GB/T 3792.6—2005[S].北京:中国标准出版社,2005.

3. 肖珑,苏品红,姚伯岳.国家图书馆舆图元数据规范与著录规则[M].北京:国家图书馆出版社,2014.

4. 北京图书馆善本特藏部舆图组.舆图要录:北京图书馆藏6827种中外文古旧地图目录[M].北京:北京图书馆出版社,1997.

5. 康紫薇.国立北平图书馆舆图整理研究[D].上海:上海师范大学,2022.

6. 成一农.近70年来中国古地图与地图学史研究的主要进展[J].中国历史地理论丛,2019(3):18-34.

7. 方若.增补校碑随笔[M].王壮弘,增补.上海:上海书画出版社,1981.

8. 姚伯岳,邱玉芬.美国哈佛大学哈佛燕京图书馆藏金石拓片图集[M].桂林:广西师范大学出版社,2022.

9. 中国国家图书馆.中文拓片机读目录格式使用手册·中文拓片编目规则[M].北京:北京图书馆出版社,2002.

10. 肖珑,苏品红,胡海帆.国家图书馆拓片元数据规范与著录规则[M].北京:国家图书馆出版社,2014.

11. 胡海帆,汤燕,肖珑,等.北京大学古籍数字图书馆拓片元数据标准的设计及其结构[J].图书馆杂志,2001(8):14－18.

12. 张志清,冀亚平.中文石刻拓片资源库建设[J].新世纪图书馆,2005(1):14－17.

13. 牛振东,朱先忠,孙一钢,等.金石拓片数字图书馆的设计与实现[J].现代图书情报技术,2003(2):6－8.

14. 张鸣铎.整理古金石拓片琐谈[J].大学图书馆通讯,1986(3):45－49.

15. 王蕾,叶湄,薛玉.民间历史文献整理概论[M].桂林:广西师范大学出版社,2020.

16. 徐国利.关于民间文书"归户性"整理的理论初探[J].安徽史学,2015(6):12－16.

17. 刘伯山.民间文书档案整理的新模式[N].光明日报,2017－12－02(11).

18. 张洁,李芳,汤萌.契约文书描述元数据规范设计与应用[J].图书情报工作,2017(8):106－111.

19. 王蕾,申斌.徽州民间历史文献整理方法研究——以中山大学图书馆馆藏为例[J].图书馆论坛,2014(4):120－126.

20. 张晓峰,何广龙.徽州文书数字图书馆元数据标准设计[J].图书馆工作与研究,2009(12):47－49.

21. 汤萌,孙翌,刘宁静,等.徽州文书特色资源的主题设计与标引方法研究[J].图书馆杂志,2019(4):61－68.

22. 王英学.清水江文书数字对象描述元数据设计及著录规范[J].原生态民族文化学刊,2015(3):59－62.

23. 赵思渊,汤萌.上海交通大学新藏地方历史文献的分类法及其依据[J].上海交通大学学报（哲学社会科学版）,2014(3):76－87.

24. 国家民族事务委员会全国少数民族古籍整理研究室.中国少数民族文字古籍总目提要[M].北京:中国大百科全书出版社,2019.

25. 全国图书馆标准化技术委员会.中国少数民族文字古籍定级:GB/T 36748—

2018[S].北京:中国标准出版社,2018.

26. 杨长虹.中国少数民族文字古籍定级标准之我见[J].图书馆理论与实践, 2008(5):119 – 121.

27. 朱崇先.中国少数民族古籍文献整理研究[M].北京:商务印书馆,2017.

28. 史金波.新时代推进民族古籍整理研究的思考[J].民族研究,2022(3):50 – 55,139 – 140.

29. 史金波.中国少数民族文字古籍整理研究中的几个问题[J].文献,2010(3): 13 – 21.

30. 李敏.《中国少数民族古籍总目提要》的编撰研究[J].图书馆理论与实践, 2016(12):115 – 120.

31. 佐娜.我国少数民族古籍研究及保护现状[J].图书馆界,2019(5):61 – 64.

32. 曹捷.梳理古籍 旨在今用——《中国少数民族古籍管理研究》评介[J].情报 资料工作,2006(2):108 – 109.

33. 郭伟时.关于我国少数民族古籍文献分类及其编目问题[J].黑龙江民族丛 刊,2000(2):125 – 127.

34. 李敏.《中国图书馆分类法》组织民族古籍的可行性、局限及其改造[J].图书 馆建设,2009(7):16 – 18.

35. 先巴.藏文古籍目录结构及其著录规则[J].西藏研究,2012(2):102 – 111.

36. 李敏.我国民族古籍传统分类体系概述——以纳西族、藏族、彝族古籍为例 [J].贵州民族研究,2007(3):87 – 94.

37. 李雄飞,顾千岳.满文古籍编目概述(上)[J].满语研究,2018(1):78 – 82.

38. 李雄飞,顾千岳.满文古籍编目概述(中)[J].满语研究,2018(2):79 – 83.

39. 李雄飞,顾千岳.满文古籍编目概述(下)[J].满语研究,2019(1):101 – 105.

40. 李敏,丁一,王绍霞.满族文献目录编制工作述评[J].图书馆学研究,2020 (12):44 – 53.

41. 孙瀚.云南省彝文古籍整理研究[D].昆明:云南大学,2020.

42. 田兰,汪冶,田华咏.侗族医药古籍文献整理与保护[J].中国民族医药杂志, 2011(10):60 – 62.

第七章 古籍图录的编纂和书志的撰写

导论：

古籍图录的编纂出版是每个古籍存藏机构都应该做的事情。本章介绍图录的各种类型，并讲解了图录的编纂方法。古籍善本书志的撰写也是古籍存藏机构亟需开展的工作，应该根据各馆古籍善本收藏的实际情况，设计不同的古籍善本书志体例，从而高质、高效地完成这项任务。建议课时为 3 学时。

第一节 古籍图录的编纂

古籍图录就是古籍书影的集合。古籍书影是反映古籍版式和部分文字内容的图片样张。书影的作用在于，不必亲见原书就可以基本知晓原书的面貌，特别是版式、字体等各种版本风格、特征可以通过书影得到逼真的再现，较任何细致生动的文字描述都更为准确。古籍图录就是一组书影加相关的文字说明，是一种体例最为完善的版本目录。

一、古籍图录的类型

古籍图录的类型划分有多种标准，从制版印刷方式角度划分，有影刻本、石印本、铜版本、珂罗版本、胶印本、晒印本、油印本、静电复印本等，其间最大的差别是印刷质量和反映原书的效果。

从其他角度划分，也可分为下列各种类型：

（一）综合性古籍图录

综合性古籍图录是收录历朝各代各种版本类型的古籍书影图像的图录。例如,《留真谱》、《中国版刻图录》、上海图书馆编《善本书影》等。

（二）断代古籍图录

断代古籍图录是收录某个朝代或某个特定时期古籍的书影图录。例如,缪荃孙编《宋元书景》,上海有正书局编印《宋元书式》,陶湘编印《涉园所见宋版书影》《图书寮宋本书影》《静嘉堂宋本书影》《琅函鸿宝——上海图书馆藏宋本图录》《美国图书馆藏宋元版汉籍图录》《美国柏克莱加州大学东亚图书馆藏宋元珍本图录》《明代版本图录初编》,周心慧主编《明代版刻图释》《清代版刻一隅》,黄永年、贾二强撰集《清代版本图录》,中山大学图书馆编《清代版刻图录·初编》,翁连溪编《清代内府刻书图录》等。

（三）私藏古籍图录

私藏古籍图录是收录某个或某些私人或私藏机构所藏古籍的书影图录,即使这些收藏现在已经归于某个公藏机构。例如,《寒云书影》《铁琴铜剑楼宋金元本书影》《嘉业堂善本书影》《文禄堂书影》《西谛藏书善本图录》《祁阳陈澄中旧藏善本古籍图录》,周一良主编《自庄严堪善本书影》《书香人淡自庄严:周叔弢自庄严堪善本古籍展图录》《广州图书馆藏可居室文献图录》《册府千华:民间珍贵典籍收藏展图录》等。

（四）馆藏古籍图录

馆藏古籍图录是收录某个或某些古籍存藏机构所藏古籍书影图像的图录。例如,《盋山书影》《故宫善本书影初编》《重整内阁大库残本书影》《中国国家图书馆古籍珍品图录》《国家图书馆宋元善本图录》《翰墨流芳:国家图书馆馆藏精品大展图录》《鸣沙遗墨:国家图书馆馆藏精品大展敦煌遗书图录》《铭刻撷萃：国家图书馆馆藏精品大展金石拓片图录》《北京图书馆藏中国历代石刻拓本汇编》《首都图书馆馆藏珍品图录》《（故宫博物院藏）两朝御览图书》《天津图书馆古籍善本图录》《南京图书馆珍本图录》《辽宁省图书馆藏古籍精品图录》等。

（五）地方刻书图录

地方刻书图录是收录某地或某个刻书机构刻印古籍的书影图录。例如，《杭州版刻图录》，阳海清、汤旭岩编《湖北官书局版刻图录》等。

（六）特殊版本类型古籍图录

古籍中的稿本、抄本、活字本、套印本等都可算是特殊版本类型古籍，特殊版本类型古籍图录就是收集这类古籍的书影图录。例如，陈先行等编《中国古籍稿钞校本图录》，宫晓卫、李国庆编《中国活字本图录·清代民国卷》，王荣国、王筱雯等主编《明代闵凌刻套印本图录》，石光明编著《清代套印本图录》等。

（七）日本汉籍图录

20世纪上半叶，日本公私藏书机构纷纷编纂汉文古籍书影图录，如《成篑堂善本书影七十种》、《善本影谱》，川濑一马所编《旧刊影谱》、《古版本图录》等。今人沈津、卞东波也编著有《日本汉籍图录》。

（八）国家珍贵古籍名录图录

2007年，国务院办公厅发布的《关于进一步加强古籍保护工作的意见》明确要求"建立《国家珍贵古籍名录》，逐步形成完善的古籍保护制度"。《国家珍贵古籍名录》由国务院公布、文化部颁发证书，对入选的每部古籍颁发"身份证"。截至2018年底，国务院已先后公布五批《国家珍贵古籍名录》，收录古籍12274部。随着《国家珍贵古籍名录》的公布，《国家珍贵古籍名录图录》也由国家图书馆出版社陆续出版,分别是《第一批国家珍贵古籍名录图录》(2008 年)、《第二批国家珍贵古籍名录图录》(2010 年)、《第三批国家珍贵古籍名录图录》(2012 年)、《第四批国家珍贵古籍名录图录》(2014 年)、《第五批国家珍贵古籍名录图录》(2016 年)。

2020 年 10 月,第六批《国家珍贵古籍名录》公布,752 部古籍入选,《第六批国家珍贵古籍名录图录》也将随之出版。至此,六批国家珍贵古籍名录累计收录古籍 13026 部。

(九)地方珍贵古籍名录

效仿国家珍贵古籍名录的做法,各地区也纷纷开始评审本地所藏珍贵古籍名录,并出版相应的珍贵古籍名录图录。例如,《江苏首批国家珍贵古籍名录图录》等。

二、古籍图录的编纂

编纂古籍图录的重要工作有选择编纂体例、选目、选页、选择出版方式、选择色彩、选择图录开本、选择文字说明方式。

(一)选择编纂体例

古籍图录所收大多是善本古籍,所以应该突出其版本因素。可以按出版制作年代的顺序排列,再排列各类型版本;也可以先根据制作方式按版本类型排列,再按出版年代排列。如果先按经史子集四部排列,再按出版年代排列,也是可以的,但善本的特点就不太容易显示出来,需要在书前的前言中特别予以说明,或在书后附列单独的表格予以彰显。

(二)选目

选目就是决定哪些书应收入图录,首先要根据图录的性质和范围,决定哪些方面的古籍可以入选;其次就是决定具体哪些书、哪些版本应该入选。

（三）选页

选页是决定一部古籍中的哪些页面应该入选，一般首选是正文首卷卷端之页；如果首卷卷端之页残缺或不能典型代表该书，则可以选择其他卷次卷端之页或其他页面。其次是内封之页，也就是现在的书名页。再次是牌记之页。如果情况允许，也可以收录书后重要的跋文等。

（四）选择出版方式

现在的图录一般都是精装，个别也有平装，如《清代版刻一隅》等，都是现代图书印刷方式。也有采用传统线装形式的，如《中国版刻图录》等，但出版成本较高，需要慎重考虑。在制版印刷方式上，现在大多采用数字扫描方式复制图像，并用胶版印刷方式影印。为保证印刷质量，扫描时分辨率一般应为600dpi，最小不得低于300dpi。

（五）选择色彩

过去出版的古籍图录，基本都是黑白印刷，但民国时期出版的《明代版本图录初编》是铜版影印，新中国成立后出版的《中国版刻图录》是珂罗版影印，都有类似照片的效果。应用数字化扫描技术后，可以有黑白、灰度、彩色等多种选择。如无特殊情况，最好选择彩色扫描，好处是可以反映古籍原来的纸张效果；如有特殊考虑，也可以选择灰度扫描，但绝不要选择黑白扫描。

（六）选择图录开本

因为图录样式多为书本式，不可能随时根据古籍原本的大小调整开本，所以图录开本大小的选择就很重要。应让图录中的书影图像尽可能接近原本的大小，如果不能做到保持原大，那就尽可能接近原本大小，而图录的文字说明也应有记录原本尺寸大小或版框尺寸大小的事项。一般来说，现代图书的16开本比较接近大多数古籍原书的大小，所以被普遍采用。

（七）选择文字说明方式

图录文字说明不一定以多为好，而应该力争事项完备、内容简明。书名、卷数、作者、版本等是必不可少的著录事项。其他如行款版式也应是必备项，不能因为有了书影图像，就忽略用文字描述行款版式。对应书影图像对行款版式进行文字描述，才是对读者最好的版本素养教育，图文相互印证，可以更为有效地加深读者的印象。如果更进一步对书影中已有的藏章印记给予印文的释读，那就更完美了。

简明的图录说明举例：

08709 韋蘇州集十卷拾遺一卷（唐）韋應物撰　明刻本

匡高17.2厘米，廣12.7厘米。半葉十行，行十八字，白口，左右雙邊。有"臣紹和印""曾在周叔弢處"等印。天津師範大學圖書館藏。①

详细的图录说明举例：

011 趙裘萼公剩稿三卷

清趙熊詔撰。清乾隆二年（1737）趙侗敩刻本。匡高二十四厘米，廣十四五厘米，半葉十二行，行二十四字，上下黑口，雙魚尾，四周雙邊。一函二冊。館藏號：010302－010303。入選第三批《山西省珍貴古籍名錄》，名錄號：00559。

趙熊詔（1663—1721），字侯赤，一字裘萼，江蘇武進人。清康熙四十八年（1709）己丑狀元，授翰林院修纂，掌修國史。參與修纂《淵鑒類函》《康熙字典》，後入值南書房，官翰林院侍讀。《趙裘萼公剩稿》卷一為奏摺五章、呈一首、賦二首、頌一首、序六首、碑記三首、跋

四首、贊七首、論二首、祭文八首;卷二錄詩二百十三首;卷三錄詩一百九十八首。此書爲趙熊詔卒後由其後人編印成冊。除本書的三卷本外,尚有清乾隆刻本、清光緒二十四年(1898)浙江書局刻本兩種四卷本傳世。書中鈐"閒田張氏聞三藏書"(朱文)等藏書印數枚。[①]

詳细的图录说明增加了著者简介、全书梗概、成书经过、其他版本等内容,也有其必要性。

第二节　古籍书志的撰写

一、古籍书志名称的由来

古籍善本历来是图书馆藏书中的重中之重,所以编制古籍善本书目,历来都是古籍存藏机构的重要任务。图书馆的古籍善本书目不仅要先编,最好还能详编,即撰写提要。

按照北京大学、武汉大学合写的《目录学概论》的说法,我国古代书目提要可以概括为三类,分别是叙录体提要、传录体提要、辑录体提要[②]。

叙录体提要始自西汉刘向、刘歆父子校书。刘向写的提要当时叫叙录,全面介绍一书的成书经过、作者生平及成就、版本流传、内容价值等。《汉书·艺文志》云:"至成帝时,以书颇散亡,使谒者陈农求遗书于天下。诏光禄大夫刘向校经传、诸子、诗赋,步兵校尉任宏校兵书,太史令尹咸校数术,侍医李柱国校方技。每一书已,向辄条其

① 　郭欣萍《太原市图书馆珍贵古籍名录图录》,山西出版传媒集团·三晋出版社 2013 年,第 77 页。

② 　武汉大学北京大学《目录学概论》编写组《目录学概论》,中华书局 1982年,第 113—114 页。

篇目,撮其旨意,录而奏之。会向卒,哀帝复使向子侍中奉车都尉歆卒父业。"向、歆父子所撰完整叙录现仅存《战国策》《管子》《晏子》《列子》《邓析子》《孙卿书》《说苑》《山海经》8 篇,这种体例的提要后来就叫做叙录体提要。

传录体提要始于晋代荀勖的《文章叙录》一书,而以南朝刘宋时期王俭的《七志》为典型代表。《七志》"于书名之下,每立一传"①,介绍作者生平及其著述情况。但这种体例的提要目录后来没有得到充分的发展。

辑录体提要渊源于南朝梁释僧祐的《出三藏记集》一书,而以元代马端临的《文献通考·经籍考》和清代朱彝尊《经义考》、谢启昆《小学考》为代表。其基本体例是汇集一书的作者传记、前序后跋、相关书目解题、笔记、议论等文献资料,实质上是一种资料汇集。

其实在上述三种类型之外,还有一种是版本提要。这种提要一般都是针对古籍善本而写,大多以一个具体藏本为著录单位,著录这个具体藏本的各方面情况。而采用这种提要体例的书目就是提要式版本目录。提要式版本目录作为古籍善本书目的一种重要类型,在清代大行其道,清代的私家藏书目录大多属于此类。清初钱曾的《读书敏求记》,清中期黄丕烈的《百宋一廛书录》,清后期瞿镛的《铁琴铜剑楼藏书目录》、杨守敬的《日本访书志》都是比较著名的提要式版本目录。王重民的《中国善本书提要》及《中国善本书提要补编》,收录其所撰提要 5000 余篇,是现代最早的一部为公藏机构所藏古籍善本编撰的提要式版本目录。

为了使这种版本提要与古代的叙录体、传录体、辑录体提要相区别,同时也是为了给这种提要式版本目录起一个专有的名称,人们做

① 魏徵等《隋书》卷三十二《经籍一》,中华书局 1973 年,第 907 页。

过很多尝试。有叫"书目"的，如《钦定天禄琳琅书目》；有叫"藏书志"的，如《爱日精庐藏书志》《善本书室藏书志》《皕宋楼藏书志》《嘉业堂藏书志》；有叫题跋记的，如《士礼居藏书题跋记》《拜经楼藏书题跋记》；有叫"经眼录"的，如《藏园群书经眼录》《贩书经眼录》；有叫"题记"的，如《藏园群书题记》；有叫"书录"的，如《百宋一廛书录》《宝礼堂宋本书录》《蛾术轩箧存善本书录》《香港大学冯平山图书馆藏善本书录》《香港中文大学图书馆古籍善本书录》《美国国会图书馆藏中国善本书录》《华盛顿大学远东图书馆藏明板书录》；有叫"书志"的，如《武汉图书馆馆藏古籍善本书志》《普林斯顿大学葛思德东方图书馆中文善本书志》《美国哈佛大学哈佛燕京图书馆中文善本书志》《柏克莱加州大学东亚图书馆中文古籍善本书志》等；也有直接叫"提要"的，如《中国善本书提要》《苏州图书馆馆藏古籍善本提要》，等等。

版本学家崔建英曾极力提倡"版本志"一称，力图以其统摄提要式版本目录这一目录类型，并撰有《明别集版本志》一书（中华书局2006年版），可惜的是缺少社会的响应。

其实，从黄丕烈的《百宋一廛书录》到王重民的《美国国会图书馆藏中国善本书录》，很多版本式提要都是以"书录"命名的。其名称的溯源，上可追溯至陈振孙的《直斋书录解题》，下可延续至王欣夫的《蛾术轩箧存善本书录》（上海古籍出版社2002年版）。故如将此种提要称为"书录体提要"，感觉颇为恰切，而且可以与叙录体、传录体、辑录体三种提要称呼相对应，四种体例的提要可以合称为"提要四体"。

但目前在古籍版本目录学界，似乎更倾向于将版本式提要称为"书志"，国家图书馆、国家古籍保护中心专门编有《书志》集刊可以为证。

"书志"作为一个正式的词汇最先出现于近代的日本。日本有书志学,大致相当于中国的版本目录学,是把书籍作为物化的对象进行研究的学问。中国古代有"读书志""藏书志"的说法,并无"书志"的专门称谓,但今天看来,"书志"亦可视为"藏书志"的省略称谓。作为符合现代中国人语言习惯的二字词语,"书志"较"藏书志""版本志"等说法,无疑更易推广。与"书录"相比较,"书志"一词更明显地指向提要式版本目录这一特殊书目类型,同时也更适合指称提要式版本目录中所收的各书提要。

现代最早用"书志"一词命名古籍目录并以提要形式来编撰的,是李俨(1892—1963)的《明代算学书志》,载于《图书馆学季刊》1926年第1卷第4期,著录内容有书名、卷数、作者、写作时间、递藏、书目著录等。在当代版本目录学家中,沈津倡导书志写作最力。他认为,书志对古籍藏本的书名、卷数、作者、版本、行款、版式,以及著者简历、内容、牌记、序跋、题识、刻工、讳字、流传著录、藏印等进行详细记录,可以使研究者通过书志找到对其有用的信息并加以利用;对于收藏机构来说,撰写书志不仅使家底清楚,还可以借此训练、培养古籍版本人才,是扩大古籍影响、开发古籍文献、实现资源共享的最好方法。

二、古籍书志的撰写方法

关于古籍书志的撰写方法,前人大量的版本目录编撰实践,已经给我们提供了诸多的借鉴。但现代对于古籍的揭示毕竟要有现代的气息,应该在书志的写法上取得较为一致的意见。此处介绍王重民《中国善本书提要》、沈津"哈佛模式"、《国家珍贵古籍书志》三种现代最有代表性的书志写法,可以作为书志写作的范例。

（一）王重民《中国善本书提要》的提要撰写法

《中国善本书提要》及《中国善本书提要补编》所收主要是王重民自 1939 年至 1949 年间先后为美国国会图书馆、国立北平图书馆（今中国国家图书馆）、北京大学图书馆三馆所藏中国善本古籍进行鉴定时逐书撰写的提要，共计 5000 余篇，包括正编 4400 余篇、补编 780 篇。其中为美国国会图书馆藏善本书撰提要 1600 余篇，为抗战期间寄存美国国会图书馆的国立北平图书馆藏善本书撰提要 2720 余篇，为北京大学图书馆藏善本书撰提要 600 余篇。

《中国善本书提要》中的提要可以说是充分发挥了以往书志的优点，既有客观记述，又有学术考证，真正做到了章学诚所说的"辨章学术，考镜源流"。例如，其著录项目和内容明显受《爱日精庐藏书志》影响，且较之更为完备和规范，其对版框尺寸高广的著录，应系借鉴缪荃孙的《清学部图书馆善本书目》的做法。书前傅振伦《傅序》一文把该书提要著录的内容总结为六个特点：

第一，收录之书，凡《四库全书总目》已有提要者即不再编写，惟于所缺略者补充之，错误者厘正之。此书提要还侧重于著录图书版刻或文字增删的学术价值。第二，每书详其卷数、册数，每半叶的行数，每行字数，板框的高下大小。第三，书卷首页详记作者姓名、籍贯、别号、编者、校者以及子孙、友好与刊印主人的姓名、籍贯、字号、堂名之牌记，牌记之剜改者亦记之；书口刻工姓名亦详列。第四，每书经一次再印或翻刻，则历详其编者、校者、刊印主人及刻工。第五，详记收藏家的印章及校语。第六，历次版本必详作者、编校者、翻刻者的序跋、题识，重要者则录其全文或摘要。①

现录该书提要一则，以窥其体例：

---

① 王重民《中国善本书提要》，上海古籍出版社 1983 年，第 1 页。

【資治通鑒節要續編三十卷】

四十冊（國會）

明司禮監刻本［九行十五字(2.3 + 18.9 × 15)］

不著撰人姓氏。按丁氏《善本書室藏書志》卷七著録是書，並引王圻《續文獻通考》云："江贄字叔直，崇安人，賜號少微先生，著有《通鑒節要》。武宗偶閱，悅之，命司禮監重刻，附《宋元節要續編》於後。"余檢王氏《續通考》無"武宗偶閱悅之"之言，然丁氏所述是也。按《御製重刊少微通鑒節要序》云："近偶檢《少微節要》，悅之，因命司禮監重刻。又以《宋元節要續編》，附於其後。《續編》義例，尚未精當，姑取其通爲一書，得備觀歷代之跡。"《正編》既以王逢、劉剡爲底本，《續編》未及重修，因全用劉剡原編，然不著其名，僅稱"尚未精當"，以卸責，此編校官之故技也。余曾持此本與劉剡《資治通鑒節要續編》相校，史文全同。每冊鈐有"廣運之寶"大方印。考劉若愚《内板經書紀略》有："《少微通鑒節要》廿本，四千四百廿八葉"，又有"《通鑒節要續編》二十本，一千六百八十二葉"，即此本是也。①

王重民深得郑樵所言"泛释无义"之旨，故其提要虽有一定之规，但篇幅该长即长，该短则短，字数并不固定；凡有考证，皆切中肯綮，要言不烦。非在学术上有相当造诣者，很难得其精髓，所以其撰写提要方式不易模仿，难于推广。

（二）"哈佛模式"的书志撰写法

沈津是王重民之后又一个专注于撰写古籍善本版本式提要的版本学家。不过沈津将其所写的这种提要叫"书志"。1999 年上海辞书出版社出版了《美国哈佛大学哈佛燕京图书馆中文善本书志》，该书志实际上只是哈佛燕京图书馆藏中文善本古籍的宋元明部分，共计

---

① 王重民《中国善本书提要》，上海古籍出版社 1983 年，第 102 页。

1400余种、152万字。此后严佐之、谷辉之、刘蔷、张丽娟等国内学者依次加盟。到2008年底,又完成了该馆所藏1600余种清代善本(含稿本、抄本)的书志撰写,由广西师范大学出版社于2011年出版,书名改为《美国哈佛大学哈佛燕京图书馆藏中文善本书志》,是在《美国哈佛大学哈佛燕京图书馆中文善本书志》基础上的修订与续增。

《美国哈佛大学哈佛燕京图书馆藏中文善本书志》中,每篇书志平均1000至1500字,最长者5000字。沈津将其书志写作方式称之为"哈佛模式",他说:"哈佛模式是尽可能地将每一种善本书的书名卷册、版式行款、著者生平、内容所在、特点源流、序跋要旨、版本依据、题识牌记、刻工书铺、存藏何处、递藏钤印等交代清楚。"他在《古籍书志及书志的写作——我对写作古籍书志的一些思考》①一文中详细地解释了所谓"哈佛模式"的书志写作方法:

第一段为书名、卷数、作者、版本、稽核项。

书名:依卷一第一页第一行著录。如若没有,则于书口或扉页、封面页上选取。如无可供选择者,则可自拟书名,但须在写作中注明"书名本馆自拟"。

卷数:可根据目录页或书中注明之卷数核定。

作者:选取卷一第一页第二行的著录,如没有,则看书的封面也,或查别的目录上的著录。

版本:出版年及出版者、出版地,请依据牌记、扉页上的文字定夺。细读序跋,如确实为此年刊刻,则用;如没有写出,则作某时代刻本,如明刻本、清刻本。抄本则须细验字体纸张,作宋写本、元写本、明初抄本、明红格抄本、明黑格抄本、明蓝格抄本、明抄本、明末抄本、

① 沈津《古籍书志及书志的写作——我对写作古籍书志的一些思考》,见国家图书馆、国家古籍保护中心编《书志》(第一辑),中华书局2017年,第1—18页。

清初抄本、清乾隆抄本、清抄本等。

稽核项:包括册数、行款字数、边框的宽高尺寸、书口中的鱼尾(单、双、三、四、四、五、六)、书口上下的文字录出,如有刻工或有写工,书口中之出版者如某斋、阁、堂、楼、轩、庐、山房、别业等皆须录出(抄本书口亦如前)。某年某人序、跋亦请录出。凡例几则。

第二段为作者简历。各种工具书、参考书、地方志等互查,综合各书反映出的信息资料,重新组织文字,要求简练、清楚,并注明资料来源出处,如《明史稿》列传。如作者名头太小,无资料可寻,则写"作者无考"。

第三段为书的内容。此指各卷之内容,如某文集、诗集多少卷,请录出卷一赋多少首、篇;诗之五言六言七言若干首;或序多少篇、寿序多少篇、书跋多少篇、墓志铭多少篇、札多少通,等等。首一卷及末一卷的内容亦要录出。

第四段为作者写书之缘起。作者为什么要写此书,须细读作者的序以及友朋序、跋。凡例亦要看,尤其是第一、二则。文字摘出时,要有针对性,前因后果、甜酸苦辣的心情皆要。文字的标点符号要注意。

第五段为此书内容及版本之特点。此段写别人对此书的评价,友朋(序跋中)、后人(专著或其他材料),或工具书、参考书,如《四库全书总目提要》《续修四库全书总目提要》以及各种前人著作等。如为重要抄本,要尽可能写出与刻本之比较,也即其价值所在。如有补抄之卷数,也应写出。

第六段为此书版本依据。如有扉页、牌记,内里的文字应全数录出。扉页上的文字,录入之次序为书名、作者、出版年、出版者(包括藏版处)、扉页上的木记或钤印(刻版或钤印要分清)。序跋中之具体刻书时间等文字要录出。这点尤其重要,因为这在其他目录及一般的书内反映不出,特别是别馆址书无扉页牌记者。抄本之讳字如验出亦须写出。

第七段为此书版本之流传情况。须充分利用各种工具书及各种书目,特别是《中国古籍善本书目》以及各种联合目录、台北出的出版物等。查核此书在流传过程中,产生过什么版本,最早的、之后的刻本或抄本,或在何种丛书中。别馆有否收藏,藏于何处(国内、港台地区、美国、日本的何处)。有些书目我们查了,就可以了解某书藏于某图书馆。或者有些流传多的,如在北京、上海、南京等几个或数十个图书馆都有,也不必标出一大串,只需写上某馆、某馆、某馆等皆有入藏,即可看出此书之版本现在流传多少,在什么地方。这个信息应该告诉读者。

第八段为此书之收藏印。这部书有谁的藏书印以及印文的内容都要写出,藏书印若是伪印,也要录入并注明"伪印"。注意:印有新旧之分,先写旧藏者,再近藏者。如知道多方钤印中有二至三家者,尽可能一家之印集中,用分号相区别。又序跋后的印不是收藏印,不录。

用"哈佛模式"撰写的书志,不卖弄学问,不张扬个性,朴朴实实,客观地对一部具体图书的版本形态和内容结构进行描述,偶尔附带必要的考证,并介绍其他书目文献其记录和研究的情况。对于该书的利用者来说,相当于一个高明的版本学家提前将该版本各方面的情况用行家的术语进行了简明的介绍,为读者之后的阅读和利用创造了良好的条件。

现录《美国哈佛大学哈佛燕京图书馆藏中文善本书志》中书志一篇,以便读者学习:

1694 清雍正活字印本钦定古今图书集成　　　　　　T9301/3213

《钦定古今图书集成》一万卷目录四十卷,清蒋廷锡、陈梦雷等辑。清雍正六年(1728)内府铜活印字。五千零二十册,五百零二函。

有图。半页九行二十字,四周双边,白口,单鱼尾。框高21.3厘米,宽13.9厘米。纂修衔名题"总修钦命奉宸苑卿督理淮宿海等关税务兼佐领加一级纪录三十八次伊龄阿"、"纂修太仓州国学生吴霖"。前有雍正四年(1726)雍正帝御序;雍正三年(1725)蒋廷锡等撰表文;《凡例》四十七则。

蒋廷锡,见清道光活字印本《大清一统志》。

陈梦雷,字则震,又字省斋,号松鹤老人,福建闽县人。康熙九年进士,为庶吉士,授翰林院编修,因从逆罪入狱。三十七年,召还京师,入懋勤殿侍三王子允祉读书,又为允祉王府行走。《国朝耆献类征》卷一一六、《碑传集》卷四四有传。

是书计六汇编三十二典六千一百九部一万卷。历象汇编:乾象典二十一部一百卷、岁功典四十三部一百十六卷、历法典六部一百四十卷、庶征典五十部一百八十八卷。方舆汇编:坤舆典二十一部一百四十卷、职方典二百二十三部一千五百四十四卷、山川典四百一典三百二十卷、边裔典五百四十二部一百四十卷。明伦汇编:皇极典三十一部三百卷、宫闱典十五部一百四十卷、官常典六十五部八百卷、家范典三十一部一百十六卷、交谊典三十七部一百二十卷、氏族典二千六百九十四部六百四十卷、人事典九十七部一百十二卷、闺媛典十七部三百七十六卷。博物汇编:艺术典四十三部八百二十四卷、神异典七十部三百二十卷、禽虫典三百十七部一百九十二卷、草目典七百部三百二十卷。理学汇编:经籍典六十六部五百卷、学行典九十六部三百卷、文学典四十九部二百六十卷、字学典二十四部一百六十卷。经济汇编:选举典二十九部一百三十六卷、铨衡典十二部一百二十卷、食货典八十三部三百六十卷、礼仪典七十部三百四十八卷、乐律典四十六部一百三十六卷、戎政典三十部三百卷、祥刑典二十六部一百八十卷、考工典一百五十四部二百五十二卷。

陈梦雷《松鹤山房文集》卷二《进汇编启》（致诚亲王允祉）云：
"谨于康熙四十年十月为始，领银雇人缮写。蒙我王爷殿下颁发协一
堂所藏鸿编，合之梦雷家经史子集约计一万五千余卷。至此四十五
年四月内，书得告成，分为汇编者六，为志三十有二，为部六千有零，
凡在六合之内，巨细毕举。其在《十三经》《二十一史》者，只字不遗；
其在稗史子集者，十亦只删一二。以百篇为一卷，可得三千六百余
卷，若以古人卷帙较之，可得万余卷。雷五载之内，目营手检，无间晨
夕，幸而纲举目张，差有条理。"其称"汇编"者，即此《集成》也。

裴芹有《古今图书集成研究》（北京图书馆出版社 2001 年版），于
此书编纂、价值、版本、流传以及研究论著皆有叙述。

按，清《内务府奏请查武英殿修书处余书请将监造司库等官员议
处折》（乾隆四十一年四月十八日）云："又有不全《古今图书集成》一
部，内每典缺欠不一，共少六百八十二本。查此一书，于雍正六年刷
印六十四部之后，并未重印。今已将各处陈设，并颁赏现存《古今图
书集成》数目，按册逐一详查，与原印六十四部之数相符。是此一部，
或系当时初印样本，历年久远，遂至散佚不全。""又有成书十种……
查明档册既所不载，而通行各书现在亦俱不缺少，实为余书无疑。但
其何以有此余书，现在官员柏唐阿等俱称实不知来由。臣等再三详
察，此项余书，盖系从前初办通行书籍之时，该处官役人等就版私行
刷印，或欲自用，或应亲友所求，甚或希图市卖以渔利，其情弊所必
有，迫后查核渐严，不敢持出，日复一日，年久人更，遂至遗留在库，恐
不出此弊。"则此活字印本当时或不止印六十四部及样书一部。但当
时私印必不敢多，盖部头大，不易为也。

此书有两种纸张，一为开化纸，一为太史连纸。馆藏此本为太史
连纸。查《故宫殿本书目现存目》著录，内府文渊阁藏太史连纸一部，
乾清宫藏开化纸一部（内缺一册），皇极殿藏开化纸、太史连纸各一

部。此外如翰林院宝善亭及圆明园内之文源阁、热河行宫之文津阁、辽宁故宫内之文溯阁和扬州文汇阁、镇江文宗阁、杭州文澜阁各一部。其余官员和民间所获赐颁者有张廷玉（两部）、刘统勋之子、舒赫德、于敏中、刘墉以及鲍士恭、范懋柱、汪启淑、马裕等。据乾隆三十九年五月十五日，于敏中拟各省行宫陈设《集成》清单，天津柳墅行宫一部、山东泉林行宫一部，江宁栖霞行宫一部、扬州天宁寺行宫一部、镇江金山行宫一部、苏州灵岩行宫一部、杭州西湖行宫一部。

目今文宗、文汇、文源及各行宫所藏早已毁于战火，私人藏者，二百年来也迭经丧乱，历遭兵燹，存世无几。除哈佛外，美国普林斯顿大学葛思德东方图书馆也有全帙，钤有"宁邸珍藏图书"朱文长方印，当为原藏王府者。

《四库全书总目》未收。《中国古籍善本书目》著录清雍正六年内府铜活字印本，中国国家图书馆、中国科学院图书馆、甘肃省图书馆、徐州市图书馆有全帙。上海图书馆（缺十二册）、故宫博物院图书馆、辽宁省图书馆、宁波天一阁均为不全之本。台北故宫博物院藏两部全帙、又一部残帙（缺目录一册，卷三至四）。除哈佛及普林斯顿本外，韩国奎章阁及英国大英博物院图书馆各藏一部。又闻法国巴黎国家图书馆及德国柏林图书馆各藏一部，如此，大约全帙有十二部而已。哥伦比亚大学东亚图书馆有《集成》一册，为《皇极典》第二百四十九卷。日本内阁文库所藏亦为残帙。

钤印有"重华宫宝"、"八征耄念之宝"、"五福五代堂古稀天子宝"。"重华宫"者，紫禁城内廷西路西六宫以北，原弘历为皇子时居第。可知此本曾藏宫内重华宫，不知何时流入民间，并于1940年前再转入"哈佛燕京"。①

----

① 沈津《美国哈佛大学哈佛燕京图书馆藏中文善本书志》，广西师范大学出版社2011年，第1286页。

（三）《国家珍贵古籍书志》

截至 2020 年底，由国务院公布的《国家珍贵古籍名录》已公布六批，收入全国 487 家单位收藏的 13026 部古籍善本，类型涵盖甲骨、简帛、敦煌遗书、四部经典、金石拓片、舆图、少数民族文字古籍、其他文字古籍等。在此基础上，国家古籍保护中心组织编写《国家珍贵古籍书志》，为入选《国家珍贵古籍名录》的珍贵典籍撰写书志。其中汉文四部典籍体例最先拟订，并有部分样稿已分别发表于国家图书馆、国家古籍保护中心编的《书志》集刊第一、二两辑（中华书局 2017 年、2020 年出版）。

根据国家古籍保护中心办公室编制的《国家珍贵古籍书志体例（附释例）》①，《国家珍贵古籍书志》的书志编写体例是：

1. 基本著录

藏书机构及索书号

国家珍贵古籍名录号

《正题名》卷数；《合订题名》卷数。（时代）第一责任者及责任方式；（时代）其他责任者及责任方式。《责任者不同的合订题名》卷数。（时代）合订题名责任者及责任方式。出版时间、出版者、出版地、版本类型、修版信息。册（函）数。装帧。存缺卷。配补。（时代）题跋者及题跋方式。

2. 题著说明

说明题名、著者依据；目录、凡例、版心、序跋及查考所得题名、著者等。

3. 著者简介

简述各责任者生卒年、字号、籍贯、仕履、著述等；说明史传等文

---

① 国家古籍保护中心办公室《国家珍贵古籍书志体例（附释例）》，见国家图书馆、国家古籍保护中心编《书志》（第二辑），中华书局 2020 年，第 29—40 页。

献出处。

4.内容

著录典籍内容要旨、篇章分合。

5.刊印者

著录刊刻、刷印、抄写主持者之生卒年、字号、籍贯、仕履、著述等。

6.行款版式

半叶行数,每行字数,双行注字数。版心形式,版框形式,书眉,书耳。行间夹注。版框尺寸。开本尺寸。

写为:半叶……行,行……字,双行注……字。……口,……边,书耳题……,……鱼尾。书眉上镌……,行间镌……。版心上镌……,中镌……,下镌……。版框……厘米×……厘米,开本……厘米×……厘米。

7.题名页牌记

著录题名页及牌记文字。

8.刊写题记

著录刊刻题记、写本题款、校刊官衔名等。

9.刻(写)工

著录刻(写)工全名。

10.避讳

分层著录讳字、须著录的不讳字、有讳有不讳之字。

11.序跋附录

著录原书正文之外附属刊刻内容,如序跋、目录、凡例、附录等。

12.批校题跋

著录书中后人题写的内容,如题签、题跋、批校、副叶题字等。

13.钤印

著录书中钤印。

14. 书目著录

著录该书在历代书目中的著录情况。

15. 递藏

简述该书递藏者生卒年、字号、籍贯、仕履、著述等。

16. 其他

著录其他情况,如封面、污损、缺叶、圈点等。装具说明文物价值。

17. 按语

书志作者按断考证,如:版本依据、刊刻过程、版本信息(补板、剜改、后印)、研究价值(版本价值、思想影响、独特意义)及其他考辨成果等。

将书志内容明确划分为不同事项进行著录,这在书志撰写历史上还是第一次,而且17项著录内容可以说是非常完备了。作为每一个单独的书志来看,可称完美,但如果将众多书志汇集在一起,就会出现内容重复的问题。例如,"著者简介""内容"等项。因为书志的撰写是以每一个具体的藏本为单位的,而同一著者可能会写很多种书,同一部书会有许多不同版本,同一版本会有许多不同的复本,如果每篇书志都要进行著者简介,必然会做大量重复劳动。当然,如果这些书志为同一人撰写,他可以想法避免这类重复。但事实上更多情况是不同的人在写相同的作者,所以这种重复劳动几乎是不可避免的。"内容"这一事项的著录也存在此类重复问题。所以,书志是否要著录"著者简介""内容"这两项,是一个值得讨论的问题。

思考与练习：

1. 简述古籍图录的类型，并分别举例说明。

2. 古籍图录从哪些方面揭示了古籍的版本信息？

3. 简述古籍图录的编纂要点。

4. 综合本章所学，简述书志都要包含哪些内容。

5. 书志是否应当著录"作者简介""内容"两项？谈谈你的看法。

6. 请简要介绍王重民《中国善本书提要》、沈津"哈佛模式"、《国家珍贵古籍书志》三种现代最有代表性的书志写法各自的特点。

7. 根据国家古籍保护中心办公室编制的《国家珍贵古籍书志体例（附释例）》，《国家珍贵古籍书志》的书志编写体例是什么？

8. 谈谈古籍书志的撰写方法。

延伸阅读：

1. 赵万里，徐蜀. 中国版刻图录（修订本）[M]. 北京：文物出版社，2015.

2. 陆行素. 天津图书馆古籍善本图录·定级图录[M]. 天津：天津古籍出版社，2009.

3. 侯富芳. 古籍图录的发展及其存在的问题研究[J]. 图书馆建设，2013（8）：92-95.

4. 向辉. 古籍保护新成果，版本书志研究新高度——评《上海图书馆藏宋本图录》[J]. 图书馆杂志，2012（1）：87-90.

5. 赵瑶瑶. 宋元版本图录数据库建设实践及其使用价值[J]. 铜仁学院学报，2017（4）：16-25.

6. 骆伟. 试论古籍书志及其特点[J]. 山东图书馆学刊，2011（1）：90-92，98.

7. 沈津. 编写善本书志有百利而无一弊[J]. 图书馆论坛，2017（12）：1-2.

8. 沈津. 古籍书志及书志的写作——我对写作古籍书志的一些思考[M]//国家图书馆（国家古籍保护中心）. 书志（第一辑）. 北京：中华书局，2017：1-18.

9. 李文洁，程有庆，李坚. 古籍书志撰写格式探讨[J]. 文津学志，2017（0）：311-317.

后　记

　　20 世纪 70 年代,王重民先生在他生命的最后几年,为开设他认为非常重要的"图书馆古籍编目"课程,与我研究生时期的导师郑如斯老师一起做了许多准备工作。进入 80 年代,郑老师终于为北京大学图书馆学系本科生开出了这门课程,并且与本系张荣起,武汉大学的廖延唐、张煜明三位老师以北京大学图书馆学系和武汉大学图书馆学系合编的名义,编写了《图书馆古籍编目》一书。该书作为高等学校文科规划教材,1985 年由中华书局正式出版。1986 年,廖延唐、曹之编著的《图书馆古籍整理》教材也由武汉大学图书情报学院内部出版。但这两部教材都有一定的局限性,存在着一些缺点。所以 1992 年 12 月 18 日,郑如斯老师邀请当时已调到十堰大学任教的廖延唐先生专程到北京大学,召开了连我共三人参加的《图书馆古籍编目》教材修订会议。我当时正与郑老师一起讲授"图书馆古籍编目"课程且年纪最轻,于是最后指定由我根据研讨意见拟出大纲,并尽快开始教材修订工作。但后来因为各种原因,修订工作没有进行下去。从那时起至今 30 多年过去了,竟然再没有一部新的古籍编目教材或者专著问世,令人不胜慨叹。

　　时至今日,《图书馆古籍编目》《图书馆古籍整理》两部教材的内容早已陈旧,不能满足当今的古籍编目教学需求。2020 年,国家古籍保护中心策划的"古籍保护系列培训教材"将《古籍编目》列入选题计划,并将这项任务交给了我。当时我已从北京大学调到天津师范大学并创建了古籍保护研究院,同时担负着研究生课程"古籍鉴定与编目"的教学任务,所以这其实也是我在给自己讲授的课程编写教材。

为了加快进度，我在自己撰写主要部分的同时，还请古籍保护研究院的李华伟、周余姣、胡艳杰、凌一鸣、王鸳嘉等几位老师参与部分章节的撰写。具体分工如下表：

姚伯岳	绪论 第一章　古籍编目概说（第一节除外） 第三章　古籍著录（第六节除外） 第四章第五节　其他分类法解析 第六章第一节　舆图编目　第二节　金石拓片编目 第七章　古籍图录的编纂和书志的撰写
凌一鸣	第二章　古籍编目格式（第一、二节除外） 第五章　古籍主题标引 第六章第三节　民间历史文献编目
李华伟	第三章第六节　古籍文物定级与著录
周余姣	第四章第三节　十进分类法解析　第四节　《中国图书馆分类法》解析
胡艳杰	第一章第一节　古籍编目的内容和流程 第二章第一节　卡片式目录　第二节　书本式目录
王鸳嘉	第四章第一节　古籍分类源流　第二节　四部分类法解析 第六章第四节　少数民族文字古籍编目

我负责全书的统稿和内容文字的修改完善。全书初稿于 2021 年底基本完成，但因为疫情的干扰，一直没能最后定稿。其间，我主讲的"古籍鉴定与编目"课程也经历了 6 轮讲授，对这部未杀青的教材也可以说是做了较为充分的教学检验。

作为一门研究生课程，《古籍编目》的讲授学时应该设为一个学期共 48 学时，亦即每周 3 学时，同时最好再配设 60 个学时的编目实践。只有理论与实践相结合，才能较好地掌握古籍编目这项技能。

古籍编目的人才培养要有相应的学科建设做支撑。2023 年中国学位与研究生教育学会网站发布的《研究生教育学科专业简介及其学位基本要求》,在"图书情报与档案管理"一级学科更名为"信息资源管理"后,首次披露了该学科下的11个二级学科目录,"古籍保护与文献学"位列其中。古籍编目之学当然应该归属于"古籍保护与文献学"二级学科。依托这一明确的学科背景,今后的古籍编目教学必将走上常态化、持续化、规范化的道路,我期望这部教材能对此前景做出应有的贡献。

衷心感谢吴格、李国庆、林世田、庄秀芬四位研究馆员对本书初稿的认真审校,他们提出的意见和修改建议极有水平、极为专业,全部被采纳。感谢我的同事胡海帆、董桂存老师,书中吸纳了他们的部分研究成果。感谢我的博士后姚小燕和博士生黎冬瑶、王宝森、牛欣雨,他们对全书的检查校对,在保障本书质量方面发挥了重要作用。

"国家古籍保护中心古籍保护系列培训教材"主编、国家图书馆常务副馆长、国家古籍保护中心副主任张志清先生一直关心本书的编写与出版,国家图书馆出版社总编辑殷梦霞编审为本书的尽快出版做了亲切的指示,令我倍觉温暖。最令我感动的是本书的责任编辑高爽、张颐和助理编辑何逸竹以及三审编辑邓咏秋,她(他)们对本书文字内容校对的认真态度,超过了我们的作者团队,令我钦佩不已,也对国家图书馆出版社更加心生敬意。

在本书即将付梓之时,想到我的研究生导师郑如斯老师已于今年7月29日不幸辞世,不能看到她生前一直期盼着的这本《古籍编目》教材的问世,不禁潸然泪下。谨以此书致敬1985年版《图书馆古籍编目》的几位前辈作者郑如斯、张荣起、廖延唐先生。惟望古籍编目事业薪火相传,后继有人。

姚伯岳

于2024年10月27日